16 bis

SUPPLEMENT
AUX ŒUVRES
DE Mr.
DE VOLTAIRE.
TOME PREMIER.

A LONDRES.

M. DCC. LVIII.

PRÉFACE.

DEUX motifs ont fait choisir ce sujet de Tragédie, qui paraît impraticable & peu fait pour les mœurs, pour les usages, la manière de penser & le Théâtre de Paris.

On a voulu essaier encor une fois de détruire les reproches que fait toute l'Europe savante à la France, de ne souffrir guères au Théâtre que les intrigues d'amour; & on a eu surtout pour objet de faire connaître Cicéron aux jeunes personnes qui fréquentent les Spectacles.

Les grandeurs passées de Rome tiennent encor la terre attentive; l'Italie moderne met une partie de sa gloire à découvrir quelques ruines de l'ancienne. On montre avec respect la maison que Cicéron occupa. Son nom est dans toutes les bouches; ses Ecrits dans toutes les mains. Ceux qui ignorent dans leur Patrie quel Chef était à la tête de ses Tribunaux il y a cinquante ans, savent en quel tems Cicéron était à la tête de Rome. Plus le dernier siécle de la République Romaine a été bien connu de nous, plus ce grand homme a été admiré. Nos Nations modernes trop tard civilisées ont eû long-tems de lui des idées

PRÉFACE.

vagues ou fausses. Ses ouvrages servaient à notre éducation ; mais on ne savait pas jusqu'à quel point sa personne était respectable. L'Auteur était superficiellement connu ; le Consul était presque ignoré. Les lumières que nous avons acquises, nous ont appris à ne lui comparer aucun des hommes qui se sont mêlés du Gouvernement, & qui ont prétendu à l'Eloquence.

Il me semble que Cicéron aurait été tout ce qu'il aurait voulu être. Il gagna une bataille dans les gorges d'Issus, où Alexandre avait vaincu les Perses. Il est bien vraisemblable que, s'il s'était donné tout entier à la guerre, à cette profession qui demande un sens droit & une extrême vigilance, il eût été au rang des plus illustres Capitaines de son siécle ; mais comme César n'eût été que le second des Orateurs, Cicéron n'eût été que le second des Généraux. Il préféra à toute autre gloire celle d'être le père de la maîtresse du monde. Et quel prodigieux mérite ne fallait-il pas à un simple Chevalier d'Arpinum, pour percer la foule de tant de grands hommes, pour parvenir sans intrigue à la première place de l'Univers, malgré l'envie de tant de Patriciens qui regnaient à Rome ?

Ce qui m'étonne surtout, c'est que dans le tumulte & les orages de sa vie, cet homme, toujours chargé des affaires de l'état & de celles des particuliers, trouvât encor du tems pour

PRÉFACE.

...tre inftruit à fond de toutes les fectes des ...recs, & qu'il fût le plus grand Philofophe ...es Romains, ainfi que l'Orateur le plus éloquent. Y a-t-il dans l'Europe beaucoup de Miniftres, de Magiftrats, d'Avocats même un peu employés, qui puiffent, je ne dis pas expliquer les principes de Defcartes ou de Newton, comme Cicéron rendait compte de ceux de Zénon, de Platon & d'Epicure ; mais qui puiffent répondre à une queftion profonde de Philofophie ?

Ce que peu de gens favent, c'eft que Cicéron était encor un des premiers Poëtes d'un fiécle où la belle Poëfie commençait à naître. Il balançait la réputation de Lucréce. Y a-t-il rien de plus beau que ces vers qui nous font reftés de fon Poëme fur Marius, & qui font tant regretter la perte de cet Ouvrage ?

Hic Jovis altifoni fubitò pennata fatelles,
Arboris è trunco ferpentis faucia morfu,
Ipfa feris fubigit transfigens unguibus anguem
Semianimum, & variâ graviter cervice micantem,
Quem fe intorquentem lanians, roftroque cruentans
Jam fatiata animum, jam duros ultra dolores,
Abjicit efflantem, & laceratum affligit in undâ.

Je fuis de plus en plus perfuadé que notre langue eft impuiffante à rendre l'harmonieufe énergie des vers Latins comme des vers Grecs ; mais j'oferai donner une légère efquiffe de ce petit tableau peint par le grand homme que

PRÉFACE.

j'ai ofé faire parler dans *Rome fauvée*, & dont j'ai imité en quelques endroits les Catilinaires.

» Tel on voit cet oifeau, qui porte le tonnerre,
» Bleffé par un ferpent élancé de la terre ;
» Il s'envole, il entraîne au féjour azuré
» L'ennemi tortueux dont il eft entouré.
» Le fang tombe des airs, il déchire, il dévore
» Le reptile acharné qui le combat encore.
» Il le perce, il le tient fous fes ongles vainqueurs ;
» Par cent coups redoublés il venge fes douleurs.
» Le monftre en expirant fe débat, fe replie ;
» Il exhale en poifons le refte de fa vie ;
» Et l'aigle tout fanglant, fier & victorieux,
» Le rejette en fureur, & plane au haut des cieux.

Pour peu qu'on ait la moindre étincelle de goût, on appercevra dans la faibleffe de cette copie la force du pinceau de l'original. Pourquoi donc Cicéron paffe-t-il pour un mauvais Poëte ? Parce qu'il a plu à Juvénal de le dire; parce qu'on lui a imputé un vers ridicule :

O fortunatam natam me confule Romam ?

C'eft un vers fi mauvais, que le Traducteur qui en a voulu exprimer les défauts en français, n'a pu y réuffir.

O Rome fortunée fous mon confulat née

ne rend pas à beaucoup près le ridicule du vers latin.

Je demande s'il eft poffible que l'Auteur du

PRÉFACE.

beau morceau de Poëſie que je viens de citer, ait fait un vers ſi impertinent. Cicéron ne pouvait pas dire une ſottiſe. Je m'imagine que le préjugé, qui n'accorde preſque jamais deux genres à un ſeul homme, fit croire Cicéron incapable de la Poëſie, quand il y eut renoncé. Quelque mauvais plaiſant, quelque ennemi de la gloire de ce grand homme, imagina ce vers ridicule, & l'attribua à l'Orateur, au Philoſophe, au père de Rome. Juvénal dans le ſiécle ſuivant adopta ce bruit populaire, & le fit paſſer à la poſtérité dans ſes Déclamations ſatyriques ; & j'oſe croire que beaucoup de réputations bonnes ou mauvaiſes ſe ſont ainſi établies.

On impute par exemple au Père Mallebranche ces deux vers :

Il fait en ce beau jour le plus beau tems du monde,
Pour aller à cheval ſur la terre & ſur l'onde.

On prétend qu'il les fit, pour montrer qu'un Philoſophe peut, quand il veut, être Poëte. Quel homme de bon ſens croira que le Père Mallebranche ait fait quelque choſe de ſi abſurde ? Cependant qu'un Ecrivain d'anecdotes, un compilateur littéraire tranſmette à la poſtérité cette ſottiſe ; elle s'accréditera avec le tems ; & ſi le Père Mallebranche était un grand homme, on dirait un jour : ce grand homme devenait un ſot, quand il était hors de ſa ſphère.

PRÉFACE.

On a reproché à Cicéron trop de senfibilité, trop d'affliction dans ses malheurs. Il confie ses juftes plaintes à sa femme & à son ami; & on lui en fait un crime. Le blâme qui voudra, d'avoir répandu dans le sein de l'amitié les douleurs qu'il cachait à ses perfécuteurs: je l'en aime davantage. Il n'y a guères que les ames vertueufes de fenfibles. Cicéron, qui aimait tant la gloire, n'ambitionne point celle de vouloir paraître ce qu'il n'était pas. Il dédaigne cette gloire fauffe & honteufe. Nous avons vu des hommes mourir de douleur, pour avoir perdu de très-petites places, après avoir affecté de dire qu'ils ne les regrettaient pas. Quel mal y a-t-il donc à avouer qu'on eft fâché d'être loin de Rome qu'on a fervie, & d'être perfécuté par les ingrats & par les perfides? Cicéron était vrai dans toutes ses démarches; il parlait de son affliction sans honte, & de son goût pour la vraie gloire fans détour. Ce caractère eft à la fois naturel, haut & humain. Préférerait-on la politique de Céfar, qui dans ses Commentaires dit qu'il a offert la paix à Pompée, & qui dans ses Lettres ne veut pas la lui donner? Céfar était un Héros; Cicéron était un citoïen vertueux.

Mais que ce Conful ait été un bon Poëte, un Philofophe qui favait douter, un Gouverneur de Province parfait, un Général habile, que son ame ait été fenfible, ce n'eft point là le mérite dont il s'agit ici. Il fauva Rome,

PRÉFACE.

malgré le Sénat même dont la moitié était animée contre lui par l'envie la plus violente. Il se fit des ennemis, de ceux-mêmes dont il fut l'oracle, le libérateur & le vengeur. Il prépara sa ruine, par le service le plus signalé que jamais homme ait rendu à sa Patrie. Il vit cette ruine ; & n'en fut point effraié. Voilà ce qu'on a voulu représenter dans cette Tragédie. C'est moins encor l'ame farouche de Catilina, que l'ame généreuse & noble de Cicéron, qu'on a voulu peindre.

Nous avons toujours cru & on pense, surtout aujourd'hui plus que jamais, que Cicéron est un de ces caractéres qu'il ne faut jamais mettre sur le Théâtre. Les Anglais qui hazardent tout, sans même savoir qu'ils hazardent, ont fait une Tragédie de la conspiration de Catilina. Ben-Johnson n'a pas manqué dans cette Tragédie historique de traduire sept ou huit pages des Catilinaires, & même il les a traduites en prose, ne croiant pas que l'on pût faire parler Cicéron en vers. La prose du Consul & les vers des autres personnages font un contraste digne de la barbarie du siécle de Ben-Johnson. Mais pour traiter un sujet si sévère, si dénué de ces passions qui ont tant d'empire sur le cœur, il faut avouer qu'il fallait avoir à faire à un peuple sérieux & instruit, digne en quelque sorte qu'on mît sous ses yeux l'ancienne Rome.

Je conviens que ce sujet n'est guères théâ-

PRÉFACE.

tral pour nous, qui aiant beaucoup plus de goût, de politesse, de connaissance du Théâtre que les Anglais, n'avons généralement pas des mœurs si fortes. On ne voit avec plaisir au Théâtre que le combat des passions qu'on éprouve soi-même ; ceux qui sont remplis de l'étude de Cicéron & de la République Romaine, ne sont pas ceux qui fréquentent les Spectacles ; ils n'imitent point Cicéron qui y était assidu. Il est étrange qu'ils prétendent être plus graves que lui. La véritable raison en est, que les uns sont moins sensibles aux beaux Arts, les autres sont retenus par un préjugé ridicule. Quelques progrès que ces Arts aient fait en France, les hommes choisis qui les ont cultivés, n'ont point encor communiqué le vrai goût à toute la Nation : c'est que nous sommes nés moins heureusement que les Grecs & les Romains. On va aux Spectacles, plus par oisiveté que par un véritable amour de la Littérature.

Cette Tragédie paraît plutôt faite pour être lûe par les Savans, que pour être vûe par le Parterre. Les Savans n'y trouveront pas une histoire fidelle de la conjuration de Catilina. Ils sont assez persuadés qu'une Tragédie n'est pas une histoire ; mais ils y verront une peinture vraie des mœurs de ce tems-là. Tout ce que Cicéron, Catilina, Caton, César ont fait dans cette Piéce n'est pas vrai ; mais leur génie & leur caractére y sont peints fidélement.

PRÉFACE.

Si on n'a pu y déployer l'éloquence de Cicéron, on a du moins étalé toute sa vertu & tout le courage qu'il fit paraître dans ce péril; on a montré dans Catilina ces contrastes de férocité & de séduction qui forment son caractére; on a fait voir César naissant, factieux & magnanime, César fait pour être la gloire & le fléau de Rome.

On n'a point fait paraître les Députés des Allobroges, qui n'étaient point des Ambassadeurs de nos Gaules, mais des Agents d'une petite Province d'Italie, soumise aux Romains, qui ne firent que le personnage de délateurs, & qui par-là sont indignes de figurer sur la Scène avec Cicéron, César & Caton.

Si cet Ouvrage paraît au moins passablement écrit, & s'il fait connaître un peu l'ancienne Rome, c'est tout ce qu'on a prétendu & tout le prix qu'on attend.

PERSONNAGES.

CICÉRON.
CÉSAR.
CATILINA.
AURÉLIE.
CATON.
LUCULLUS.
CRASSUS.
CLODIUS.
CÉTHÉGUS.
LENTULUS-SURA.
CONJURÉS.
LICTEURS.

Le Théâtre représente d'un côté le Palais d'Aurélie, de l'autre le Temple de Tellus, où s'assemble le Sénat. On voit dans l'enfoncement une Galerie qui communique à des Soutérains qui conduisent du Palais d'Aurélie au vestibule du Temple.

ROME
SAUVÉE.

ACTE PREMIER.

SCENE PREMIERE.

CATILINA.

(Soldats dans l'enfoncement.)

ORATEUR infolent, qu'un vil peuple feconde,
Affis au premier rang des Souverains du monde,
Tu vas tomber du faîte où Rome t'a placé.
Inflexible Caton, vertueux infenfé,
Ennemi de ton fiécle, efprit dur & farouche,
Ton terme eft arrivé; ton imprudence y touche.
Fier Sénat de Tyrans qui tiens le monde aux fers,
Tes fers font préparés; tes tombeaux font ouverts.

Que ne puis-je en ton sang, impérieux Pompée,
Éteindre de ton nom la splendeur usurpée !
Que ne puis-je opposer à ton pouvoir fatal
Ce César si terrible & déja ton égal !
Quoi ! César, comme moi factieux dès l'enfance,
Avec Catilina n'est pas d'intelligence ?
Mais le piége est tendu ; je prétends qu'aujourd'hui
Le trône qui m'attend soit préparé par lui.
Il faut employer tout, jusqu'à Cicéron même,
Ce César que je crains, mon épouse que j'aime.
Sa docile tendresse, en cet affreux moment,
De mes sanglans projets est l'aveugle instrument.
Tout ce qui m'appartient doit être mon complice :
Je veux que l'amour même à mon ordre obéisse.
Titres chers & sacrés & de père & d'époux,
L'ambition l'emporte ; évanouissez-vous.

SCENE II.

CATILINA, CÉTHÉGUS.

(*Affranchis & Soldats dans le lointain.*)

CATILINA.

Eh bien, cher Céthégus, tandis que la nuit sombre
Cache encor nos destins & Rome dans son ombre,
Avez-vous réuni les chefs des Conjurés ?

CETHEGUS.

Ils viendront dans ces lieux du Consul ignorés,

TRAGÉDIE.

Sous ce portique même, & près du temple impie
Où domine un Sénat tyran de l'Italie :
Ils ont renouvellé leurs sermens & leur foi.
Mais tout est-il prévu ? César est-il à toi ?
Seconde-t-il enfin Catilina qu'il aime ?

CATILINA.
Cet esprit dangereux n'agit que pour lui-même.

CETHEGUS.
Conspirer sans César !

CATILINA.
Ah ! je l'y veux forcer;
Dans ce piége sanglant je vais l'embarrasser.
Mes soldats en son nom vont surprendre Préneste ;
Je sai qu'on le soupçonne ; & je reponds du reste.
Ce Consul violent va bientôt l'accuser ;
Pour se venger de lui, César va tout oser.
Rien n'est si dangereux que César qu'on irrite ;
C'est un lion qui dort, & que ma voix excite.
Je veux que Cicéron réveille son courroux,
Et force ce grand homme à combattre pour nous.

CETHEGUS.
Mais Nonnius enfin dans Préneste est le maître.
Il aime la Patrie ; & tu dois le connaître :
Tes soins pour le tenter ont été superflus :
Que faut-il décider du sort de Nonnius ?

CATILINA.
Je t'entends. Tu sais trop que sa fille m'est chère :
Ami, j'aime Aurélie, en détestant son père.
Quand il sût que sa fille avoit conçu pour moi
Ce tendre sentiment qui la tient sous ma loi ;

Quand sa haine impuissante & sa colere vaine
Eurent tenté sans fruit de briser notre chaîne ;
A cet hymen secret quand il a consenti,
Sa faiblesse a tremblé d'offenser son parti :
Il a craint Cicéron ; mais mon heureuse adresse
Avance mes desseins par sa propre faiblesse.
J'ai moi même exigé par un serment sacré,
Que ce nœud clandestin fût encor ignoré.
Céthégus & Sura sont seuls dépositaires
De ce secret utile à nos sanglans mystères.
Le Palais d'Aurélie au temple nous conduit :
C'est-là qu'en sureté j'ai moi-même introduit
Les armes, les flambeaux, l'appareil du carnage.
De nos vastes succès mon hymen est le gage ;
Plus que nos Conjurés mon amour m'a servis.
C'est à l'aspect des Dieux d'un indigne ennemi,
Sous les murs du Sénat, sous sa voûte sacrée,
Que de tous nos tyrans la mort est préparée.

(*Aux Conjurés qui sont dans le fond.*)

Vous, courez dans Préneste, où nos amis secrets
Ont du nom de César voilé nos intérêts :
Que Nonnius surpris ne puisse se défendre.
Vous, près du Capitole allez soudain vous rendre.
Songez qui vous servez, & gardez vos sermens.

(*A Céthégus.*)

Toi, conduis d'un coup d'œil tous ces grands mouvemens.

TRAGÉDIE.

SCENE III.
AURELIE, CATILINA.
AURELIE.

AH! calmez les horreurs dont je suis poursuivie,
Cher époux, essuyez les larmes d'Aurélie.
Quels troubles, juste Ciel! & quel réveil affreux!
Je vous suis en tremblant sous ces murs ténébreux.
Ces Soldats que je vois redoublent mes allarmes.
On porte en mon Palais des flambeaux & des armes.
Qui peut nous menacer? Les jours de Marius,
De Carbon, de Sylla sont-ils donc revenus?
De ce front si terrible éclaircissez les ombres.
Vous détournez de moi des yeux tristes & sombres.
Au nom de tant d'amour, & par ces nœuds secrets
Qui joignent nos destins, nos cœurs, nos intérêts;
Au nom de notre fils dont l'enfance est si chére :
(Je ne vous parle point des dangers de sa mére,
Et je ne vois, hélas! que ceux que vous courez)
Ayez pitié du trouble où mes sens sont livrés.
Expliquez-vous.

CATILINA.
Sachez que mon nom, ma fortune
Ma sureté, la vôtre, & la cause commune
Exigent ces apprèts qui causent votre effroi.
Si vous daignez m'aimer, si vous êtes à moi,

Sur ce qu'ont vû vos yeux obfervez le filence.
Des meilleurs Citoyens j'embraffe la défenfe.
Vous voyez le Sénat, le peuple divifé,
Une foule de Rois l'un à l'autre oppofé.
On fe menace, on s'arme ; & dans ces conjonctures,
Je prends un parti fage & de juftes mefures.

AURELIE.

Je le fouhaite au moins ; mais me tromperiez-vous !
Peut-on cacher fon cœur aux cœurs qui font à nous !
En vous juftifiant, vous redoublez ma crainte :
Dans vos yeux égarés trop d'horreur eft empreinte.
Ciel ! que fera mon père, alors que dans ces lieux
Ces funeftes apprêts viendront frapper fes yeux ?
Souvent les noms de fille, & de père, & de gendre,
Lorfque Rome a parlé, n'ont pu fe faire entendre.
Notre hymen lui déplut, vous le favez affez ;
Mon bonheur eft un crime à fes yeux offenfés.
On dit que Nonnius eft mandé de Préneste ;
Quels effets il verra dans cet hymen funeste !
Cher époux, quel ufage affreux, infortuné,
Du pouvoir que fur moi l'amour vous a donné !
Vous avez un parti ! Mais Cicéron, mon père,
Caton, Rome, les Dieux font du parti contraire.
Peut-être Nonnius va vous perdre aujourd'hui.

CATILINA.

Non, il ne viendra point ; ne craignez rien de lui.

AURELIE.

Comment ?

CATILINA.

Aux murs de Rome il ne pourra fe rendre ;

Que

TRAGEDIE.

Que pour y respecter & sa fille & son gendre.
Je ne peux m'expliquer ; mais souvenez-vous bien
Qu'en tout son intérêt s'accorde avec le mien.
Croyez, quand il saura qu'avec lui je partage
De mes justes projets le premier avantage,
Qu'il sera trop heureux d'abjurer devant moi
Les superbes tyrans dont il reçut la loi.
Je vous ouvre à tous deux, & vous devez m'en croire
Une source éternelle & d'honneurs & de gloire.

AURELIE.

La gloire est bien douteuse, & le péril certain.
Que voulez-vous ? Pourquoi forcer votre destin ?
Ne vous suffit-il pas dans la paix, dans la guerre,
D'être un des Souverains sous qui tremble la terre ?
Pour tomber de plus haut, où voulez-vous monter ?
De noirs pressentimens viennent m'épouvanter.
J'ai trop chéri le joug où je me suis soumise.
Voilà donc cette paix que je m'étais promise ;
Ce repos de l'amour que mon cœur a cherché ?
Les Dieux m'en ont punie, & me l'ont arraché.
Dès qu'un léger sommeil vient fermer mes paupieres,
Je vois Rome embrasée, & des mains meurtrieres,
Des supplices, des morts, des fleuves teints de sang ;
De mon père au Sénat je vois percer le flanc ;
Vous-même, environné d'une troupe en furie,
Sur des monceaux de morts exhalant votre vie,
Des torrens de mon sang répandus par vos coups,
Et votre épouse enfin mourante auprès de vous.
Je me léve ; je fuis ces images funébres.
Je cours, je vous demande au milieu des ténébres.

Tome I.   B

Je vous retrouve, hélas ! & vous me replongez
Dans l'abîme des maux qui me sont présagés.

CATILINA.

Allez, Catilina ne craint point les augures ;
Et je veux du courage & non pas des murmures,
Quand je sers & l'Etat, & vous, & mes amis.

AURELIE.

Ah, cruel ! est-ce ainsi que l'on sert son païs ?
J'ignore à quels desseins ta fureur s'est portée ;
S'ils étaient généreux, tu m'aurais consultée :
Nos communs intérêts semblaient te l'ordonner.
Si tu feins avec moi, je dois tout soupçonner.
Tu te perdras ; déja ta conduite est suspecte
A ce Consul sévère & que Rome respecte.

CATILINA.

Cicéron respecté ? lui ! mon lâche rival ?

SCENE IV.

CATILINA, AURELIE, MARTIAN
l'un des Conjurés.

MARTIAN.

Seigneur, Cicéron vient près de ce lieu fatal :
Par son ordre bientôt le Sénat se rassemble :
Il prétend vous parler.

AURELIE.
                    Catilina, je tremble,
A cet ordre subit, à ce funeste nom.

TRAGÉDIE.

CATILINA.

Mon épouse trembler, au nom de Cicéron !
Que Nonnius séduit le craigne & le révère,
Qu'il deshonore ainsi son rang, son caractère,
Qu'il serve, s'il le veut ; je plaindrai son erreur ;
Mais de vos sentimens j'attends plus de grandeur.
Allez, souvenez-vous que vos nobles ancêtres
Choisissaient autrement leurs Consuls & leurs maîtres.
Quoi, vous, femme & Romaine, & du sang de Néron,
Vous seriez sans orgueil & sans ambition ?
Il en faut aux grands cœurs.

AURELIE.

Tu crois le mien timide !
La seule cruauté te paraît intrépide.
Tu m'oses reprocher d'avoir tremblé pour toi.
Le Consul va paraître ; adieu ; mais connais-moi :
Apprens que cette épouse, à tes loix trop soumise,
Que tu devais aimer, que ta fierté méprise,
Qui ne peut te changer, qui ne peut t'attendrir,
Plus Romaine que toi, peut t'apprendre à mourir.

CATILINA.

Que de chagrins divers il faut que je dévore !
Cicéron que je vois est moins à craindre encore.

SCENE V.

CICERON, *dans l'enfoncement*; LE CHEF DES LICTEURS, CATILINA.

CICERON *au Chef des Licteurs.*

Suivez mon ordre, allez ; de ce perfide cœur
Je prétends sans témoins sonder la profondeur.
La crainte quelquefois peut ramener un traître.

CATILINA.

Quoi, c'est ce plébéien dont Rome a fait son maître!

CICERON.

Avant que le Sénat se rassemble à ma voix,
Je viens, Catilina, pour la dernière fois
Apporter le flambeau sur le bord de l'abîme,
Où votre aveuglement vous conduit par le crime.

CATILINA.

Qui! vous?

CICERON.

Moi......

CATILINA.

C'est ainsi que votre inimitié...

CICERON.

C'est ainsi que s'explique un reste de pitié.
Vos cris audacieux, votre plainte frivole,
Ont assez fatigué les murs du Capitole.

TRAGÉDIE.

...us feignez de penser que Rome & le Sénat
...t'avili dans moi l'honneur du Consulat.
...ncurrent malheureux à cette place insigne,
...re orgueil l'attendait : mais en étiez-vous digne ?
... valeur d'un soldat, le nom de vos ayeux,
... prodigalités d'un jeune ambitieux,
... jeux & ces festins qu'un vain luxe prépare,
...ient-ils un mérite assez grand, assez rare,
...ur vous faire espérer de dispenser des loix
... peuple souverain qui régne sur les Rois ?
...vos prétentions j'aurais cédé peut-être,
... avais vû dans vous ce que vous deviez être.
...us pouviez de l'état être un jour le soutien.
...is pour être Consul devenez citoyen.
...sez-vous affaiblir ma gloire & ma puissance,
... décriant mes soins, mon état, ma naissance ?
...ns ces tems malheureux, dans nos jours corrompus,
...ut-il des noms à Rome ? Il lui faut des vertus.
...a gloire (& je la dois à ces vertus sévères)
...t de ne rien tenir des grandeurs de mes pères.
...on nom commence en moi. De votre honneur jaloux ?
...remblez que votre nom ne finisse dans vous.

CATILINA.

Vous abusez beaucoup, Magistrat d'une année,
De votre autorité passagère & bornée.

CICERON.

Si j'en avais usé, vous seriez dans les fers,
Vous, l'éternel appui des citoyens pervers ;
Vous, qui, de nos autels souillant les priviléges,
Portez jusqu'aux lieux saints vos fureurs sacriléges ;

Qui comptez tous vos jours & marquez tous vos pas
Par des plaisirs affreux & des assassinats ;
Qui savez tout braver, tout oser & tout feindre.
Vous enfin qui, sans moi, seriez peut-être à craindre.
Vous avez corrompu tous les dons précieux
Que pour un autre usage ont mis en vous les Dieux :
Courage, adresse, esprit, grace, fierté sublime,
Tout dans votre ame aveugle est l'instrument du crime.
Je détournais de vous des regards paternels,
Qui veillaient au destin du reste des mortels.
Ma voix, que craint l'audace & que le faible implore,
Dans le rang des *Verrès* ne vous mit point encore.
Mais, devenu plus fier par tant d'impunité,
Jusqu'à trahir l'état vous avez attenté :
Le désordre est dans Rome ; il est dans l'Etrurie :
On parle de Préneste, on souléve l'Ombrie.
Les soldats de Sylla de carnage altérés
Sortent de leur retraite aux meurtres préparés ;
Mallius en Toscane arme leurs mains féroces ;
Les coupables soutiens de vos complots atroces,
Les Rebelles sont tous vos Partisans secrets ;
Partout le nœud du crime unit vos intérêts.
Ah ! sans qu'un jour plus grand éclaire ma justice,
Sachez que je vous croi leur chef ou leur complice ;
Que j'ai partout des yeux qui percent vos desseins ;
Que, malgré vous, encor il est de vrais Romains ;
Que ce cortége affreux d'amis vendus au crime
Sentira comme vous l'équité qui m'anime.
Vous n'avez vû dans moi qu'un rival de grandeur :
Voyez-y votre juge & votre accusateur,

TRAGÉDIE.

Qui va dans un moment vous forcer de répondre
Au tribunal des loix qui doivent vous confondre ;
Des loix qui se taisaient sur vos crimes passés,
De ces loix que je venge & que vous renversez.

CATILINA.

Je vous ai déja dit, Seigneur, que votre place
Avec Catilina permet peu cette audace ;
Mais je veux pardonner des soupçons si honteux
En faveur de l'état que nous servons tous deux.
Je fais plus ; je respecte un zèle infatigable,
Aveugle, je l'avoue, & pourtant estimable.
Ne me reprochez plus tous mes égaremens,
D'une ardente jeunesse impétueux enfans :
Le Sénat m'en donna l'exemple trop funeste.
Cet emportement passe, & le courage reste.
Ce luxe, ces excès, ces fruits de la grandeur
Sont les vices du tems & non ceux de mon cœur.
Songez que cette main servit la République :
Que, soldat en Asie & juge dans l'Afrique,
J'ai, malgré nos excès & nos divisions,
Rendu Rome terrible aux yeux des Nations.
Moi, je la trahirais, moi qui l'ai su défendre ?

CICERON.

Marius & Sylla, qui la mirent en cendre,
Ont mieux servi l'état & l'ont mieux défendu.
Les tyrans ont toujours quelque ombre de vertu :
Ils soutiennent les loix, avant de les abattre.

CATILINA.

Ah, si vous soupçonnez ceux qui savent combattre,
Accusez donc César, & Pompée, & Crassus.

Pourquoi fixer sur moi vos yeux toujours déçus ?
Parmi tant de guerriers dont on craint la puissance,
Pourquoi suis-je l'objet de votre défiance ?
Pourquoi me choisir, moi ? Par quel zèle emporté,

CICERON.

Vous-même jugez-vous ; l'avez-vous mérité ?

CATILINA.

Non ; mais j'ai trop daigné m'abaisser à l'excuse :
Et plus je me défends, plus Cicéron m'accuse.
Si vous avez voulu me parler en ami,
Vous vous êtes trompé ; je suis votre ennemi.
Si c'est en citoyen ; comme vous je crois l'être.
Et si c'est en Consul ; ce Consul n'est pas maître :
Il préside au Sénat ; & je peux l'y braver.

CICERON.

J'y punis les forfaits, tremble de m'y trouver.
Malgré toute ta haine à mes yeux méprisable,
Je t'y protégerai, si tu n'es point coupable.
Fuis Rome, si tu l'es.

CATILINA.

    C'en est trop ; arrêtez :
C'est trop souffrir le zèle où vous vous emportez.
De vos vagues soupçons j'ai dédaigné l'injure ;
Mais après tant d'affronts que mon orgueil endure,
Je veux que vous sachiez que le plus grand de tous
N'est pas d'être accusé, mais protégé par vous.

Il sort.

CICERON (*seul.*)

Le traître ! pense-t-il à force d'insolence
Par sa fausse grandeur prouver son innocence ?

Tu ne peux m'impofer, perfide ; ne crois pas
Eviter l'œil vengeur attaché fur tes pas.

SCENE IV.
CICERON, CATON.

CICERON.

EH bien, fage Caton, Rome eft-elle en défenfe ?
CATON.
Vos ordres font fuivis ; ma prompte vigilance
A difpofé déja ces braves Chevaliers,
Qui fous vos étendarts marcheront les premiers :
Mais je crains tout du peuple, & du Sénat lui-même.
CICERON.
Du Sénat !
CATON.
    Enyvré de fa grandeur fuprême
Dans fes divifions il fe forge des fers.
CICERON.
Les vices des Romains ont vengé l'Univers ;
La vertu difparaît, la liberté chancelle :
Mais Rome a des Catons, j'efpere encor pour elle.
CATON.
Ah ! qui fert fon païs, fert fouvent un ingrat ;
Votre mérite même irrite le Sénat.
Il voit d'un œil jaloux cet éclat qui l'offenfe.
CICERON.
Les regards de Caton feront ma récompenfe ;

Tome I.   C

Au torrent de mon siécle, à son iniquité,
J'oppose ton suffrage & la postérité.
Faisons notre devoir, les Dieux feront le reste.

CATON.

Eh! comment résister à ce torrent funeste,
Quand je vois, dans ce temple aux vertus élevé,
L'infâme trahison marcher le front levé?
Croit-on que Mallius, cet indigne rebelle,
Ce tribun de soldats subalterne, infidelle,
De la guerre civile arborât l'étendart,
Qu'il osât s'avancer vers ce sacré rempart,
Qu'il eût pu fomenter ces ligues menaçantes,
S'il n'était soutenu par des mains plus puissantes,
Si quelque rejetton de nos derniers tyrans
N'allumait en secret des feux plus dévorans?
Les premiers du Sénat nous trahissent peut-être;
Des cendres de Sylla les tyrans vont renaître.
César fut le premier que mon cœur soupçonna :
Oui, j'accuse César.

CICERON.

Et moi, Catilina.
De brigues, de complots, de nouveautés avide,
Vaste dans ses projets, impétueux, perfide,
Plus que César encor je le croi dangereux,
Beaucoup plus téméraire & bien moins généreux.
Je viens de lui parler; j'ai vû sur son visage,
J'ai vû dans ses discours son audace & sa rage;
Et la sombre hauteur d'un esprit affermi
Qui se lasse de feindre, & parle en ennemi.

TRAGÉDIE.

De ses obscurs complots je cherche les complices ;
Tous ses crimes passés sont mes premiers indices ;
J'en préviendrai la suite.

CATON.
Il a beaucoup d'amis :
Je crains pour les Romains des tyrans réunis.
L'armée est en Asie, & le crime est dans Rome ;
Mais pour sauver l'état il suffit d'un grand homme.

CICERON.
Si nous sommes unis, il suffit de nous deux ;
La discorde est bientôt parmi les factieux.
César peut conjurer ; mais je connais son ame,
Je sai quel noble orgueil le domine & l'enflâme ;
Son cœur est trop altier, ses desseins sont trop grands
Pour servir de degrés au trône des tyrans.
Il aime Rome encor, il ne veut point de maître ;
Mais je prévois trop bien qu'un jour il voudra l'être
Tous deux jaloux de plaire & plus de commander.
Ils sont montés trop haut pour jamais s'accorder.
Par leur désunion Rome sera sauvée
Allons, n'attendons pas que de sang abreuvée,
Elle tende vers nous ses languissantes mains,
Et qu'on donne des fers aux maîtres des humains.

Fin du premier Acte.

ACTE II.

SCENE PREMIERE.
CATILINA, CETHEGUS.

CETHEGUS.

Tandis que tout s'apprête, & que ta main hardie
Va de Rome & du monde allumer l'incéndie ;
Tandis que ton armée approche de ces lieux,
Sais-tu ce qui se passe en ces lieux odieux ?

CATILINA.

Je sais que d'un Consul la sombre défiance
Se livre à des terreurs qu'il appelle prudence.
Sur le vaisseau public ce pilote égaré
Présente à tous les vents un flanc mal assuré
Il s'agite au hazard, à l'orage il s'apprête,
Sans savoir seulement d'où viendra la tempête.
Ne crains rien du Sénat : ce corps faible & jaloux,
Avec joie en secret l'abandonne à nos coups.
Ce Sénat divisé, ce monstre à tant de têtes,
Si fier de sa noblesse & plus de ses conquêtes,
Voit avec les transports de l'indignation
Les souverains des Rois respecter Cicéron.

TRAGÉDIE. 29

César n'est point à lui ; Crassus le sacrifie :
J'attends tout de ma main, j'attends tout de l'envie ;
C'est un homme expirant qu'on voit d'un faible effort,
Se débattre & tomber dans les bras de la mort.

CETHEGUS.

Il a des envieux ; mais il parle, il entraîne,
Il réveille la gloire, il subjugue la haine ;
Il domine au Sénat.

CATILINA.

Je le brave en tous lieux ;
J'entends avec mépris ses cris injurieux.
Qu'il déclame à son gré jusqu'à sa derniere heure,
Qu'il triomphe en parlant, qu'on l'admire, & qu'il
    meure.
De plus cruels soucis, des chagrins plus pressans
Occupent mon courage, & régnent sur mes sens.

CETHEGUS.

Que dis-tu ? Qui t'arrête en ta noble carriére ?
Quand l'adresse & la force ont ouvert la barriére,
Que crains-tu ?

CATILINA.

Ce n'est pas mes nombreux ennemis,
Mon parti seul m'allarme, & je crains mes amis :
De Lentulus-Sura l'ambition jalouse,
Le grand cœur de César, & sur tout mon épouse.

CETHEGUS.

Ton épouse ? Tu crains une femme & des pleurs.
Laisse-lui ses remords, laisse-lui ses terreurs ;
Tu l'aimes, mais en maître, & son amour docile
Est de tes grands desseins un instrument utile.

C iij

CATILINA.

Je vois qu'il peut enfin devenir dangereux.
Rome, un époux, un fils partagent trop ses vœux.
O Rome ! ô nom fatal ! ô liberté chérie !
Quoi dans ma maison même on parle de patrie !
Je veux qu'avant le tems fixé pour le combat,
Tandis que nous allons éblouir le Sénat,
Ma femme avec mon fils de ces lieux enlevée,
Abandonne une ville aux flammes réservée ;
Qu'elle parte en un mot. Nos femmes, nos enfans
Ne doivent pas troubler ces terribles momens.
Mais César !

CETHEGUS.

Que veux-tu ? Si par ton artifice
Tu ne peux réussir à t'en faire un complice,
Dans le rang des proscrits faut-il placer son nom ?
Faut il confondre enfin César & Cicéron ?

CATILINA.

C'est-là ce qui m'occupe ; & s'il faut qu'il périsse,
Je me sens étonné de ce grand sacrifice.
Il semble qu'en secret respectant son destin,
Je révère dans lui l'honneur du nom Romain.
Mais Sura viendra-t'il ?

CETHEGUS.

Compte sur son audace :
Tu sais comme ébloui des grandeurs de sa race,
A partager ton régne il se croit destiné.

CATILINA.

Qu'à cet espoir trompeur il reste abandonné.

TRAGÉDIE. 31

Tu vois avec quel art il faut que je ménage
L'orgueil préfomptueux de cet efprit fauvage,
Ses chagrins inquiets, fes foupçons, fon courroux.
Sais-tu que de Céfar il ofe être jaloux ?
Enfin j'ai des amis moins aifés à conduire,
Que Rome & Cicéron ne coutent à détruire.
O d'un chef de parti dur & pénible emploi !

CETHEGUS.

Le foupçonneux Sura s'avance ici vers toi.
Va, prépare en fecret le départ d'Aurélie.
Que des feuls conjurés fa maifon foit remplie.

CATILINA.

De ces lieux cependant qu'on écarte fes pas :
Craignons de fon amour les funeftes éclats.

SCENE II.

CATILINA, CETHEGUS,
LENTULUS-SURA.

SURA.

Ainsi, malgré mes foins & malgré ma prière,
Vous prenez dans Céfar une affurance entière ;
Vous lui donnez Préneste, il devient notre appui ;
Penfez-vous me forcer à dépendre de lui ?

CATILINA.

Le fang des Scipions n'eft point fait pour dépendre,
Ce n'eft qu'au premier rang que vous devez prétendre.

C iiij

Je traite avec Céſar, mais ſans m'y confier;
Son crédit peut nous nuire, il peut nous appuier;
Croiez qu'en mon parti s'il faut que je l'engage,
Je me ſers de ſon nom, mais pour votre avantage.
SURA.
Ce nom eſt-il plus grand que le vôtre & le mien?
Pourquoi vous abaiſſer à briguer ce ſoutien?
On le fait trop valoir, & Rome eſt trop frapée
D'un mérite naiſſant qu'on oppoſe à Pompée.
Pourquoi le rechercher alors que je vous ſers?
Ne peut-on ſans Céſar ſubjuguer l'univers?
CATILINA.
Nous le pouvons ſans doute, & ſur votre vaillance
J'ai fondé dès long-tems ma plus forte eſpérance.
Mais Céſar eſt aimé du peuple & du Sénat:
Politique, Guerrier, Pontife, Magiſtrat,
Terrible dans la guerre & grand dans la tribune,
Par cent chemins divers il court à la fortune;
Il nous eſt néceſſaire.
SURA.
       Il nous ſera fatal.
Aujourd'hui votre ami, demain votre rival,
Bientôt notre tyran; telle eſt ſon caractère:
Je le crois du parti le plus grand adverſaire.
Peut-être qu'à vous ſeul il daignera céder;
Mais croiez qu'à tout autre il voudra commander.
Je ne ſouffrirai point, puiſqu'il faut vous le dire,
De ſon fier aſcendant le dangereux empire;
Je vous ai prodigué mon ſervice & ma foi;
Et je renonce à vous, s'il l'emporte ſur moi.

TRAGÉDIE.
CATILINA.

J'y confens, faites plus, arrachez-moi la vie ;
Je m'en déclare indigne, & je la facrifie,
Si je permets jamais de nos grandeurs jaloux,
Qu'un autre ofe penfer à s'élever fur nous.
Mais fouffrez qu'à Céfar votre intérêt me lie :
Je le flate aujourd'hui, demain je l'humilie.

SURA.

Enfin donc fans Céfar vous n'entreprenez rien ?
Nous attendrons le fruit de ce grand entretien.

SCENE III.
CATILINA, CESAR.
CATILINA.

EH bien ! Céfar, eh bien ! Toi de qui la fortune
Dès le tems de Sylla me fut toujours commune,
Toi dont j'ai préfagé les éclatans deftins,
Toi né pour être un jour le premier des Romains,
N'es-tu donc aujourd'hui que le premier efclave
Du fameux Plébeien qui t'irrite & te brave ?
Tu le hais, je le fais ; & ton œil pénétrant
Voit pour s'en affranchir ce que Rome entreprend :
Et tu balancerais ? Et ton ardent courage
Craindrait de nous aider à fortir d'efclavage ?
Des deftins de la terre il s'agit aujourd'hui,
Et Céfar fouffrirait qu'on les changeât fans lui ?

Quois ! n'es tu plus jaloux du nom du grand Pompée ?
Ta haine pour Caton s'est-elle dissipée ?
N'es-tu pas indigné de servir les autels,
Quand Cicéron préside au destin des mortels ?
Quand l'obscur habitant des rives de Fibrène
Siége au dessus de toi sur la pourpre Romaine ?
Souffritas-tu longtems tous ces Rois fastueux,
Cet heureux Lucullus, brigand voluptueux,
Fatigué de sa gloire, énervé de molesse ?
Un Crassus étonné de sa propre richesse,
Dont l'opulence avide osant nous insulter
Asservirait l'Etat s'il daignait l'acheter ?
Ah ! de quelque côté que tu jettes la vuë,
Vois Rome turbulente ou Rome corrompuë :
Vois ces lâches vainqueurs en proie aux factions
Disputer, dévorer le sang des nations.
Le monde entier t'appelle, & tu restes paisible :
Veux-tu laisser languir ce courage invincible ?
De Rome qui te parle as-tu quelque pitié ?
César est-il fidéle à ma tendre amitié ?

CESAR.

Oui : si dans le Sénat on te fait injustice,
César te défendra, compte sur mon service ;
Je ne peux te trahir ; n'exige rien de plus.

CATILINA.

Et tu bornerais-là tes vœux irrésolus ?
C'est à parler pour moi que tu peux te réduire ?

CESAR.

J'ai pesé tes projets ; je ne veux pas leur nuire,

TRAGÉDIE.

Je peux leur applaudir, je n'y veux point entrer.
CATILINA.
J'entends : pour les heureux tu veux te déclarer.
Des premiers mouvemens spectateur immobile,
Tu veux ravir les fruits de la guerre civile,
Sur nos communs débris établir ta grandeur.
CESAR.
Non, je veux des dangers plus dignes de mon cœur.
Ma haine pour Caton, ma fiére jalousie
Des lauriers dont Pompée est couvert en Asie,
Le crédit, les honneurs, l'éclat de Cicéron,
Ne m'ont déterminé qu'à surpasser leur nom.
Sur les rives du Rhin, de la Seine & du Tage
La victoire m'appelle, & voilà mon partage.
CATILINA.
Commence donc par Rome, & songe que demain
J'y pourrais avec toi marcher en Souverain.
CESAR.
Ton projet est bien grand, peut-être téméraire ;
Il est digne de toi ; mais pour ne te rien taire,
Plus il doit t'agrandir, moins il est fait pour moi.
CATILINA.
Comment ?
CESAR.
     Je ne veux pas servir ici sous toi.
CATILINA.
Ah ! crois qu'avec César on partage sans peine.
CESAR.
On ne partage point la grandeur souveraine :

Va, ne te flate pas que jamais à son char
L'heureux Catilina puisse enchaîner César.
Tu m'as vû ton ami, je le suis, je veux l'être;
Mais jamais mon ami ne deviendra mon maître.
Pompée en ferait digne ; & s'il l'ose tenter,
Ce bras levé sur lui l'attend pour l'arrêter.
Sylla dont tu reçus la valeur en partage,
Dont j'estime l'audace & dont je hais la rage,
Sylla nous a réduits à la captivité ;
Mais s'il ravît l'empire, il l'avait mérité.
Il soumit l'Hellespont, il fit trembler l'Euphrate,
Il subjugua l'Asie, il vainquit Mithridate
Qu'as-tu fait ? Quels états, quels fleuves, quelles mers
Quels Rois par toi vaincus ont adoré nos fers ?
Tu peux avec le tems être un jour un grand homme ;
Mais tu n'as pas acquis le droit d'asservir Rome ;
Et mon nom, ma grandeur & mon autorité
N'ont point encor l'éclat & la maturité,
Le poids qu'exigerait une telle entreprise.
Je vois que tôt ou tard Rome sera soumise ;
J'ignore mon destin ; mais si j'étais, un jour
Forcé par les Romains de régner à mon tour,
Avant que d'obtenir une telle victoire,
J'étendrai, si je puis, leur empire & leur gloire.
Je serai digne d'eux; & je veux que leurs fers
D'eux mêmes respectés, de lauriers soient couverts.

CATILINA.

Le moien que je t'offre est plus aisé peut-être.
Qu'était donc ce Sylla qui s'est fait notre maître ?

TRAGÉDIE.

Il avoit une armée, & j'en forme aujourd'hui ;
Il m'a fallu créer ce qui s'offrait à lui ;
Il profita des tems, & moi je les fais naître.
Je ne dis plus qu'un mot, il fut Roi ; veux-tu l'être ?
Veux-tu de Cicéron subir ici la loi,
Vivre son courtisan, ou régner avec moi ?

CESAR.

Je ne veux l'un ni l'autre. Il n'est pas tems de feindre ;
J'estime Cicéron sans l'aimer ni le craindre ;
Je t'aime, je l'avoue, & je ne te crains pas.
Divise le Sénat, abaisse des ingrats :
Tu le peux, j'y consens : mais si ton âme aspire
Jusqu'à m'oser soumettre à ton nouvel empire ;
Ce cœur sera fidéle à tes secrets desseins,
Et ce bras combattra l'ennemi des Romains. (*Il sort*)

SCENE IV.

CATILINA.

AH ! qu'il serve, s'il l'ose, au dessein qui m'anime,
Et s'il n'en est l'appui, qu'il en soit la victime !
Sylla voulait le perdre, il le connaissait bien ;
Son génie en secret est l'ennemi du mien.
Je ferai ce qu'enfin Sylla craignit de faire,

SCENE V.

CATILINA, CETHEGUS, LENTULUS.

LENTULUS.

César s'est-il montré favorable ou contraire ?
CATILINA.
Sa stérile amitié nous offre un faible appui,
Il faut & nous servir & nous venger de lui ;
Nous avons des soutiens plus sûrs & plus fidéles.
Les voici ces héros vengeurs de nos querelles.

SCENE VI.

CATILINA, LES CONJURÉS.

CATILINA.

Venez, noble Pison, vaillant Autronius,
Intrépide Vargonte, ardent Statilius ;
Vous tous braves guerriers de tout rang, de tout âge,
Des plus grands des humains redoutable assemblage :
Venez, vainqueurs des Rois, vengeurs des citoiens,
Vous tous mes vrais amis, mes égaux, mes soutiens ;

TRAGÉDIE.

Encor quelques momens, un Dieu qui vous seconde
Va mettre entre vos mains la maîtresse du monde.
De trente nations malheureux conquérans,
La peine était pour vous, le fruit pour vos tyrans.
Vos mains n'ont subjugué Tigrane & Mithridate,
Votre sang n'a rougi les ondes de l'Euphrate,
Que pour enorgueillir d'indignes Sénateurs,
De leurs propres appuis lâches persécuteurs,
Grands par vos travaux seuls, & qui pour récompense,
Vous permettaient de loin d'adorer leur puissance.
Le jour de la vengeance est arrivé pour vous.
Je ne propose point à votre fier courroux
Des travaux sans périls, & des meurtres sans gloire ;
Vous pourriez dédaigner une telle victoire :
A vos cœurs généreux je promets des combats.
Que tous vos ennemis soient livrés au trépas.
Entrez dans leurs palais, frappez, mettez en cendre
Tous ce qui prétendra l'honneur de se défendre ;
Mais sur-tout qu'un concert unanime & parfait
De nos vastes desseins assure en tout l'effet.
A l'heure où je vous parle, on doit saisir Préneste ;
Des soldats de Sylla le redoutable reste,
Par des chemins divers & des sentiers obscurs,
Du fond de la Toscane avancent vers ces murs.
Ils arrivent, je sors & je marche à leur tête :
Au dehors, au dedans Rome est votre conquête.
Je combats Pétréius, & je m'ouvre en ces lieux
Au pied du Capitole un chemin glorieux.
C'est là que, par les droits que vous donne la guerre,
Nous montons en triomphe au trône de la terre,

A ce trône souillé par d'indignes Romains,
Mais lavé dans leur sang & vengé par vos mains.
Curius & les siens doivent m'ouvrir les portes.
(Il s'arrête un moment, puis il s'adresse à un Conjuré.)
Vous, des Gladiateurs aurons-nous les cohortes ?
Leur joignez-vous sur-tout ces braves Vétérans,
Qu'un odieux repos fatigua trop long-tems ?

LENTULUS.

Je dois les amener, si-tôt que la nuit sombre
Cachera sous son voile & leur marche & leur nombre;
Je les armerai tous dans ce lieu retiré.

CATILINA.

Vous, du mont Célius êtes-vous assuré ?

STATILIUS.

Les Gardes sont séduits, on peut tout entreprendre.

CATILINA.

Vous, au mont Aventin, que tout soit mis en cendre;
Dès que de Mallius vous verrez les drapeaux,
De ce signal terrible allumez les flambeaux.
Aux maisons des proscrits que la mort soit portée :
La premiere victime à mes yeux présentée,
Vous l'avez tous juré, doit être Cicéron;
Sacrifiez César ; faites périr Caton,
Eux morts, e Sénat tombe & nous sert en silence.
Déja notre fortune aveugle sa prudence,
Dans ses murs, sous son temple, à ses yeux, sous ses pas,
Nous disposons en paix l'appareil du trépas.
Sur-tout avant le tems ne prenez pas les armes,
Que la mort des tyrans précéde les allarmes;

Que

TRAGÉDIE. 41

Que Rome & Cicéron tombent du même fer,
Que la foudre en grondant les frape avec l'éclair ;
Vous avez dans vos mains le destin de la terre.
Ce n'est point conspirer, c'est déclarer la guerre ;
C'est reprendre vos droits, & c'est vous ressaisir
De l'Univers dompté qu'on osait vous ravir.
(*A Céthégus & à Lentulus-Sura.*)
Vous, de ces grands desseins les auteurs magnanimes,
Venez dans le Sénat, venez voir vos victimes ;
De ce Consul encor nous entendrons la voix ;
Croyez qu'il va parler pour la derniere fois.
Et vous, dignes Romains, jurez par cette épée,
Qui du sang des tyrans sera bien-tôt trempée,
Jurez tous de périr ou de vaincre avec moi.

MARTIAN.
Oui, nous le jurons tous, par ce fer & par toi.

UN AUTRE CONJURÉ.
Périsse le Sénat.

MARTIAN.
Périsse l'infidéle
Qui pourra différer de venger ta querelle.
Si quelqu'un se repent, qu'il tombe sous nos coups.

CATILINA.
Allez, & cette nuit Rome entiere est à vous.

Fin du second Acte.

Tome I.   D

ACTE III

SCENE PREMIERE.
CATILINA, CETHEGUS, AFFRANCHIS, MARTIAN, SEPTIME.

CATILINA.

Tout est-il prêt enfin ? L'armée avance-t-elle ?
MARTIAN.
Oui, Seigneur, Mallius à ses sermens fidéle
Vient entourer ces murs aux flammes destinés :
Au dehors, au dedans les ordres sont donnés.
Les Conjurés en foule au carnage s'excitent,
Et des moindres délais leurs courages s'irritent.
Prescrivez le moment où Rome doit périr.
CATILINA.
Si-tôt que du Sénat vous me verrez sortir,
Commencez à l'instant nos sanglans sacrifices :
Que du sang des proscrits les fatales prémices
Consacrent sous vos coups ce redoutable jour.
Observez, Martian, vers cet obscur détour

Si d'un Consul trompé les ardens emissaires
Oseraient épier nos terribles mystères.

CETHEGUS.

Peut être avant le tems faudrait-il l'attaquer
Au milieu du Sénat qu'il vient de convoquer.
Je vois qu'il prévient tout, & que Rome allarmée....

CATILINA.

Prévient-il Mallius ? Prévient-il mon armée ?
Connait-il mes projets ? Sait-il dans son effroi
Que Mallius n'agit, n'est armé que pour moi ?
Suis-je fait pour fonder ma fortune & ma gloire
Sur un vain brigandage & non sur la victoire ?
Va, mes desseins sont grands autant que mesurés ;
Les soldats de Sylla sont mes vrais conjurés.
Quand des mortels obscurs & de vils téméraires,
D'un complot mal tissu forment les nœuds vulgaires,
Un seul ressort qui manque à leurs piéges tendus
Détruit l'ouvrage entier, & l'on n'y revient plus.
Mais des mortels choisis, & tels que nous le sommes,
Ces desseins si profonds, ces crimes de grands hommes
Cette élite indomptable, & ce superbe choix
Des descendans de Mars & des vainqueurs des rois :
Tous ces ressorts secrets, dont la force assurée
Trompe de Cicéron la prudence égarée ;
Un feu dont l'étendue embrase au même instant
Les Alpes, l'Apennin, l'Aurore & le Couchant,
Que Rome doit nourrir, que rien ne peut éteindre ;
Voilà notre destin ; dis-moi s'il est à craindre ?

D ij

CETHEGUS.
Sous le nom de César Préneste est-elle à nous?
CATILINA.
C'est là mon premier pas, c'est un des plus grands coups
Qu'au Sénat incertain je porte en assurance,
Tandis que Nonnius tombe sous ma puissance.
Tandis qu'il est perdu, je fais semer le bruit
Que tout ce grand complot par lui-même est conduit.
La moitié du Sénat croit Nonnius complice,
Avant qu'on délibere, avant qu'on s'éclaitcisse,
Avant que ce Sénat si lent dans ses débats
Ait démêlé le piége où j'ai conduit ses pas,
Mon armée est dans Rome, & la terre asservie.
Allez, que de ces lieux on enleve Aurélie;
Et que rien ne partage un si grand intérêt.

SCENE II.

AURELIE, CATILINA, CETHEGUS.

AURELIE, (*une Lettre à la main.*)

Lis ton sort & le mien, ton crime & ton arrêt.
Voilà ce qu'on m'écrit.
CATILINA.
Quelle main téméraire....
Eh bien, je reconnais le seing de votre pere.
AURELIE.
Lis....

TRAGÉDIE.

CATILINA *lit la Lettre.*

„ La mort long-tems a respecté mes jours,
„ Une fille que j'aime en termine le cours.
„ Je suis trop bien puni, dans ma triste vieillesse,
„ De cet hymen affreux qu'a permis ma faiblesse ;
„ Je sai de votre époux les complots odieux ;
„ César qui nous trahit veut enlever Préneste ;
„ Vous avez partagé leur trahison funeste :
„ Repentez-vous, ingrate, ou périssez comme eux.
Mais comment Nonnius aurait-il pû connaître
Des secrets, qu'un Consul ignore encor peut-être ?

CETHEGUS.

Ce billet peut vous perdre.

CATILINA (*à Céthégus.*)

Il pourra nous servir.

(*A Aurélie*)

Il faut tout vous apprendre, il faut tout éclaircir.
Je vais armer le monde, & c'est pour ma défense ;
Vous, dans ce jour de sang marqué pour ma puissance,
Voulez-vous préférer un père à votre époux ?
Pour la derniere fois, dois-je compter sur vous ?

AURELIE.

Tu m'avais ordonné le silence & la fuite,
Tu voulais à mes pleurs dérober ta conduite ;
Eh bien, que prétens-tu ?

CATILINA.

Partez au même instant ;
Envoyez au Consul ce billet important :
J'ai mes raisons, je veux qu'il apprenne à connaître
Que César est à craindre, & plus que moi peut-être ;

Je n'y suis point nommé. César est accusé :
C'est ce que j'attendais, tout le reste est aisé.
Que mon fils au berceau, mon fils né pour la guerre,
Soit porté dans vos bras aux vainqueurs de la terre.
Ne rentrez avec lui dans ces murs abhorrés,
Que quand j'en serai maître, & quand vous régnerez.
Partez, daignez me croire, & laissez-vous conduire ;
Laissez-moi mes dangers, ils doivent me suffire,
Et ce n'est pas à vous de partager mes soins :
Vainqueur & couronné, cette nuit, je vous joins.

AURELIE.

Tu vas ce jour dans Rome ordonner le carnage ?

CATILINA.

Oui, de nos ennemis j'y vais punir la rage,
Tout est prêt, on m'attend.

AURELIE.

     Commence donc par moi :
Commence par ce meurtre, il est digne de toi.
Barbare, j'aime mieux, avant que tout périsse,
Expirer par tes mains, que vivre ta complice.

CATILINA.

Qu'au nom de nos liens votre esprit raffermi....

CETHEGUS.

Ne désesperez point un époux, un ami :
Tout vous est confié, la carriere est ouverte ;
Et reculer d'un pas, c'est courir à sa perte.

AURELIE.

Ma perte fut certaine au moment où mon cœur
Reçut de vos conseils le poison séducteur :

TRAGÉDIE.

Malgré moi sur vos pas vous m'avez su conduire.
J'aimais ; il fut aisé, cruels, de me séduire ;
Et c'est un crime affreux dont on doit vous punir,
Qu'à tant d'atrocités, l'amour ait pû servir.
Dans mon aveuglement que ma raison déplore,
Ce reste de raison m'éclaire au moins encore :
Il fait rougir mon front de l'abus détesté,
Que vous avez tous fait de ma crédulité.
L'amour me fit coupable, & je ne veux plus l'être ;
Je ne veux point servir les attentats d'un traître :
Je renonce à mes vœux, à ton crime, à ta foi ;
Mes mains, mes propres mains s'armeront contre toi.
Frappe & traîne dans Rome embrasée & fumante
Pour ton premier exploit ton épouse expirante,
Fais périr avec moi l'enfant infortuné
Que les Dieux en courroux à mes vœux ont donné ;
Et couvert de son sang, libre dans ta furie,
Barbare, assouvis-toi du sang de ta patrie.

CATILINA.

C'est donc là ce grand cœur & qui me fut soumis ?
Ainsi vous vous rangez parmi mes ennemis ?
Ainsi dans la plus juste & la plus noble guerre
Qui jamais décida du destin de la terre,
Quand je brave un Consul, & Pompée, & Caton,
Mes plus grands ennemis seront dans ma maison ?
Les préjugés Romains de votre faible père
Arme contre moi-même une épouse si chère ;
Et vous mêlez enfin la menace à l'effroi ?

AURELIE.

Je menace le crime.... & je tremble pour toi :

Dans mes emportemens vois encor ma tendresse;
Frémis d'en abuser, c'est ma seule faiblesse :
Crains.

CATILINA.
Cet indigne mot n'est pas fait pour mon cœur,
Ne me parlez jamais de paix ni de terreur.
C'est assez m'offenser. Ecoutez, je vous aime;
Mais ne présumez pas que m'oubliant moi-même
J'immole à mon amour ces amis généreux.
Vous n'avez pas osé regarder la couronne :
Jugez de mon amour, puisque je vous pardonne;
Mais sachez....

AURELIE.
La couronne où tendent tes desseins,
Cet objet du mépris du reste des Romains?
Va, je l'arracherais sur mon front affermie,
Comme un signe insultant d'horreur & d'infamie.
Quoi, tu m'aimes assez pour ne te pas venger,
Pour ne me punir pas de t'oser outrager,
Pour ne pas ajouter ta femme à tes victimes !
Et moi, je t'aime assez pour arrêter tes crimes.
Et je cours....

SCENE

SCENE III.

CATILINA, CÉTHÉGUS, LENTULUS-SURA, AURÉLIE.

LENTULUS-SURA.

C'EN est fait, & nous sommes perdus !
Nos amis sont trahis ; nos projets confondus.
Préneste entre nos mains n'a point été remise :
Nonnius vient dans Rome, il sait notre entreprise ;
Un de nos confidens, dans Préneste arrêté,
A subi les tourmens, & n'a pas résisté.
Nous avons trop tardé, rien ne peut nous défendre ;
Nonnius au Sénat vient accuser son gendre :
Il va chez Cicéron qui n'est que trop instruit.

AURÉLIE.

Eh bien, de tes forfaits tu vois quel est le fruit !
Voilà ces grands desseins, où j'aurais dû souscrire ;
Ces destins de Sylla, ce trône, cet empire !
Es-tu désabusé ? Tes yeux sont-ils ouverts ?

CATILINA, (après un moment de silence.)

Je ne m'attendais pas à ce nouveau revers ;
Mais… me trahiriez-vous ?

AURÉLIE.

Je le devrais peut-être :
Je devrais servir Rome, en la vengeant d'un traître ;

Nos Dieux m'en avoûraient ; je ferai plus : je veux
Te rendre à ton païs, & vous fauver tous deux.
Ce cœur n'a pas toujours la foiblesse en partage ;
Je n'ai point tes fureurs, mais j'aurai ton courage.
L'amour en donne au moins. J'ai prévu le danger :
Ce danger est venu, je vais le partager ;
Je vais trouver mon père ; il faudra que j'obtienne
Qu'il m'arrache la vie, ou qu'il sauve la tienne.
Il m'aime ; il est facile ; il craindra devant moi
D'armer le désespoir d'un gendre tel que toi :
J'irai parler de paix à Cicéron lui-même ;
Ce Conful qui te craint, ce Sénat où l'on t'aime,
Où César te foutient, où ton nom est puissant,
Se fiendront trop heureux de te croire innocent.
On pardonne aifément à ceux qui font à craindre :
Repens toi feulement, mais repens-toi fans feindre :
Il n'est que ce parti quand on est découvert.
Il blesse ta fierté, mais tout autre te perd ;
Et je te donne au moins, quoi qu'on puisse entreprendre
Le tems de quitter Rome, ou d'ofer t'y défendre.
Plus de reproche ici fur tes complots pervers.
Coupable je t'aimais, malheureux je te fers ;
Je mourrai pour fauver & tes jours, & ta gloire.
Adieu. Catilina doit apprendre à me croire,
Je l'avois mérité.

CATILINA, (*Paroissant.*)

Que faire, quel danger !
Ecoutez.... le fort change, il me force à changer.
Je me rends... je vous cède... il faut vous fatisfaire...
Mais... fongez, qu'un époux est pour vous plus qu'un père.

TRAGÉDIE.

Et que dans le péril dont nous sommes pressés,
Si je prends un parti, c'est vous qui m'y forcez.

AURELIE.

Je me charge de tout, fût-ce encor de ta haine :
Je te sers, c'est assez, Fille, épouse, & Romaine :
Voilà tous mes devoirs ; je les suis ; & le tien
Est d'égaler un cœur aussi pur que le mien.

SCENE IV.
CATILINA, CÉTHÉGUS, LENTULUS-SURA, AFFRANCHIS.

SURA.

Est-ce Catilina que nous venons d'entendre ?
N'es-tu de Nonnius que le timide gendre ?
Esclave d'une femme, & d'un seul mot troublé ?
Ce grand cœur s'est rendu, si-tôt qu'elle a parlé !

CETHEGUS.

Non, tu ne peux changer ; ton génie invincible,
Animé par l'obstacle, en sera plus terrible.
Sans ressource à Préneste, accusés au Sénat,
Nous pourrions être encor les maîtres de l'Etat.
Nous le ferions trembler, même dans les supplices :
Nous avons trop d'amis, trop d'illustres complices,

E ij

Un parti trop puissant pour ne pas éclater !
SURA.
Mais avant le signal on peut nous arrêter ?
C'est lorsque dans la nuit le Sénat se sépare,
Que le parti s'assemble, & que tout se déclare ;
Que faire ?
CETHÉGUS, à Catilina.
Tu te tais, & tu frémis d'effroi ?
CATILINA.
Oui, je frémis du coup que mon sort veut de moi.
SURA.
J'attends peu d'Aurélie, & dans ce jour funeste,
Vendre cher notre vie, est tout ce qui nous reste.
CATILINA.
Je compte les momens, & j'observe les lieux.
Aurélie en flatant ce vieillard odieux,
En le baignant de pleurs, en lui demandant grace,
Suspendra pour un tems sa course & sa menace :
Cicéron que j'allarme est ailleurs arrêté,
C'en est assez, amis, tout est en sureté.
Qu'on transporte soudain les armes nécessaires ;
Armez tout, Affranchis, Esclaves & Sicaires :
Débarrassez l'amas de ces lieux souterrains,
Et qu'il en reste encor assez pour mes desseins.
Vous, fidèle Affranchi, brave & prudent Septime ;
Et vous, cher Martian, qu'un même zéle anime,
Observez Aurélie, observez Nonnius :
Allez, & dans l'instant qu'ils ne se verront plus,
Abordez-le en secret de la part de sa fille ;
Peignez-lui son danger, celui de sa famille ;

Attirez-le en parlant vers ce détour obscur,
Qui conduit au chemin de Tibur & d'Anxur;
Là, saisissant tous deux le moment favorable,
Vous.... Ciel! que vois-je?

SCENE V.

CICERON, *les précédens.*

CICERON.

Arrête, audacieux coupable,
Où portes-tu tes pas ? Vous, Céthégus, parlez....
Sénateurs, Affranchis, qui vous a rassemblés?
CATILINA.
Bien-tôt dans le Senat nous pourrons te l'apprendre.
CETHEGUS.
De ta poursuite vaine, on saura s'y défendre.
SURA.
Nous verrons si, toujours prompt à nous outrager,
Le fils de Tullius nous ose interroger?
CICERON.
J'ose au moins demander qui sont ces téméraires:
Sont-ils ainsi que vous, des Romains Consulaires,
Que la loi de l'Etat me force à respecter,
Et que le Sénat seul ait le droit d'arrêter?

Qu'on les charge de fers ; allez, qu'on les entraîne.
CATILINA.
C'est donc toi, qui détruis la liberté Romaine ?
Arrêter des Romains sur tes lâches soupçons !
CICERON.
Ils sont de ton conseil ; & voilà mes raisons.
Vous-mêmes, frémissez, Licteurs, qu'on m'obéisse?
(*On emmène Septime & Martian.*)
CATILINA.
Implacable ennemi, poursuis ton injustice ;
Abuse de ta place, & profite du tems.
Il faudra rendre compte, & c'est où je t'attends ?
CICERON.
Qu'on fasse à l'instant même interroger ces traîtres.
Va, je pourrai bientôt traiter ainsi leurs maîtres ;
J'ai mandé Nonnius ; il sait tous tes desseins,
J'ai mis Rome en défense, & Préneste en mes mains.
Nous verrons qui des deux emporte la balance,
Ou de ton artifice, ou de ma vigilance.
Je ne te parle plus ici de repentir :
Je parle de supplice, & veux t'en avertir.
Avec les assassins sur qui tu te reposes,
Vien t'asseoir au Sénat; & suis-moi, si tu l'oses?
CATILINA.
Je t'y suivrai.

SCENE VI.
CATILINA, CÉTHEGUS, LENTULUS-SURA.

CÉTHEGUS.

Comment résister aux efforts
D'un bras habile & prompt, qui rompt tous nos ressorts!
Faut-il qu'à Cicéron le sort nous sacrifie ?

CATILINA.

Jusqu'au dernier moment ma fureur le défie ;
C'est un homme allarmé, que son trouble conduit ;
Qui cherche à tout apprendre, & qui n'est pas instruit.
Nos amis arrêtés vont accroître ses peines ;
Ils sauront l'éblouir de clartés incertaines.
Dans ce billet fatal César est accusé ;
Le Sénat en tumulte est déja divisé.
Mallius & l'armée aux portes vont paraître ;
Vous m'avez cru perdu ; marchez, & je suis maître.

SURA.

Nonnius du Consul éclaircit les soupçons.

CATILINA.

Il ne le verra pas ; c'est moi qui t'en réponds.
Marchez, dis je ; au Sénat parlez en assurance,
Et laissez moi le soin de remplir ma vengeance.

Fin du troisième Acte.

ACTE IV.

SCENE PREMIERE.

Le Théâtre doit représenter le lieu préparé pour le Sénat. Cette salle laisse voir une partie de la galerie qui conduit du Palais d'Aurélie au Temple de Tellus. Un double rang de siéges forme un cercle dans cette salle ; le siége de Cicéron plus élevé est au milieu.

CETHEGUS, LENTULUS-SURA,

retirés vers le devant.

SURA.

Tous ces péres de Rome au Sénat appellés,
Incertains de leur sort, & de soupçons troublés,
Ces Monarques tremblans tardent bien à paraître.

CETHEGUS.

L'Oracle des Romains, ou qui du moins croit l'être,
Dans d'impuissans travaux sans relâche occupé,
Interroge Septime, & par ses soins trompé,

TRAGÉDIE.

Il a retardé tout par ses fausses allarmes.
SURA.
Plût au Ciel que déja nous eussions pris les armes !
Je crains, je l'avoûrai, cet esprit du Sénat,
Ces préjugés sacrés de l'amour de l'état,
Cet antique respect & cette idolatrie,
Que réveille en tous tems l'amour de la patrie.
CETHEGUS.
La patrie est un nom sans force & sans effet.
On le prononce encor, mais il n'a plus d'objet.
Le fanatisme usé des siécles héroïques
Se conserve, il est vrai, dans des ames stoïques ;
Le reste est sans vigueur, ou fait des vœux pour nous.
Cicéron respecté n'a fait que des jaloux ;
Caton est sans crédit, César nous favorise.
Défendons nous ici, Rome sera soumise.
SURA.
Mais si Catilina, par sa femme séduit,
De tant de nobles soins nous ravissait le fruit !
Tout homme a sa faiblesse, & cette ame hardie
Reconnait en secret l'ascendant d'Aurélie ;
Il l'aime, il la respecte, il pourra lui céder.
CETHEGUS.
Sois sûr qu'à son amour il saura commander.
LENTULUS.
Mais tu l'as vû frémir : tu sais ce qu'il en coute,
Quand de tels intérêts....
CETHEGUS, (*en le tirant à part.*)
Caton approche, écoute.
(*Lentulus & Céthegus s'asseient à un bout de la salle.*)

SCENE II.

CATON *entre au Sénat avec Lucullus, Crassus, Favonius, Clodius, Muréna, César, Catullus, Marcellus, &c.*

CATON *en regardant les deux Conjurés.*

Lucullus, je me trompe, ou ces deux Confidens,
S'occupent en secret de soins trop importans ;
Le crime est sur leur front qu'irrite ma présence.
Déja la trahison marche avec arrogance ;
Le Sénat qui la voit cherche à dissimuler ;
Le démon de Sylla semble nous aveugler ;
L'ame de ce tyran dans le Sénat respire.

CETHEGUS.

Je vous entens assez, Caton ; qu'osez-vous dire ?
CATON *en s'asseiant, tandis que les autres prennent place.*
Que les Dieux du Sénat, les Dieux de Scipion,
Qui contre toi peut-être ont inspiré Caton,
Permettent quelquefois les attentats des traîtres ;
Qu'ils ont à des tyrans asservi nos ancêtres ;
Mais, qu'ils ne mettront pas en de pareilles mains
La maîtresse du monde & le sort des humains.
J'ose encor ajouter que son puissant génie,
Qui n'a pû qu'une fois souffrir la tyrannie,

TRAGÉDIE.

Pourra dans *Céthégus* & dans Catilina
Punir tous les forfaits qu'il permit à Sylla.

CESAR.

Caton que faites-vous, & quel affreux langage ?
Toujours votre vertu s'explique avec outrage ;
Vous révoltez les cœurs, aulieu de les gagner.
(*César s'affied.*)

CATON à *César*.

Sur les cœurs corrompus vous cherchez à regner :
Pour les féditieux César toujours facile
Conserve en nos périls un courage tranquille.

CESAR.

Caton il faut agir dans les jours de combats :
Je suis tranquille ici, ne vous en plaignez pas.

CATON.

Je plains Rome, César, & je la vois trahie.
O Ciel, pourquoi faut-il qu'aux climats de l'Asie,
Pompée en ces périls soit encor arrêté ?

CESAR.

Quand César est pour vous, Pompée est régretté.

CATON.

L'amour de la patrie anime ce grand homme.

CESAR.

Je lui dispute tout, jusqu'à l'amour de Rome.

SCENE III.

CICERON *arrivant avec précipitation, les Sénateurs se lèvent.*

AH dans quels vains débats perdez-vous ces inſtans,
Quand Rome à ſon ſecours appelle ſes enfans,
Qu'elle vous tend les bras, & que ſes ſept collines
Se couvrent à vos yeux de meurtres, de ruines ;
Qu'on a déja donné le ſignal des fureurs,
Qu'on a déja verſé le ſang des Sénateurs ?

LUCULLUS.
O ciel !

CATON.
Que dites-vous ?

CICERON *debout.*
J'avois d'un pas rapide
Guidé des Chevaliers la cohorte intrépide,
Aſſuré des ſecours aux poſtes menacés,
Armé les Citoyens avec ordre placés.
J'interrogeais chez moi ceux qu'en ce trouble extrême,
Aux yeux de Céthégus, j'avais ſurpris moi-même.
Nonnius mon ami, ce vieillard généreux,
Cet homme incorruptible en ces tems malheureux,
Pour ſauver Rome & vous arrive de Préneſte.
Il venait m'éclairer dans ce trouble funeſte,
M'apprendre juſqu'aux noms de tous les Conjurés,
Lorſque de notre ſang deux monſtres altérés

TRAGÉDIE

A coups précipités frappent ce cœur fidéle,
Et font périr en lui tout le fruit de son zéle.
Il tombe mort, on court, on vole, on les poursuit ;
Le tumulte, l'horreur, les ombres de la nuit,
Le peuple qui se presse & qui se précipite,
Leurs complices enfin favorisent leur fuite.
J'ai saisi l'un des deux qui, le fer à la main,
Egaré, furieux, se fraiait un chemin ;
Je l'ai mis dans les fers, & j'ai sû que ce traître
Avait Catilina pour complice & pour maître.

CICERON s'assied avec le Sénat.

SCENE IV.

CATILINA *debout entre Caton & César ; Céthégus est auprès de César, le Sénat assis.*

Oui, Sénat, j'ai tout fait, & vous voiez la main
Qui de votre ennemi vient de percer le sein ;
Oui, c'est Catilina qui venge la Patrie,
C'est-moi qui d'un perfide ai terminé la vie,

CICERON.

Toi fourbe, toi barbare !

CATON.

Oses-tu te vanter !

CESAR.

Nous pourrons le punir, mais il faut l'écouter.

CETHEGUS.

Parle, Catilina, parle, & force au silence
De tous tes ennemis l'audace & l'éloquence,

ROME SAUVÉE,

CICERON.

Romains, où sommes-nous ?

CATILINA.

Dans les tems du malheur,
Dans la guerre civile au milieu de l'horreur,
Parmi l'embrasement qui menace le monde,
Parmi des ennemis qu'il faut que je confonde.
Les neveux de Sylla séduits par ce grand nom,
Ont osé de Sylla montrer l'ambition.
J'ai vû la liberté dans les cœurs expirante,
Le Sénat divisé, Rome dans l'épouvante,
Le désordre en tous lieux, & surtout Cicéron
Semant ici la crainte ainsi que le soupçon.
Peut-être il plaint les maux dont Rome est affligée :
Il vous parle pour elle, & moi je l'ai vengée ;
Par un coup effraiant je lui prouve aujourd'hui
Que Rome & le Sénat me sont plus chers qu'à lui.
Sachez que Nonnius était l'ame invisible,
L'esprit qui gouvernait ce grand corps si terrible,
Ce corps de Conjurés qui, des monts Apennins,
S'étend jusqu'où finit le pouvoir des Romains.
Les momens étaient chers & les perils extrêmes :
Je l'ai sû, j'ai sauvé l'Etat, Rome & vous-mêmes
Ainsi par un soldat fut puni Spurius ;
Ainsi les Scipions ont immolé Gracchus.
Qui m'osera punir d'un si juste homicide ?
Qui de vous peut encor m'accuser ?

CICERON.

Moi, perfide,

TRAGÉDIE. 63

Moi qu'un Catilina se vante de sauver,
Moi qui connait ton crime & qui vais le prouver.
Que ces deux affranchis viennent se faire entendre,
Sénat, voici la main qui mettait Rome en cendre.
Sur un père de Rome il a porté ses coups ;
Et vous souffrez qu'il parle, & qu'il s'en vante à vous?
Vous souffrez qu'il vous trompe alors qu'il vous opprime,
Qu'il fasse insolemment des vertus de son crime ?

CATILINA.

Et vous souffrez, Romains, que mon accusateur
Des meilleurs citoïens soit le persécuteur ?
Apprenez des secrets que le consul ignore ;
Et profitez-en tous, s'il en est tems encore,
Sachez qu'en son Palais, & presque sous ces lieux,
Nonnius enfermait l'amas prodigieux
De machines, de traits, de lances & d'épées,
Que dans des flots de sang Rome doit voir trempées.
Si Rome existe encor, amis, si vous vivez,
C'est moi, c'est mon audace à qui vous le devez.
Pour prix de mon service approuvez mes allarmes;
Sénateurs, ordonnez qu'on saisisse ces armes.

CICERON *aux Licteurs.*

Courez chez Nonnius ; allez & qu'à nos yeux
On amène sa fille en ces augustes lieux.
Tu trembles à ce nom ?

CATILINA.

    Moi trembler ! je méprise
Cette ressource indigne où ta haine s'épuise.
Sénat, le péril croît quand vous délibérez ;
Est bien sûr ma conduite êtes-vous éclairés ?

CICERON.

Oui, je le suis, Romains, je le suis sur son crime;
Qui de vous peut penser qu'un vieillard magnanime
Ait formé de si loin ce redoutable amas,
Ce dépôt des forfaits & des assassinats ?
Dans ta propre maison ta rage industrieuse
Craignait de mes regards la lumiere odieuse.
De Nonnius trompé tu choisis le Palais,
Et ton noir artifice y cacha tes forfaits.
Peut-être as-tu séduit sa malheureuse fille ?
Ah ! cruel, ce n'est pas la premiere famille
Où tu portas le trouble & le crime & la mort.
Tu traites Rome ainsi. C'est donc là notre sort;
Et tout couvert d'un sang qui demande vengeance,
Tu veux qu'on t'applaudisse & qu'on te récompense
Artisan de la guerre, affreux conspirateur,
Meurtrier d'un vieillard, & calomniateur !
Voilà tout ton service, & tes droits & tes titres.
O vous, des Nations jadis heureux arbitres,
Attendez-vous ici sans force & sans secours,
Qu'un tyran forcené dispose de vos jours ?
Fermerez-vous les yeux au bord des précipices ?
Si vous ne vous vengez, vous êtes ses complices.
Rome ou Catilina doit périr aujourd'hui :
Vous n'avez qu'un moment ; jugez entre elle & lui.

CESAR.

Un jugement trop prompt est souvent sans justice :
C'est la cause de Rome, il faut qu'on l'éclaircisse :
Aux droits de nos égaux est-ce à nous d'attenter ?
Toujours dans ses pareils il faut se respecter.

TRAGÉDIE.

Trop de sévérité tient de la tyrannie.

CATON.
Trop d'indulgence ici tient de la perfidie :
Quoi ! Rome d'un côté, de l'autre un assassin !
C'est Cicéron qui parle, & l'on est incertain !

CESAR.
Il nous faut une preuve, on n'a que des allarmes :
Et si de Nonnius le crime est avéré,
Catilina nous sert, & doit être honoré.
(A Catilina.)
Tu me connais ; en tout je te tiendrai parole.

CICERON.
O Rome ! ô ma patrie ! O Dieux du capitole !
Ainsi d'un scélérat un héros est l'appui !
Agissez-vous pour vous, en nous parlant pour lui ?
César, vous m'entendez ; & Rome trop à plaindre
N'aura donc désormais que ses enfans à craindre ?

CLODIUS.
Rome est en sûreté, César est citoien.
Qui peut avoir ici d'autre avis que le sien ?

CICERON.
Clodius, achevez, que votre main seconde
La main qui prépara la ruine du monde.
C'en est trop, je ne vois dans ces murs menacés,
Que Conjurés ardens, & citoiens glacés.
Catilina l'emporte, & sa tranquille rage,
Sans crainte & sans danger médite le carnage.
Au rang des Sénateurs il est encor admis ;
Il proscrit le Sénat, & s'y fait des amis.

Tome I.

Il dévore des yeux le fruit de tous ses crimes.
Il vous voit, vous menace, & marque ses victimes.
Et lorsque je m'oppose à tant d'énormités,
César parle de droit, & de formalités ;
Clodius à mes yeux de son parti se range :
Aucun ne veut souffrir que Cicéron le venge.
Nonnius par ce traître est mort assassiné :
N'avons nous pas sur lui le droit qu'il s'est donné ?
Le devoir le plus saint, la loi la plus chérie
Est d'oublier la loi pour sauver la patrie.
Mais vous n'en avez plus.

SCENE V.

LE SENAT, AURELIE.

AURELIE.

O vous, sacrés vengeurs,
Demi-Dieux sur la terre, & mes seuls protecteurs,
Consul, auguste appui qu'implore l'innocence,
Mon père par ma voix vous demande vengeance.
J'ai retiré ce fer enfoncé dans son flanc,
(En voulant se jetter aux pieds de Cicéron qui la reléve.)
Mes pleurs mouillent vos pieds arrosés de son sang.
Secourez-moi, vengez ce sang qui fume encore
Sur l'infame assassin que ma douleur ignore.

CICERON *(en montrant Catilina)*
Le voici.

TRAGÉDIE.

AURELIE.
Dieux !

CICERON.
C'est lui, lui qui l'assassina ;
Qui s'en ose vanter.

AURELIE.
O Ciel ! Catilina !
L'ai-je bien entendu ? Quoi ! monstre sanguinaire,
Quoi ! c'est toi, c'est ta main qui massacra mon père.
(Des Licteurs la soutiennent.)

CATILINA *(se tournant vers Céthégus, & se jettant éperdu entre ses bras.)*
Quel spectacle, grands Dieux ! je suis trop bien puni.

CETHEGUS.
A ce fatal objet, quel trouble t'a saisi ?
Aurélie à nos pieds vient demander vengeance :
Mais si tu servis Rome, attens ta récompense.

CATILINA *(se tournant vers Aurélie.*
Aurélie, il est vrai qu'un horrible devoir....
M'a forcé... respectez mon cœur, mon désespoir :
Songez qu'un nœud plus saint & plus inviolabl....

SCENE VI.

LE SENAT, AURELIE, LE CHEF DES LICTEURS.

LE CHEF DES LICTEURS.

Seigneur, on a saisi ce dépôt formidable.

CICERON.

Chez Nonnius ?

LE CHEF.

Chez lui. Ceux qui sont arrêtés
N'accusent que lui seul de tant d'iniquités.

AURELIE.

O comble de la rage & de la calomnie !
On lui donne la mort : on veut flétrir sa vie !
Le cruel, dont la main porta sur lui ses coups.

CICERON.

Achevez.

AURELIE.

Justes Dieux, où me réduisez-vous !

CICERON.

Parlez, la vérité dans son jour doit paraître :
Vous gardez le silence à l'aspect de ce traître ;
Vous baissez devant lui les yeux intimidés :
Il frémit devant vous ; achevez, répondez ;

TRAGÉDIE.
AURELIE.
Ah! je vous ai trahis ; c'est moi qui suis coupable.
CATILINA.
Non, vous ne l'êtes point.
AURELIE.
Va, monstre impitoyable;
Va, ta pitié m'outrage, elle me fait horreur.
Dieux, j'ai trop tard connu ma détestable erreur.
Sénat, j'ai vû le crime, & j'ai tû les complices ;
Je demandais vengeance, il me faut des supplices;
Ce jour menace Rome, & vous, & l'Univers.
Ma faiblesse a tout fait, & c'est moi qui vous perds.
Traître qui m'a conduite à travers tant d'abîmes,
Tu forças ma tendresse à servir tous tes crimes.
Périsse, ainsi que moi, le jour, l'horrible jour
Où ta rage a trompé mon innocent amour ;
Ce jour où malgré moi, secondant ta furie,
Fidèle à tes sermens, perfide à ma patrie,
Conduisant Nonnius à cet affreux trépas,
Et pour mieux l'égorger, le pressant dans mes bras,
J'ai présenté sa tête à ta main sanguinaire.
Tandis qu'Aurélie parle au bout du Théatre, Cicéron est assis plongé dans la douleur.
Murs sacrés, Dieux vengeurs, Sénat, Manes d'un père,
Romains, voilà l'époux dont j'ai suivi la loi :
Voilà votre ennemi! perfide, imite moi. *(Elle se frappe.)*
CATILINA.
Où suis-je malheureux!
CATON.
O jour épouvantable!

CICERON.
Jour trop digne en effet d'un siécle si coupable !
AURELIE.
Je devais.... un billet remis entre vos mains....
Consul... de tous côtés je voi vos assassins...
Je me meurs....
CICERON.
S'il se peut qu'on la secoure, Aufide :
Qu'on cherche cet écrit. En est-ce assez, perfide.
Sénateurs, vous tremblez, vous ne vous joignez pas
Pour venger tant de sang, & tant d'assassinats ?
Il vous impose encor, vous laissez impunie
La mort de Nonnius, & celle d'Aurélie ?
CATILINA.
Va, toi-même a tout fait : c'est ton inimitié
Qui me rend dans ma rage un objet de pitié.
Toi, dont l'ambition de la mienne rivale,
Dont la fortune honteuse à mes destins fatale
M'entraîna dans l'abîme où tu me vois plongé.
Tu causas mes fureurs ; mes fureurs t'ont vengé,
J'ai haï ton génie, & Rome qui t'adore ;
J'ai voulu ta ruine, & je la veux encore.
Je vengerai sur toi, tout ce que j'ai perdu ;
Ton sang paiera ce sang à tes yeux répandu.
Meurs en craignant la mort, meurs de la mort d'un traître,
D'un esclave échapé, que fait punir son maître.
Que tes membres sanglants, dans ta tribune épars,
Des inconstans Romains repaissent les regards :

TRAGÉDIE.

Voilà ce qu'en partant ma douleur & ma rage,
Dans ces lieux abhorrés, te laissent pour présage ;
C'est le sort qui t'attend, & qui va s'accomplir ;
C'est l'espoir qui me reste ; & je cours le remplir.

CICERON.
Qu'on saisisse ce traître.

CETHEGUS.
En as-tu la puissance ?

SURA.
Oses-tu prononcer, quand le Sénat balance ?

CATILINA.
La guerre est déclarée, amis, suivez mes pas ;
C'en est fait, le signal vous appelle aux combats.
Vous, Sénat incertain, qui venez de m'entendre,
Choisissez à loisir le parti qu'il faut prendre.

(Il sort avec quelques Sénateurs de son parti.)

CICERON.
Eh bien, choisissez donc, vainqueurs de l'Univers,
De commander au monde, ou de porter des fers.
O grandeur des Romains, ô Majesté flétrie,
Sur le bord du tombeau, réveille toi, patrie !
Lucullus, Muréna, César même, écoutez,
Rome demande un chef en ces calamités.
Gardons l'égalité pour des tems plus tranquilles :
Les Gaulois sont dans Rome, il lui faut des Camilles;
Il faut un Dictateur, un vengeur, un appui :
Qu'on nomme le plus digne, & je marche sous lui.

SCENE VII.
LE SENAT, LE CHEF DES LICTEURS.

LE CHEF.

SEIGNEUR, en secourant la mourante Aurélie,
Que nos soins vainement rappellaient à la vie,
J'ai trouvé ce billet par son père adressé.

CICERON.

Quoi, d'un danger plus grand l'Etat est menacé !
César qui nous trahit veut enlever Préneste,
Vous César, vous trempiez dans ce complot funeste ?
Lisez, metrez le comble à des malheurs si grands.
César, étiez-vous fait pour servir des tyrans ?

CESAR.

J'ai lû, je suis Romain ; notre perte s'annonce :
Le danger croît, j'y vole, & voilà ma réponse
(Il sort.)

CATON.

Sa réponse est douteuse ; il est trop leur appui.

CICERON.

Marchons, servons l'Etat contre eux, & contre lui.
(*A une partie des Sénateurs.*)
Vous, si les derniers cris d'Aurélie expirante,
Ceux du monde ébranlé, ceux de Rome sanglante

Ont

TRAGÉDIE.

Ont réveillé dans vous l'esprit de vos ayeux ;
Courez au Capitole, & défendez vos Dieux ;
Du fier Catilina soutenez les approches :
Je ne vous ferai point d'inutiles reproches
D'avoir pû balancer entre ce monstre & moi.

(*A d'autres Sénateurs.*)

Vous, Sénateurs blanchis dans l'amour de la loi,
Nommez un chef enfin pour n'avoir point de maîtres,
Amis de la vertu séparez vous des traîtres.

(*Il faut que les Sénateurs se séparent de Céthégus &*
de Lentulus.)

Point d'esprit de parti, de sentimens jaloux ;
C'est par là que jadis Sylla régna sur nous.
Je vole en tous les lieux où vos dangers m'appellent;
Où de l'embrasement les flammes étincelent :
Dieux, animez ma voix, mon courage & mon bras;
Et sauvez les Romains, dussent-ils être ingrats.

Fin du quatriéme Acte.

Tome I.　　　　　　　　　　　　G

ACTE V.

SCENE PREMIERE.

CATON, & *une partie des Sénateurs,
debout en habit de guerre.*

CLODIUS *à Caton.*

Quoi ! lorſque défendant cette enceinte ſacrée,
A peine aux factieux nous en fermons l'entrée ;
Quand par-tout le Sénat, s'expoſant au danger
Aux ordres d'un Samnite a daigné ſe ranger ;
Cet altier Plébéïen nous outrage & nous brave :
Il ſert un peuple libre, & le traite en eſclave !
Un pouvoir paſſager eſt à peine en ces mains,
Il oſe en abuſer, & contre des Romains ;
Contre les plus grands noms qu'ait révéré la terre !
Les cachots ſont remplis des vainqueurs de la terre ;
Et cet homme inconnu, ce fils heureux du ſort,
Condamne inſolemment ſes maîtres à la mort.
Catilina pour nous ſeroit moins tyrannique :
On ne le verrait point flétrir la République.
Je partage avec vous les malheurs de l'Etat,
Mais je ne puis ſouffrir la honte du Sénat.

TRAGÉDIE.

CATON.

La bonté, Clodius, n'est que dans vos murmures,
Allez de vos amis déplorer les injures ;
Mais sachez que le sang de nos Patriciens,
Ce sang des Céthégus, & des Cornéliens,
Ce sang si précieux, quand il devient coupable,
Devient le plus abject, & le plus condamnable.
Regrettez, respectez ceux qui nous ont trahis ;
On les mène à la mort, & c'est par mon avis.
Celui qui vous sauva, les condamne au supplice.
De quoi vous plaignez-vous ? Est-ce de sa justice ?
Est-ce elle, qui produit cet indigne courroux ?
En craignez-vous la suite, & la méritez-vous ?
Quand vous devez la vie aux soins de ce grand homme,
Vous osez l'accuser d'avoir trop fait pour Rome !
Murmurez ; mais tremblez ; la mort est sur vos pas.
Il n'est pas encor tems de devenir ingrats.
On a dans les périls de la reconnaissance,
Et c'est le tems du moins d'avoir de la prudence.
Catilina paraît jusqu'au pied du rempart ;
On ne sait point encor quel parti prend César,
S'il veut ou conserver ou perdre la Patrie.
Cicéron agit seul, & seul se sacrifie ;
Et vous considérez entourés d'ennemis,
Si celui qui vous sert vous a trop bien servis.

CLODIUS.

Caton, plus implacable encor que magnanime,
Aime les châtimens plus qu'il ne hait le crime.
Respectez le Sénat, ne lui reprochez rien ;
Vous parlez en censeur, il nous faut un soutien.

G 4

Quand la guerre s'allume, & que Rome est en cendre,
Les édits d'un Consul pourront-ils nous défendre ?
N'a-t-il, contre une armée & des conspirateurs,
Que l'orgueil des faisceaux, & les mains des Licteurs ?
Vous parlez de dangers ; pensez-vous nous instruire,
Que ce peuple insensé s'obstine à se détruire ?
Vous redoutez César ; hé ! qui n'est informé
Combien Catilina de César fut aimé ?
Dans le péril pressant, qui croît & nous obséde,
Vous montrez tous nos maux; montrez-nous le reméde.

CATON.

Oui, j'ose conseiller, esprit fier & jaloux,
Que l'on veille à la fois sur César & sur vous.
Je conseillerais plus ; mais voici votre père.

SCENE II.

CICERON, CATON, une partie des Sénateurs.

CATON à Cicéron.

VIENS, tu vois des ingrats ; mais Rome te défère
Les noms, les sacrés noms de père & de vengeur ;
Et l'envie à tes pieds t'admire avec terreur.

CICERON.

Romains, j'aime la gloire, & ne veux pas m'en taire ;
Des travaux des humains c'est le digne salaire.

TRAGÉDIE.

Sénat, en vous servant, il la faut acheter :
Qui n'ose la vouloir, n'ose la mériter.
Si j'applique à vos maux une main salutaire,
Ce que j'ai fait est peu ; voyons ce qu'il faut faire.
Le sang coulait dans Rome : ennemis, citoyens,
Gladiateurs, Soldats, Chevaliers, Plébéïens,
Etalaient à mes yeux la déplorable image
Et d'une ville en cendre, & d'un champ de carnage :
La flamme en s'élançant de cent toits dévorés,
Dans l'horreur du combat guidait les conjurés :
Céthégus & Sura s'avançaient à leur tête ;
Ma main les a saisis ; leur juste mort est prête.
Mais quand j'étouffe l'hydre, il renaît en cent lieux.
Il faut fendre par-tout les flots des factieux.
Tantôt Catilina, tantôt Rome l'emporte.
Il marche au Quirinal, il s'avance à la porte ;
Et là sur des amas de mourans & de morts
Ayant fait à mes yeux d'incroyables efforts,
Il se fraie un passage, il vole à son armée ;
J'ai peine à rassurer Rome entiere allarmée.
Antoine, qui s'oppose au fier Catilina,
A tous ces Vétérans aguerris sous Sylla.
Antoine, que poursuit notre mauvais génie,
Par un coup imprévu voit sa force affaiblie ;
Et son corps accablé, déformais sans vigueur,
Sert mal en ce moment les soins de son grand cœur.
Pétréïus étonné vainement le seconde.
Ainsi de tous côtés la maîtresse du monde,
Assiégée au dehors, embrasée au dedans :
Est cent fois en un jour à ses derniers momens.

G iij

CRASSUS.

Que fait César ?

CICERON.

Il a, dans ce jour mémorable,
Déployé, je l'avoue, un courage indomptable ;
Mais Rome exigeait plus d'un cœur tel que le sien,
Il n'est pas criminel, il n'est pas citoyen.
Je l'ai vu dissiper les plus hardis rebelles :
Mais bientôt ménageant des Romains infidéles,
Il s'efforçait de plaire aux esprits égarés,
Aux peuples, aux soldats, & même aux conjurés :
Dans le péril horrible où Rome était en proie,
Son front laissait briller une secrete joie.
Sa voix d'un peuple entier sollicitant l'amour,
Semblait inviter Rome à le servir un jour.
D'un trop coupable sang sa main était avare.

CATON.

Je vois avec horreur tout ce qu'il nous prépare ;
Je le redis encor, & veux le publier ;
De César en tout tems il faut se défier.

SCENE V.

LE SENAT, CESAR.

CESAR.

EH'bien, dans ce Sénat trop prêt à se détruire,
La vertu de Caton cherche encor à me nuire !
De quoi m'accuse-t-il ?

CATON.

D'aimer Catilina ;
De l'avoir protégé lorsqu'on le soupçonna ;
De ménager encor ceux qu'on pouvait abattre ;
De leur avoir parlé, quand il fallait combattre.

CESAR.

Un tel sang n'est pas fait pour teindre mes lauriers :
Je parle aux citoyens, je combats les guerriers.

CATON.

Mais tous ces conjurés, ce peuple de coupables,
Que sont-ils à vos yeux ?

CESAR.

Des mortels méprisables ;
A ma voix, à mes coups ils n'ont pû résister.
Qui se soumet à moi, n'a rien à redouter :
C'est maintenant qu'on donne un combat véritable ;
Des soldats de Sylla l'élite redoutable
Est sous un chef habile, & qui sait se venger.
Voici le vrai moment où Rome est en danger.

Pétréius est blessé ; Catilina s'avance :
Le soldat sous les murs est à peine en défense ;
Les guerriers de Sylla font trembler les Romains.
Qu'ordonnez-vous, Consul, & quels sont vos desseins?

CICERON.

Les voici : que le ciel m'entende & les couronne !
Vous avez mérité que Rome vous soupçonne ;
Je veux laver l'affront dont vous êtes chargé ;
Je veux qu'avec l'Etat votre honneur soit vengé.
Au salut des Romains je vous crois nécessaire :
Je vous connais, je sai ce que vous pouvez faire :
Je sai quels intérêts peuvent vous éblouir,
César veut commander, mais il ne peut trahir ;
Vous êtes dangereux, vous êtes magnanime.
En me plaignant de vous, je vous dois mon estime,
Partez, justifiez l'honneur que je vous fais ;
Le monde entier sur vous a les yeux désormais.
Secondez Pétréius, & délivrez l'empire ;
Méritez que Caton vous aime & vous admire.
Dans l'art des Scipions vous n'avez qu'un rival ;
Nous avons des guerriers, il faut un général.
Vous l'êtes : c'est sur vous que mon espoir se fonde :
César, entre vos mains je mets le sort du monde.

CESAR (*en l'embrassant.*)

Cicéron à César a dû se confier ;
Je vais mourir, Seigneur, ou vous justifier. (*Il sort.*)

CATON.

De son ambition vous allumez les flammes.

CICERON.

Va, c'est ainsi qu'on traite avec les grandes ames ;

Je l'enchaîne à l'Etat, en me fiant à lui;
Ma générosité le rendra notre appui.
Apprens à distinguer l'ambitieux du traître.
S'il n'est pas vertueux, ma voix le force à l'être.
Un courage indompté dans le cœur des mortels
Fait ou les grands héros, ou les grands criminels.
Qui du crime à la terre a donné les exemples,
S'il eût aimé la gloire, eût mérité des temples :
Catilina lui même, à tant d'horreurs instruit,
Eût été Scipion, si je l'avais conduit.
Je réponds de César, il est l'appui de Rome.
J'y vois plus d'un Sylla, mais j'y vois un grand homme.

(Se tournant vers le Chef des Licteurs, qui entre en armes.)

Eh bien, les Conjurés ?

LE CHEF DES LICTEURS.

Seigneur, ils sont punis;
Mais leur sang a produit de nouveaux ennemis :
C'est le feu de l'Etna, qui couvait sous la cendre;
Un tremblement de plus va par-tout se répandre;
Et si de Pétréius le succès est douteux,
Ces murs sont embrasés, vous tombez avec eux.
Un nouvel Annibal nous assiége & nous presse,
D'autant plus redoutable, en sa cruelle adresse,
Que jusqu'au sein de Rome, & parmi ses enfans,
En creusant vos tombeaux, il a des partisans.
On parle en sa faveur dans Rome qu'il ruine;
Il l'attaque au dehors, au dedans il domine;
Tout son génie y régne, & cent coupables voix
S'élevent contre vous, & condamnent vos loix.

Les plaintes des ingrats, & les clameurs des traîtres
Réclament contre vous les droits de nos ancêtres ;
Redemandent le sang répandu par vos mains :
On parle de punir le vengeur des Romains.

CLODIUS.

Vos égaux, après tout, que vous deviez entendre,
Par vous seul condamnés, n'ayant pu se défendre,
Semblent autoriser....

CICERON.

    Clodius, arrêtez :
Renfermez votre envie, & vos témérités :
Ma puissance absolue est de peu de durée,
Mais tant qu'elle subsiste elle sera sacrée ;
Vous aurez tous le tems de me persécuter ;
Mais quand le péril dure, il faut me respecter.
Je connais l'inconstance aux humains ordinaire,
J'attens sans m'ébranler les retours du vulgaire.
Scipion accusé sur des prétextes vains,
Remercia les Dieux, & quitta les Romains.
Je puis en quelque chose imiter ce grand homme.
Je rendrai grace au Ciel, & resterai dans Rome.
A l'Etat, malgré vous, j'ai consacré mes jours ;
Et toujours envié, je servirai toujours.

CATON.

Permettez que dans Rome encor je me présente ;
Que j'aille intimider une foule insolente ;
Que je vole aux remparts : que du moins mon aspect
Contienne encor César qui m'est toujours suspect ;

TRAGÉDIE. 83

Et si dans ce grand jour la fortune contraire....

CICERON.

Caton, votre présence est ici nécessaire ;
Mes ordres sont donnés ; César est au combat :
Caton de la vertu doit l'exemple au Sénat ;
Il en doit soutenir la grandeur expirante.
Restez.... je vois César, & Rome est triomphante.
(Il court au devant de César & l'embrasse.)
Ah ! c'est donc par vos mains que l'Etat soutenu...

CESAR.

Je l'ai servi peut-être, & vous m'aviez connu.
Pétréius est couvert d'une immortelle gloire,
Le courage & l'adresse ont forcé la victoire ;
Nous n'avons combattu sous ce sacré rempart,
Que pour ne rien laisser au pouvoir du hazard ;
Que pour mieux enflammer des ames héroïques,
A l'aspect imposant de leurs Dieux domestiques.
Metellus, Murena, les braves Scipions
Ont soutenu le poids de leurs augustes noms ;
Ils ont aux yeux de Rome étalé le courage
Qui subjugua l'Asie, & détruisit Carthage ;
Tous sont de la Patrie & l'honneur & l'appui.
Permettez que César ne parle point de lui.
Les Soldats de Sylla, renversés sur la terre,
Semblent braver la mort, & défier la guerre.
De tant de nations ces tristes conquérans
Menacent Rome encor de leurs yeux expirans.
Si de pareils guerriers la valeur nous seconde,
Nous mettrons sous nos loix ce qui reste du monde.

Mais il est, grace au Ciel, encor de plus grands cœurs,
Des héros plus choisis, & ce font leurs vainqueurs.
Catilina terrible au milieu du carnage,
Entouré d'ennemis immolés à sa rage,
Sanglant, couvert de traits, & combattant toujours,
Dans nos rangs éclaircis a terminé ses jours.
Sur des morts entassés l'effroi de Rome expire :
Romain, je le condamne ; & Soldat, je l'admire.
J'aimai Catilina ; mais vous voyez mon cœur :
Jugez si l'amitié l'emporte sur l'honneur.

CICERON.

Tu n'as point démenti mes vœux & mon estime :
Va, conserve à jamais cet esprit magnanime ;
Que Rome admire en toi son éternel soutien :
Sois toujours un héros ; sois plus, sois citoyen.
Dieux, ne corrompez pas cette ame généreuse !
Et que tant de vertu ne soit pas dangereuse !

Fin du cinquiéme & dernier Acte.

APPROBATION.

J'Ai lû, par ordre de Monseigneur le Chancelier, une Tragédie qui a pour titre, *Rome Sauvée*, & je n'y ai rien trouvé qui pût en empêcher l'impression. A Paris, ce 12 Février 1753.

CAPPERONIER.

LE DUC
DE FOIX,
TRAGÉDIE.

ACTEURS.

LE DUC DE FOIX.
AMELIE.
VAMIR, Frere du Duc de Foix.
LISOIS.
TAÏSE, Confidente d'Amélie.
Un Officier du Duc de Foix.
EMAR, Confident de Vamir.

La Scène dans le Palais du Duc de Foix.

LE DUC DE FOIX,
TRAGÉDIE.

ACTE PREMIER.

SCENE PREMIERE.
AMELIE, LISOIS.

LISOIS.

Souffrez qu'en arrivant dans ce séjour d'allarmes,
Je dérobe un moment au tumulte des armes.
Le grand cœur d'Amélie est du parti des Rois;
Contre eux, vous le savez, je sers le Duc de Foix;

Ou plutôt je combats ce redoutable Maire,
Ce Pepin qui, du trône heureux dépositaire,
En subjuguant l'Etat en soutient la splendeur,
Et de Thierri son maître ose être protecteur.
Le Duc de Foix ici vous tient sous sa puissance ;
J'ai de sa passion prévû la violence ;
Et sur lui, sur moi-même, & sur votre intérêt
Je viens ouvrir mon cœur, & dicter mon arrêt.
Ecoutez-moi, Madame, & vous pourrez connaître
L'ame d'un vrai soldat digne de vous peut-être.

AMELIE.

Je sai quel est Lisois : sa noble intégrité
Sur ses lévres toujours plaça la vérité ;
Quoi que vous m'annonciez, je vous croirai sans peine.

LISOIS.

Sachez que si dans Foix mon zèle me ramene,
Si de ce Prince altier j'ai suivi les drapeaux,
Si je cours pour lui seul à des périls nouveaux,
Je n'approuvai jamais la fatale alliance
Qui le soumet au Maure & l'enleve à la France.
Mais dans ces tems affreux de discorde & d'horreur,
Je n'ai d'autre parti que celui de mon cœur.
Non que pour ce Héros mon ame prévenue
Prétende à ses défauts fermer toujours ma vue ;
Je ne m'aveugle pas ; je vois avec douleur
De ses emportemens l'indiscrete chaleur :
Je vois que de ses sens l'impétueuse yvresse
L'abandonne aux excès d'une ardente jeunesse :
Et ce torrent fougueux, que j'arrête avec soin,
Trop souvent me l'arrache, & l'emporte trop loin.

TRAGÉDIE.

Mais il a des vertus qui rachétent ses vices.
Eh ! qui saurait, Madame, où placer ses services ;
S'il ne nous falait suivre, & ne chérir jamais
Que des cœurs sans faiblesse, & des Princes parfaits ?
Tout le mien est à lui ; mais enfin cette épée
Dans le sang des Français à regret s'est trempée.
Je voudrais à l'Etat rendre le Duc de Foix.

AMELIE.

Seigneur, qui le peut mieux que le sage Lisois ?
Si ce Prince égaré chérit encor sa gloire,
C'est à vous de parler, & c'est vous qu'il doit croire.
Dans quel affreux parti s'est-il précipité !

LISOIS.

Je ne peux à mon choix fléchir sa volonté.
J'ai souvent, de son cœur aigrissant les blessures,
Revolté sa fierté par des vérités dures ;
Vous seule à votre Roi le pourriez rappeller,
Et c'est de quoi sur tout je cherche à vous parler.
Dans des tems plus heureux j'osai, belle Amelie,
Consacrer à vos loix le reste de ma vie ;
Je crus que vous pouviez, approuvant mon dessein,
Accepter sans mépris mon hommage & ma main ;
Mais à d'autres destins je vous vois reservée.
Par les Maures cruels dans Leucate enlevée,
Lorsque le sort jaloux portait ailleurs mes pas,
Cet heureux Duc de Foix vous sauva de leurs bras.
La gloire en est à lui ; qu'il en ait le salaire.
Il a par trop de droits mérité de vous plaire ;
Il est Prince, il est jeune, il est votre vengeur ;
Ses bienfaits & son nom, tout parle en sa faveur ;

Tome I. H

La justice & l'amour vous pressent de vous rendre ;
Je n'ai rien fait pour vous, je n'ai rien à prétendre.
Je me tais.... cependant s'il faut vous mériter,
A tout autre qu'à lui j'irais vous disputer ;
Je céderais à peine aux enfans des Rois même.
Mais ce Prince est mon chef ; il me chérit, je l'aime :
Lisois, ni vertueux ni superbe à demi,
Aurait bravé le Prince, & cède à son ami.
Je fais plus, de mes sens maîtrisant la faiblesse,
J'ose de mon rival appuier la tendresse,
Vous montrer votre gloire, & ce que vous devez
Au Héros qui vous sert, & par qui vous vivez ;
Je verrai d'un œil sec, & d'un cœur sans envie,
Cet Hymen qui pouvait empoisonner ma vie.
Je réunis pour vous mon service & mes vœux ;
Ce bras qui fut à lui, combattra pour tous deux ;
Voilà mes sentimens. Si je me sacrifie,
L'amitié me l'ordonne, & sur tout la patrie.
Songez que si l'Hymen vous range sous sa loi,
Si le Prince est à vous, il est à votre Roi.

AMÉLIE.

Qu'avec étonnement, Seigneur, je vous contemple !
Que vous donnez au monde un rare & grand exemple !
Quoi ! ce cœur (je le crois sans feinte & sans détour)
Connait l'amitié seule, & sait braver l'amour !
Il faut vous admirer quand on sait vous connaître ;
Vous servez votre ami, vous servirez mon maître :
Un cœur si généreux doit penser comme moi,
Tous ceux de votre sang sont l'appui de leur Roi.

TRAGÉDIE.

Eh bien, de vos vertus je demande une grace.
LISOIS.
Vos ordres font facrés, que faut-il que je fasse ?
AMELIE.
Vos conseils généreux me pressent d'accepter
Ce rang dont un grand Prince a daigné me flater :
Je ne me cache point combien son choix m'honore,
J'en vois toute la gloire : & quand je songe encore
Qu'avant qu'il fût épris de ce funeste amour,
Il daigna me sauver & l'honneur & le jour ;
Tout ennemi qu'il est de son Roi légitime,
Tout allié du Maure, & protecteur du crime,
Accablée à ses yeux du poids de ses bienfaits,
Je crains de l'affliger, Seigneur ; & je me tais,
Mais malgré son service & ma reconnaissance,
Il faut par des refus répondre à sa constance ;
Sa passion m'afflige, il est dur à mon cœur
Pour prix de ses bontés de causer son malheur ;
Non, Seigneur, il lui faut épargner cet outrage.
Qui pourrait mieux que vous gouverner son courage ?
Est-ce à ma faible voix d'annoncer son devoir ?
Je suis loin de chercher ce dangereux pouvoir.
Quel appareil affreux ! quel tems pour l'Hymenée !
Des armes de mon Roi la ville environnée
N'attend que des assauts, ne voit que des combats :
Le sang de tous côtés coule ici sous mes pas :
Armé contre mon Maître, armé contre son frere....
Que de raisons !.. Seigneur, c'est en vous que j'espere.
Pardonnez.... achevez vos desseins généreux ;
Qu'il me rende à mon Roi, c'est tout ce que je veux.

H ij

Ajoutez cet effort à l'effort que j'admire :
Vous devez sur son cœur avoir pris quelqu'empire ;
Un esprit mâle & ferme, un ami respecté
Fait parler le devoir avec autorité ;
Ses conseils sont des Loix.

LISOIS.
Il en est peu, Madame,
Contre les passions qui subjuguent son ame ;
Et son emportement a droit de m'allarmer.
Le Prince est soupçonneux, & j'osai vous aimer ;
Quels que soient les ennuis dont votre cœur soupire,
Je vous ai déja dit ce que j'ai dû vous dire :
Laissez-moi ménager son esprit ombrageux ;
Je crains d'effaroucher ses vœux impétueux ;
Je sais à quels excès irait sa jalousie,
Quel poison mes discouts répandraient sur sa vie.
Je vous perdrais peut-être ; & mes soins dangereux,
Madame, avec un mot feraient trois malheureux.
Vous, à vos intérêts rendez-vous moins contraire ;
Pesez sans passion l'honneur qu'il vous veut faire :
Moi, libre entre vous deux, souffrez que dès ce jour,
Oubliant à jamais le langage d'amour,
Tout entier à la guerre, & maître de mon ame,
J'abandonne à leur sort, & vos vœux & sa flamme ;
Je crains de l'outrager, je crains de vous trahir ;
Et ce n'est qu'aux combats que je dois le servir :
Laissez-moi d'un soldat garder le caractére,
Madame ; & puisqu'enfin la France vous est chére,
Rendez-lui ce Héros qui serait son appui.
Je vous laisse y penser, & je cours près de lui.

SCENE II.

AMELIE, TAÏSE.

AMELIE.

AH ! s'il faut à ce prix le donner à la France,
Un si grand changement n'est pas en ma puissance ;
Taïse, & cet Hymen est un crime à mes yeux.

TAÏSE.

Quoi ! le Prince à ce point vous serait odieux ?
Quoi ! dans ces tristes tems de ligues & de haines,
Qui confondent des droits les bornes incertaines,
Où le meilleur parti semble encor si douteux,
Où les enfans des Rois sont divisés entr'eux ;
Vous qu'un astre plus doux semblait avoir formée
Pour l'unique douceur d'aimer, & d'être aimée ;
Pouvez-vous n'opposer qu'un sentiment d'horreur,
Aux soupirs d'un Héros qui fut votre vengeur ?
Vous savez que ce Prince au rang de ses ancêtres
Compte les premiers Rois que la France eut pour maî-
      tres ;
D'un puissant appanage il est né souverain ;
Il vous aime, il vous sert ; il vous offre sa main.
Ce rang à qui tout céde, & pour qui tout s'oublie,
Brigué par tant d'appas, objet de tant d'envie,
Ce rang qui touche au trône, & qu'on met à vos pieds,
Peut-il causer les pleurs dont vos yeux sont noyés ?

LE DUC DE FOIX,
AMELIE.
Quoi ! pour m'avoir sauvée, il faudra qu'il m'oprime !
De son fatal secours je serai la victime !
Je lui dois tout sans doute ; & c'est pour mon malheur.
TAÏSE.
C'est être trop injuste.
AMELIE.
Eh bien, connais mon cœur,
Mon pouvoir, mes douleurs, le destin qui me lie ;
Je mets entre tes mains le secret de ma vie :
De ta foi désormais c'est trop me défier,
Et je me livre à toi pour me justifier ;
Voi combien mon devoir à ses vœux est contraire :
Mon cœur n'est point à moi, ce cœur est à son frere.
TAÏSE.
Quoi ! Ce vaillant Vamir ?
AMELIE.
Nos sermens mutuels
Devançaient les sermens réservés aux autels ;
J'attendais, dans Leucate en secret retirée,
Qu'il y vînt dégager la foi qu'il m'a jurée,
Quand les Maures cruels inondant nos déserts,
Sous mes toits embrasés me chargerent de fers ;
Le Duc est l'allié de ce peuple indomptable ;
Il me sauva Taïse : & c'est ce qui m'accable.
Mes jours à mon amant seront-ils réservés ?
Jours tristes, jours affreux qu'un autre a conservés !
TAÏSE.
Pourquoi donc, avec lui vous obstinant à feindre,
Nourrir en lui des feux qu'il vous faudrait éteindre ?

TRAGÉDIE.

Il eut pû respecter ces saints engagemens ;
Vous eussiez mis un frein à ses emportemens.
AMELIE.
Je ne le puis ; le ciel pour combler mes miséres,
Voulut l'un contre l'autre animer les deux freres.
Vamir, toujours fidéle à son maître, à nos loix,
A contre un revolté vengé l'honneur des Rois.
De son rival altier tu vois la violence ;
J'oppose à ses fureurs un douloureux silence ;
Il ignore du moins qu'en des tems plus heureux
Vamir a prévenu ses desseins amoureux :
S'il en était instruit, sa jalousie affreuse
Le rendrait plus à craindre, & moi plus malheureuse.
C'en est trop, il est tems de quitter ses Etats ;
Fuyons des ennemis ; mon Roi me tend les bras.
Ces prisonniers, Taïse, à qui le sang te lie,
De ces murs en secret méditent leur sortie ;
Ils pourront me conduire, ils pourront m'escorter ;
Il n'est point de péril que je n'ose affronter.
Je hasarderai tout, pourvû qu'on me délivre
De la prison illustre où je ne saurais vivre.
TAÏSE.
Madame, il vient à vous.
AMELIE.
Je ne puis lui parler,
Il verrait trop mes pleurs toujours prêts à couler.
Que ne puis-je à jamais éviter sa poursuite !

SCENE III.

LE DUC DE FOIX,

LISOIS, TAÏSE.

LE DUC à Taïse.

EST-ce elle qui m'échappe, est-ce elle qui m'évite?
Taïse, demeurez; vous connaissez trop bien
Les transports douloureux d'un cœur tel que le mien;
Vous savez si je l'aime, & si je l'ai servie;
Si j'attends d'un regard le destin de ma vie.
Qu'elle n'étende pas l'excès de son pouvoir,
Jusqu'à porter ma flamme au dernier désespoir.
Je hais ces vains respects, cette reconnaissance
Que sa froideur timide oppose à ma constance;
Le plus léger délai m'est un cruel refus,
Un affront que mon cœur ne pardonnera plus.
C'est en vain qu'à la France, à son maître fidéle,
Elle étale à mes yeux le faste de son zéle;
Il est tems que tout céde à mon amour, à moi;
Qu'elle trouve en moi seul sa patrie & son Roi;
Elle me doit la vie, & jusqu'à l'honneur même;
Et moi je lui dois tout, puisque c'est moi qui l'aime.
Unis par tant de droits, c'est trop nous séparer:
L'autel est prêt; j'y cours: allez l'y préparer.

SCENE IV.
LE DUC, LISOIS.

LISOIS.

Seigneur, songez-vous bien que de cette journée
Peut-être de l'Etat dépend la destinée ?

LE DUC.

Oui, vous me verrez vaincre ou mourir son époux.

LISOIS.

L'ehnemi s'avançait & n'est pas loin de nous.

LE DUC.

Je l'attends sans le craindre ; & je vais le combattre.
Crois-tu que ma faiblesse ait pû jamais m'abattre ?
Penses-tu que l'amour, mon tyran, mon vainqueur,
De la gloire en mon ame ait étouffé l'ardeur ?
Si l'ingrate me hait, je veux qu'elle m'admire ;
Elle a sur moi sans doute un souverain empire,
Et n'en a point assez pour flétrir ma vertu.
Ah ! trop sévére ami, que me reproches-tu ?
Non, ne me juge point avec tant d'injustice ;
Est-il quelque Français que l'amour avilisse ?
Amans, aimés, heureux, ils vont tous aux combats;
Et du sein du bonheur ils volent au trépas.
Je mourrai digne au moins de l'ingrate que j'aime.

LISOIS

Que mon Prince plutôt soit digne de lui-même.

Tome I. I

Le salut de l'Etat m'occupait en ce jour ;
Je vous parle du vôtre, & vous parlez d'amour !
Seigneur, des ennemis j'ai visité l'armée ;
Déja de tous côtés la nouvelle est semée
Que Vamir votre frere est armé contre nous.
Je sais que dès long-tems il s'éloigna de vous ;
Vamir ne m'est connu que par la renommée ;
Mais si par le devoir, par la gloire animée,
Son ame écoute encor ces premiers sentimens
Qui l'attachaient à vous dans la fleur de vos ans,
Il peut vous ménager une paix nécessaire,
Et mes soins……

LE DUC.

Moi ! devoir quelque chose à mon frere !
Près de mes ennemis, mandier sa faveur ?
Pour le haïr sans doute, il en coute à mon cœur.
Je n'ai point oublié notre amitié passée.
Mais puisque ma fortune est par lui traversée,
Puisque mes ennemis l'ont détaché de moi,
Qu'il reste au milieu d'eux, qu'il serve sous son Roi.
Je ne veux rien de lui.

LISOIS.

Votre fiére constance
D'un Monarque irrité brave trop la vengeance.

LE DUC.

Quel Monarque ? un fantôme, un Prince efféminé,
Indigne de sa race, esclave couronné ;
Sur un trône avili soumis aux loix d'un Maire ?
De Pepin son tyran, je crains peu la colère ;
Je déteste un sujet qui croit m'intimider.

TRAGÉDIE.

Et je méprise un Roi qui n'ose commander.
Puisqu'il laisse usurper sa grandeur souveraine,
Dans mes Etats au moins je soutiendrai la mienne.
Ce cœur est trop altier pour adorer les loix
De ce Maire insolent, l'oppresseur de ses Rois ;
Et Clovis que je compte au rang de mes ancêtres,
N'apprit point à ses fils à ramper sous des maîtres.
Les Arabes du moins s'arment pour me venger :
Et tyran pour tyran, j'aime mieux l'étranger.

LISOIS.

Vous haïssez un Maire, & votre haine est juste ;
Mais ils ont des Français sauvé l'Empire auguste,
Tandis que nous aidions l'Arabe à l'opprimer ;
Cette triste alliance a de quoi m'allarmer ;
Nous préparons peut-être un avenir horrible.
L'exemple de l'Espagne est honteux & terrible ;
Ces brigans Africains sont des tyrans nouveaux,
Qui font servir nos mains à creuser nos tombeaux.
Ne vaudroit-il pas mieux fléchir avec prudence ?

LE DUC.

Non, je ne peux jamais implorer qui m'offense.

LISOIS.

Mais vos vrais intérêts oubliés trop long-tems....

LE DUC.

Mes premiers intérêts sont mes ressentimens.

LISOIS.

Ah ! vous écoutez trop l'amour & la colére.

LE DUC.

Je le sai, je ne peux fléchir mon caractére.

LISOIS.

On le peut, on le doit, je ne vous flatte pas ;
Mais en vous condamnant je fuivrai tous vos pas.
Il faut à fon ami montrer fon injuftice,
L'éclairer, l'arrêter au bord du précipice ;
Je l'ai dû, je l'ai fait malgré votre courroux :
Vous y voulez tomber, & j'y cours avec vous.

LE DUC.

Ami, que m'as-tu dit ?

LISOIS.

Ce que j'ai dû vous dire;
Ecoutez un peu plus l'amitié qui m'infpire.
Quel parti prendrez-vous ?

LE DUC.

Quand mes brulans défirs
Auront foumis l'objet qui brave mes foupirs,
Quand l'ingrate Amelie à fon devoir rendue
Aura remis la paix dans cette ame éperdue,
Alors j'écouterai tes confeils généreux.
Mais jufqu'à ce moment fai je ce que je veux ?
Tant d'agitations, de tumultes, d'orages,
Ont fur tous les objets répandu des nuages.
Puis-je prendre un parti, puis-je avoir un deffein ?
Allons près du tyran qui feul fait mon deftin.
Que l'ingrate à fon gré décide de ma vie,
Et nous déciderons du fort de la patrie.

Fin du premier Acte.

TRAGÉDIE. 101

ACTE II.

SCENE PREMIERE.
LE DUC DE FOIX (seul.)

Osera-t-elle encor refuser de me voir ?
Ne craindra-t-elle point d'aigrir mon désespoir ?
Ah ! c'est moi seul ici qui tremble de déplaire.
Ame superbe & faible ! Esclave volontaire !
Cours aux pieds de l'ingrate abaisser ton orgueil ;
Vois tes jours dépendans d'un mot & d'un coup d'œil.
Lâche, consume-les dans l'éternel passage,
Du dépit aux respects, & des pleurs à la rage.
Pour la derniere fois je prétends lui parler.
Allons...

I iij

SCENE II.

LE DUC, AMELIE.

ET TAÏSE
(dans le fonds.)

AMELIE.

J'Espere encor, & tout me fait trembler.
Vamir tenteroit-il une telle entreprise ?
Que de dangers nouveaux ! Ah ! que vois-je, Taïse ?

LE DUC.

J'ignore quel objet attire ici vos pas ;
Mais vos yeux disent trop qu'ils ne me cherchent pas.
Quoi ! vous les détournez ? Quoi ! vous voulez encore
Insulter aux tourmens d'un cœur qui vous adore ;
Et de la tyrannie exerçant le pouvoir,
Nourrir votre fierté de mon vain désespoir ?
C'est à ma triste vie ajouter trop d'allarmes,
Trop flétrir des lauriers arrosés de mes larmes,
Et qui me tiendront lieu de malheur & d'affronts
S'ils ne sont par vos mains attachés sur mon front ;
Si votre incertitude allarmant mes tendresses,
Peut encor démentir la foi de vos promesses.

AMELIE.

Je ne vous promis rien, vous n'avez point ma foi,
Et la reconnaissance est tout ce que je dois.

TRAGÉDIE.

LE DUC.

Quoi! lorsque de ma main je vous offrais l'hommage...

AMELIE.

D'un si noble présent j'ai vû tout l'avantage ;
Et sans chercher ce rang qui ne m'était pas dû,
Par de justes respects je vous ai répondu :
Vos bienfaits, votre amour, & mon amitié même,
Tout vous flattait sur moi d'un empire suprême ;
Tout vous a fait penser qu'un rang si glorieux
Présenté par vos mains éblouirait mes yeux.
Vous vous trompiez ; il faut rompre enfin le silence :
Je vais vous offenser ; je me fais violence ;
Mais réduite à parler, je vous dirai, Seigneur,
Que l'amour de mes Rois est gravé dans mon cœur.
Votre sang est auguste, & le mien est sans crime.
Il coula pour l'Etat que l'étranger opprime :
Cominge, mon ayeul, dans mon cœur a transmis
La haine qu'un Français doit à ses ennemis;
Et sa fille jamais n'acceptera pour maître,
L'ami de nos tyrans, quelque grand qu'il puisse être.
Voilà les sentimens que son sang m'a tracés ;
Et s'ils vous font rougir, c'est vous qui m'y forcez.

LE DUC.

Je suis, je l'avoûrai, surpris de ce langage ;
Je ne m'attendais pas à ce nouvel outrage,
Et n'avais pas prévû que le sort en courroux
Pour m'accabler d'affronts, dût se servir de vous.
Vous avez fait, Madame, une secrete étude
Du mépris, de l'insulte, & de l'ingratitude ;

I iiij

Et votre cœur enfin lent à se déployer,
Hardi par ma faiblesse, a paru tout entier.
Je ne connaissais pas tout ce zéle héroïque,
Tant d'amour pour l'Etat, & tant de politique.
Mais vous qui m'outragez, me connaissez-vous bien ?
Vous reste-t-il ici de parti que le mien ?
M'osez-vous reprocher une heureuse alliance
Qui fait ma sûreté, qui soutient ma puissance,
Sans qui vous gémiriez dans la captivité ;
A qui vous avez dû l'honneur, la liberté ?
Est-ce donc là le prix de vous avoir servie ?

AMELIE.

Oui, vous m'avez sauvée ; oui, je vous dois la vie ;
Mais de mes tristes jours ne puis-je disposer ?
Me les conserviez-vous pour les tyranniser ?

LE DUC.

Je deviendrai tyran, mais moins que vous, cruelle ;
Mes yeux lisent trop bien dans votre ame rebelle ;
Tous vos prétextes faux m'aprennent vos raisons,
Je vois mon deshonneur, je vois vos trahisons.
Quelque soit l'insolent que ce cœur me préfére,
Redoutez mon amour, tremblez de ma colére :
C'est lui seul désormais que mon bras va chercher,
De son cœur tout sanglant j'irai vous arracher ;
Et, si dans les horreurs du sort qui nous accable,
De quelque joie encor ma fureur est capable,
Je la mettrai, perfide, à vous désespérer.

AMELIE.

Non, Seigneur, la raison saura vous éclairer.

TRAGÉDIE.

Non, votre ame est trop noble, elle est trop élevée
Pour opprimer ma vie, après l'avoir sauvée.
Mais si votre grand cœur s'avilissait jamais,
Jusqu'à persécuter l'objet de vos bienfaits ;
Sachez que ces bienfaits, vos vertus, votre gloire,
Plus que vos cruautés, vivront dans ma mémoire,
Je vous plains, vous pardonne, & veux vous respecter ;
Je vous ferai rougir de me persécuter ;
Et je conserverai, malgré votre menace,
Une ame sans courroux, sans crainte, & sans audace.

LE DUC.

Arrêtez, pardonnez aux transports égarés,
Aux fureurs d'un Amant que vous désespérez ;
Je vois trop qu'avec vous Lisois d'intelligence,
D'une Cour qui me hait embrasse la défense ;
Que vous voulez tous deux m'unir à votre Roi,
Et de mon sort enfin disposer malgré moi ;
Vos discours sont les siens. Ah ! parmi tant d'allarmes,
Pourquoi recourez-vous à ces nouvelles armes ?
Pour gouverner mon cœur, l'asservir, le changer,
Aviez-vous donc besoin d'un secours étranger ?
Aimez : il suffira d'un mot de votre bouche.

AMELIE.

Je ne vous cache point que du soin qui me touche
A votre ami, Seigneur, mon cœur s'était remis ;
Je vois qu'il a plus fait qu'il ne m'avait promis.
Ayez pitié des pleurs que mes yeux lui confient ;
Vous les faites couler, que vos mains les essuient ;
Devenez assez grand pour apprendre à dompter
Des feux, que mon devoir me force à rejetter.

Laissez-moi toute entiere à la reconnaissance.
LE DUC.
Ainsi le seul Lisois a votre confiance :
Mon outrage est connu, je sai vos sentimens.
AMELIE.
Vous les pourrez, Seigneur, connaître avec le tems,
Mais vous n'aurez jamais le droit de les contraindre,
Ni de les condamner, ni même de vous plaindre.
Du généreux Lisois j'ai recherché l'appui :
Imitez sa grande ame, & pensez comme lui.

SCENE III.
LE DUC (seul.)

EH bien ! c'en est donc fait, l'ingrate, la parjure,
A mes yeux sans rougir étale mon injure !
De tant de trahisons, l'abîme est découvert.
Je n'avais qu'un ami ; c'est lui seul qui me perd !
Amitié, vain fantôme, ombre que j'ai chérie ;
Toi, qui me consolais des malheurs de ma vie,
Bien que j'ai trop aimé, que j'ai trop méconnu,
Trésor cherché sans cesse, & jamais obtenu,
Tu m'as trompé, cruelle, autant que l'amour même ;
Et maintenant, pour prix de mon erreur extrême,
Détrompé des faux biens trop faits pour me charmer,
Mon destin me condamne à ne plus rien aimer.
Le voilà cet ingrat, qui, fier de son parjure,
Vient encor de ses mains déchirer ma blessure.

SCENE IV.

LE DUC, LISOIS.

LISOIS.

A Vos ordres, Seigneur, vous me voyez rendu,...
D'où vient sur votre front ce chagrin répandu?
Votre ame, aux passions long-tems abandonnée,
A-t-elle en liberté pesé sa destinée ?

LE DUC.

Oui.

LISOIS.

Quel est le projet où vous vous arrêtez?

LE DUC.

D'ouvrir enfin les yeux aux infidélités,
De sentir mon malheur, & d'apprendre à connaître
La perfide amitié d'un rival & d'un traître.

LISOIS.

Comment ?

LE DUC.

C'en est assez.

LISOIS.

C'en est trop entre nous.
Ce traître, quel est-il ?

LE DUC.

Me le demandez-vous?

De l'affront inoui qui vient de me confondre
Quel autre était inftruit, quel autre en doit répondre?
Je fais trop qu'Amelie ici vous a parlé :
En vous nommant à moi l'infidelle a tremblé ;
Vous affectez fur elle un odieux filence,
Interprête muet de votre intelligence.
Je ne fai qui des deux je dois plus détefter.

LISOIS.

Vous fentez-vous capable au moins de m'écouter ?

LE DUC.

Je le veux,

LISOIS.

   Penfez-vous que j'aime encor la gloire ?
M'eftimez-vous encor, & pouvez-vous me croire ?

LE DUC.

Oui, jufqu'à ce moment je vous crus vertueux ;
Je vous crus mon ami.

LISOIS.

   Ces titres précieux
Ont été jufqu'ici la régle de ma vie.
Mais vous, méritez-vous que je me juftifie ?
Apprenez qu'Amelie avoit touché mon cœur,
Avant que de fa vie heureux libérateur,
Vous euffiez par vos foins, par cet amour fincére,
Sur-tout par vos bienfaits, tant de droits de lui plaire.
Moi, plus foldat que tendre, & dédaignant toujours
Ce grand art de féduire inventé dans les Cours,
Ce langage flatteur, & fouvent fi perfide,
Peu fait pour mon efprit peut-être trop rigide,

TRAGÉDIE.

Je lui parlai d'Hymen ; & ce nœud respecté,
Resserré par l'estime & par l'égalité,
Pouvait lui préparer des destins plus propices,
Qu'un rang plus élevé, mais sur des précipices.
Hier avec la nuit, je vins dans vos remparts,
Tout votre cœur parut à mes premiers regards.
Aujourd'hui, j'ai revû cet objet de mes larmes ;
D'un œil indifférent j'ai regardé ses charmes,
Et je me suis vaincu sans rendre de combats ;
J'ai fait valoir vos feux que je n'approuve pas.
J'ai de tous vos bienfaits rappellé la mémoire
L'éclat de votre rang, celui de votre gloire :
Sans cacher vos défauts, vantant votre vertu ;
Et pour vous contre moi j'ai fait ce que j'ai dû.
Je m'immole à vous seul, & je me rends justice :
Et si ce n'est assez d'un pareil sacrifice,
S'il est quelque rival qui vous ose outrager,
Tout mon sang est à vous, & je cours vous venger.

LE DUC.

Que tout ce que j'entends t'éleve, & m'humilie !
Ah ! tu devais sans doute adorer Amelie ;
Mais qui peut commander à son cœur enflammé !
Non, tu n'as pas vaincu ; tu n'avais point aimé.

LISOIS.

J'aimais, & notre amour suit notre caractère.

LE DUC.

Je ne peux t'imiter : mon ardeur m'est trop chére.

Je t'admire avec honte ; il le faut avouer,
Mon cœur....

LISOIS.

Aimez-moi, Prince, au lieu de me louer ;
Et si vous me devez quelque reconnaissance,
Faites votre bonheur ; il est ma récompense.
Vous voyez quelle ardente & fiére inimitié
Votre frere nourrit contre votre allié ;
La suite, croyez moi, peut en être funeste.
Vous êtes sous un joug que ce peuple déteste ;
Je prévois que bientôt on verra réunis
Les débris dispersés de l'empire des lis.
Chaque jour nous produit un nouvel adversaire ;
Hier le Béarnais, aujourd'hui votre frere.
Le pur sang de Clovis est toujours adoré ;
Tôt ou tard, il faudra que de ce tronc sacré
Les rameaux divisés & courbés par l'orage
Plus unis & plus beaux soient notre unique ombrage.
Vous, placé près du trône, à ce trône attaché,
Si les malheurs des tems vous en ont arraché,
A des nœuds étrangers s'il fallut vous résoudre ;
L'intérêt qui les forme a droit de les dissoudre.
On pourrait balancer avec dextérité
Des Maires du Palais la fiére autorité ;
Et bientôt par vos mains leur puissance affaiblie....

LE DUC.

Je le souhaite au moins... Mais crois-tu qu'Amelie,
Dans son cœur amolli partagerait mes feux,
Si le même parti nous unissait tous deux ?

TRAGÉDIE.

Penses-tu qu'à m'aimer je pourrais la réduire ?

LISOIS.

Dans le fond de son cœur je n'ai point voulu lire.
Mais qu'importent pour vous ses vœux & ses desseins ?
Faut-il que l'amour seul fasse ici nos destins ?
Lorsque le grand Clovis, aux champs de la Touraine,
Détruisit les vainqueurs de la grandeur Romaine ;
Quand son bras arrêta dans nos champs inondés
Des Ariens sanglants les torrens débordés,
Tant d'honneurs étaient-ils l'effet de sa tendresse ?
Sauva-t-il son païs pour plaire à sa maîtresse ?
Mon bras contre un rival est prêt à vous servir ;
Je voudrais faire plus ; je voudrais vous guérir.
On connaît peu l'amour, on craint trop son amorce ;
C'est sur nos passions qu'il a fondé sa force ;
C'est nous qui sous son nom troublons notre repos :
Il est tyran du faible, esclave du Héros.
Puisque je l'ai vaincu, puisque je le dédaigne,
Sur le sang de nos Rois souffrirez-vous qu'il regne ?
Vos autres ennemis par vous sont abattus ;
Et vous devez en tout l'exemple des vertus.

LE DUC.

Le sort en est jetté, je ferai tout pour elle ;
Il faut bien à la fin désarmer la cruelle.
Ses loix seront mes loix, son Roi sera le mien ;
Je n'aurai de parti, de maître que le sien ;
Possesseur d'un trésor où s'attache ma vie,
Avec mes ennemis je me réconcilie.
Je lirai dans ses yeux mon sort & mon devoir ;
Mon cœur est enivré de cet heureux espoir.

Je n'ai point de rival ; j'avais tort de me plaindre.
Si tu n'es point aimé, quel mortel ai-je à craindre ?
Qui pourait dans ma Cour avoir poussé l'orgueil
Jusqu'à laisser vers elle échaper un coup d'œil ?
Enfin, plus de prétexte à ses refus injustes ;
Raison, gloire, intérêts, & tous ces droits augustes
Des Princes de mon sang, & de mes souverains,
Sont des liens sacrés resserrés par ses mains.
Du Roi, puisqu'il le faut, soutenons la couronne ;
La vertu le conseille, & la beauté l'ordonne.
Je veux entre tes mains, dans ce fortuné jour,
Sceller tous les sermens que je fais à l'amour.
Quant à mes intérêts, que toi seul en décide.

LISOIS.

Souffrez donc près du Roi que mon zéle me guide.
Peut-être il eût fallu que ce grand changement
Ne fût dû qu'au Héros, & non pas à l'amant.
Mais si d'un si grand cœur une femme dispose,
L'effet en est trop beau pour en blâmer la cause ;
Et mon cœur, tout rempli de cet heureux retour,
Bénit votre faiblesse, & rend grace à l'amour.

―――――――――――――

SCENE V.

LE DUC, LISOIS, UN OFFICIER.

L'OFFICIER.

SEIGNEUR, auprès des murs les ennemis paraissent ;
On prépare l'assaut ; le tems, les périls pressent :

Nous

Nous attendons votre ordre.
LE DUC.
Eh bien ! cruels destins,
Vous l'emportez sur moi, vous trompez mes desseins.
Plus d'accord, plus de paix ; je vole à la victoire ;
Méritons Amélie en me couvrant de gloire.
Je ne suis pas en peine, ami, de résister
Aux téméraires mains qui m'osent insulter.
De tous les ennemis qu'il faut combattre encore,
Je n'en redoute qu'un ; c'est celui que j'adore.

Fin du second Acte.

ACTE III

SCÈNE PREMIERE.
LE DUC DE FOIX, LISOIS.

LE DUC.

La victoire est à nous, vos soins l'ont assurée;
Vous avez su guider ma jeunesse égarée.
Lisois m'est nécessaire aux conseils, aux combats;
Et c'est à sa grande âme à diriger mon bras.

LISOIS.

Prince, ce feu guerrier, qu'en vous on voit paraître,
Sera maître de tout, quand vous en serez maître :
Vous l'avez pû régler, & vous avez vaincu.
Ayez dans tous les tems cette heureuse vertu :
L'effet en est illustre, autant qu'il est utile.
Le faible est inquiet, le grand homme est tranquile.

LE DUC.

Eh ! L'amour est-il fait pour la tranquilité ?
Mais ce chef inconnu sur nos remparts monté,

Qui tint seul si long-tems la victoire en balance,
Qui m'a rendu jaloux de sa haute vaillance,
Que devient-il ?

LISOIS.

Seigneur, environné de morts,
Il a seul repoussé nos plus puissans efforts,
Mais ce qui me confond, & qui doit vous surprendre,
Pouvant nous échaper, il est venu se rendre ;
Sans vouloir se nommer & sans se découvrir,
Il accusait le Ciel, & cherchait à mourir.
Un seul de ses suivans auprès de lui partage
La douleur qui l'accable, & le sort qui l'outrage.

LE DUC.

Quel est donc, cher ami, ce chef audacieux
Qui cherchant le trépas se cachait à nos yeux ?
Son casque était fermé. Quel charme inconcevable,
Quand je l'ai combattu, le rendait respectable ?
Un je ne sai quel trouble en moi s'est élevé :
Soit que ce triste amour dont je suis captivé,
Sur mes sens égarés répandant sa tendresse,
Jusqu'au sein des combats m'ait prêté sa faiblesse ;
Qu'il ait voulu marquer toutes mes actions
Par la molle douceur de ses impressions :
Soit plutôt que la voix de ma triste patrie
Parle encore en secret au cœur qui l'a trahie :
Ou que le trait fatal enfoncé dans ce cœur
Corrompe en tous les tems ma gloire, & mon bonheur.

LISOIS.

Quant aux traits dont votre ame a senti la puissance,
Tous les conseils sont vains ; agréez mon silence.

K ij

Mais ce sang des Français que nos mains font couler,
Mais l'État, la patrie ; il faut vous en parler.
Vos nobles sentimens peuvent encor paraître :
Il est beau de donner la paix à votre Maître.
Son égal aujourd'hui, demain dans l'abandon,
Vous vous verriez réduit à demander pardon.
Sûr enfin d'Amélie & de votre fortune,
Fondez votre grandeur sur la cause commune.
Ce guerrier, quel qu'il soit, remis entre vos mains,
Pourra servir lui-même à vos justes desseins ;
De cet heureux moment saisissons l'avantage.

LE DUC.

Ami, de ma parole Amélie est le gage ;
Je la tiendrai : je vais de ce même moment
Préparer les esprits à ce grand changement.
A tes conseils heureux tous mes sens s'abandonnent.
La gloire, l'Hyménée & la paix me couronnent ;
Et libre des chagrins où mon cœur fut noyé,
Je dois tout à l'amour, & tout à l'amitié.

SCENE II.

LISOIS, VAMIR, EMAR
dans le fond du Théâtre.

LISOIS.

JE me trompe, ou je vois ce captif qu'on amène :
Un des siens l'accompagne ; il se soutient à peine ;

TRAGÉDIE. 117

Il paraît accablé d'un défespoir affreux.

VAMRI

Où fuis-je ? Où vais-je ? O ciel !

LISOIS.

Chevalier généreux,
Vous êtes dans des murs où l'on chérit la gloire ;
Où l'on n'abufe point d'une faible victoire ;
Où l'on fait refpecter de braves ennemis :
C'eft en de nobles mains que le fort vous a mis.
Ne puis-je vous connaître ? & faut-il qu'on ignore
De quel grand prifonnier le Duc de Foix s'honore ?

VAMIR.

Je fuis un malheureux, le jouet des deftins,
Dont la moindre infortune eft d'être entre vos mains.
Souffrez qu'au Souverain de ce féjour funefte
Je puiffe au moins cacher un fort que je détefte.
Me faut-il des témoins encor de mes douleurs ?
On apprendra trop-tôt mon nom & mes malheurs.

LISOIS.

Je ne vous preffe point, Seigneur ; je me retire :
Je refpecte un chagrin dont votre cœur foupire.
Croyez que vous pourrez retrouver parmi nous
Un deftin plus heureux & plus digne de vous.

SCENE III.

VAMIR, EMAR.

VAMIR.

Un destin plus heureux ! Mon cœur en désespere :
J'ai trop vécu.

EMAR.

Seigneur, dans un sort si contraire,
Rendez graces au Ciel de ce qu'il a permis
Que vous soiez tombé sous de tels ennemis,
Non sous le joug affreux d'une main étrangére.

VAMIR.

Qu'il est dur bien souvent d'être aux mains de son frére!

EMAR.

Mais ensemble élevés dans des tems plus heureux,
La plus tendre amitié vous unissait tous deux.

VAMIR.

Il m'aimait autrefois ; c'est ainsi qu'on commence ;
Mais bientôt l'amitié s'envole avec l'enfance.
Il ne sait pas encor ce qu'il me fait souffrir ;
Et mon cœur déchiré ne saurait le haïr.

EMAR.

Il ne soupçonne pas qu'il ait en sa puissance
Un frére infortuné qu'animait la vengeance.

TRAGÉDIE.
VAMIR.

Non, la vengeance, ami, n'entra point dans mon
  cœur.
Qu'un soin trop différent égara ma valeur !
Juste Ciel ! est-il vrai ce que la renommée
Annonçait dans la France à mon ame allarmée ?
Est-il vrai qu'Amélie, après tant de sermens,
Ait violé la foi de ses engagemens !
Et pour qui ? Juste Ciel ! O comble de l'injure !
O nœuds du tendre amour ! ô loix de la nature !
Liens sacrés des cœurs, êtes-vous tous trahis ?
Tous les maux, dans ces lieux, sont sur moi réunis.
Frere injuste, cruel !

EMAR.

     Vous disiez qu'il ignore
Que, parmi tant de biens qu'il vous enléve encore,
Amélie en effet est le plus précieux ;
Qu'il n'avait jamais sû le secret de vos feux.

VAMIR.

Elle le sait, l'ingrate ; elle sait que ma vie
Par d'éternels sermens à la sienne est unie ;
Elle sait qu'aux autels nous allions confirmer
Ce devoir que nos cœurs s'étaient fait de s'aimer,
Quand le Maure enleva mon unique espérance.
Et je n'ai pû sur eux achever ma vengeance !
Et mon frere a ravi le bien que j'ai perdu !
Il jouit des malheurs dont je suis confondu.
Quel est donc en ces lieux le dessein qui m'entraîne ?
La consolation trop funeste & trop vaine

De faire avant ma mort à ses traîtres appas
Un reproche inutile, & qu'on n'entendra pas!
Allons, je périrai, quoi que le Ciel décide,
Fidéle au Roi mon maître, & même à la perfide.
Peut être, en apprenant ma constance & mon sort,
Dans les bras de mon frere elle plaindra ma mort.

EMAR.
Cachez vos sentimens, c'est lui qu'on voit paraître.
VAMIR.
Des troubles de mon cœur puis-je me rendre maître!

SCENE IV.
LE DUC DE FOIX, VAMIR, EMAR.

LE DUC.
Ce mistére m'irrite; & je prétens savoir
Quel guerrier les destins ont mis en mon pouvoir....
Il semble avec horreur qu'il détourne la vue.
VAMIR.
O lumiere du jour, pourquoi m'es-tu renduë!
Te verrai-je, infidéle! en quels lieux! à quel prix!
LE DUC.
Qu'entends-je? Et quels accens ont frappé mes esprits?
VAMIR.
M'as-tu pû méconnaître?

TRAGÉDIE.

LE DUC.
Ah ! Vamir, ah ! mon frére.
VAMIR.
Ce nom jadis si cher, ce nom me désespére.
Je ne le suis que trop ce frére infortuné,
Ton ennemi vaincu, ton captif enchaîné.
LE DUC.
Tu n'es plus que mon frere; & mon cœur te pardonne.
Mais je te l'avoûrai, ta cruauté m'étonne.
Si ton Roi me poursuit, Vamir, était-ce à toi
A briguer, à remplir cet odieux emploi ?
Que t'ai-je fait ?
VAMIR.
Tu fais le malheur de ma vie :
Je voudrais qu'aujourd'hui ta main me l'eût ravie.
LE DUC.
De nos troubles civils quels effets malheureux !
VAMIR.
Les troubles de mon cœur sont encor plus affreux.
LE DUC.
J'eusse aimé contre un autre à montrer mon courage.
Vamir, que je te plains !
VAMIR.
Je te plains davantage
De haïr ton païs, de trahir sans remords
Et le Roi qui t'aimait, & le sang dont tu sors.
LE DUC.
Arrête, épargne moi l'infâme nom de traître.
A cet indigne mot, je m'oublirais peut-être.

Tome I. L

Non, mon frére, jamais je n'ai moins mérité
Le reproche odieux de l'infidélité.
Je suis prêt de donner à nos tristes Provinces,
A la France sanglante, au reste de nos Princes
L'exemple auguste & saint de la réunion,
Après l'avoir donné de la division.

VAMIR.

Toi, tu pourrais....

LE DUC.

Ce jour qui semble si funeste
Des feux de la discorde éteindra ce qui reste.

VAMIR.

Ce jour est trop horrible.

LE DUC.

Il va combler mes vœux.

VAMIR.

Comment ?

LE DUC.

Tout est changé ; ton frere est trop heureux.

VAMIR.

Je le crois : on disait que d'un amour extrême
Violent, effrené, (car c'est ainsi qu'on aime)
Ton cœur depuis trois mois s'occupait tout entier.

LE DUC.

J'aime : oui, la renommée a pu le publier ;
Oui, j'aime avec fureur Une telle alliance
Semblait pour mon bonheur attendre ta présence.
Oui, mes ressentimens, mes droits, mes alliés,
Gloire, amis, ennemis, je mets tout à ses pieds.

TRAGÉDIE.

(*A sa suite.*)

Allez, & dites-lui que deux malheureux frères
Jettés par le destin dans des partis contraires,
Pour marcher désormais sous le même étendard,
De ses yeux souverains n'attendent qu'un regard.

(*A Vamir.*)

Ne blâme point l'amour où ton frere est en proie ;
Pour me justifier, il suffit qu'on la voie.

VAMIR.

Cruel !.... elle vous aime !

LE DUC.

Elle le doit du moins :
Il n'était qu'un obstacle au succès de mes soins ;
Il n'en est plus ; je veux que rien ne nous sépare.

VAMIR.

Quels effroiables coups le cruel me prépare !
Ecoute ; à ma douleur ne veux-tu qu'insulter ?
Me connais-tu ? Sais-tu ce que j'osais tenter ?
Dans ces funestes lieux sais-tu ce qui m'amène ?

LE DUC.

Oublions ces sujets de discorde & de haine.

SCENE V.
LE DUC DE FOIX,
VAMIR, AMELIE.

AMELIE.

CIEL ! qu'est-ce que je vois ? Je me meurs !
LE DUC.
Ecoutez :
Mon bonheur est venu de nos calamités ;
J'ai vaincu, je vous aime, & je retrouve un frère;
Sa présence à mes yeux vous rend encor plus chere.
Et vous, mon frère, & vous, soyez ici témoin,
Si l'excès de l'amour peut emporter plus loin.
Ce que votre reproche ou bien votre prière,
Le généreux Lisois, le Roi, la France entière
Demanderaient ensemble & qu'ils n'obtiendraient pas,
Soumis & subjugué, je l'offre à ses appas.
De l'ennemi des Rois vous avez craint l'hommage.
Vous aimez, vous servez une Cour qui m'outrage;
Eh bien ! il faut céder ; vous disposez de moi :
Je n'ai plus d'alliés, je suis à votre Roi.
L'amour, qui, malgré vous, nous a fait l'un pour l'autre
Ne me laisse de choix, de parti que le vôtre.
Vous, courez, mon cher frère ; allez de ce moment
Annoncer à la Cour un si grand changement.

TRAGÉDIE.

Soyez libre, partez ; & de mes sacrifices
Allez offrir au Roi les heureuses prémices.
Puissai-je à ses genoux présenter aujourd'hui
Celle qui m'a dompté, qui me raméne à lui,
Qui d'un Prince ennemi fait un sujet fidéle,
Changé par ses regards, & vertueux par elle.

VAMIR (à part.)

Il fait ce que je veux, & c'est pour m'accabler.
Prononcez notre arrêt, Madame ; il faut parler.

LE DUC.

Eh ! quoi! vous demeurez interdite & muette ?
De mes soumissions êtes-vous satisfaite ?
Est-ce assez qu'un vainqueur vous implore à genoux ?
Faut-il encor ma vie, ingrate ? Elle est à vous.
Un mot peut me l'ôter : la fin m'en sera chére.
Je vivais pour vous seule, & mourrai pour vous plaire.

AMELIE.

Je demeure éperdue ; & tout ce que je vois
Laisse à peine à mes sens l'usage de la voix.
Ah ! Seigneur, si votre ame en effet attendrie
Plaint le sort de la France, & chérit la patrie ;
Un si noble dessein, des soins si vertueux
Ne seront point l'effet du pouvoir de mes yeux :
Ils auront dans vous même une source plus pure.
Vous avez écoutez la voix de la nature ;
L'amour a peu de part où doit régner l'honneur.

LE DUC.

Non, tout est votre ouvrage ; & c'est là mon malheur.
Sur tout autre intérêt ce triste amour l'emporte.
Accablez-moi de honte ; accusez-moi ; n'importe.

Dussai-je vous déplaire & forcer votre cœur ;
L'autel est prêt, venez.

VAMIR.

Vous osez !

AMELIE.

Non, Seigneur ;
Avant que je vous céde, & que l'Hymen nous lie,
Aux yeux de votre frére, arrachez-moi la vie.
Le fort met entre nous un obstacle éternel.
Je ne puis être à vous.

LE DUC.

Vamir ! ingrate ! ah ! Ciel !
C'en est donc fait ! Mais non, mon cœur sait se contraindre,
Vous ne méritez pas que je daigne m'en plaindre ;
Je vous rends trop justice : & ces séductions,
Qui vont au fond des cœurs chercher nos passions,
L'espoir qu'on donne à peine afin qu'on le saisisse,
Ce poison préparé des mains de l'artifice,
Sont les effets d'un charme aussi trompeur que vain,
Que l'œil de la raison regarde avec dédain.
Je suis libre par vous ; cet art que je déteste,
Cet art qui m'enchaîna, brise un joug si funeste :
Et je ne prétens pas, indignement épris,
Rougir devant mon frére, & souffrir des mépris.
Montrez-moi seulement ce rival qui se cache ;
Je lui céde avec joie un poison qu'il m'arrache.
Je vous dédaigne assez tous deux, pour vous unir,
Perfide ; & c'est ainsi que je dois vous punir.

TRAGÉDIE.

AMELIE.

Je devrais seulement vous quitter & me taire ;
Mais je suis accusée, & ma gloire m'est chére.
Votre frére est présent ; & mon honneur blessé
Doit repousser les traits dont il est offensé.
Pour un autre que vous ma vie est destinée ;
Je vous en fait l'aveu, je m'y vois condamnée.
Oui, j'aime ; & je serais indigne devant vous
De celui que mon cœur s'est promis pour époux,
Indigne de l'aimer, si par ma complaisance
J'avais à votre amour laissé quelque espérance.
Vous avez regardé ma liberté, ma foi,
Comme un bien de conquête & qui n'est plus à moi.
Je vous devais beaucoup ; mais une telle offense
Ferme à la fin mon cœur à la reconnaissance.
Sachez que les bienfaits qui font rougir mon front
A mes yeux indignés ne sont plus qu'un affront.
J'ai plaint de votre amour la violence vaine ;
Mais, après ma pitié, n'attirez point ma haine.
J'ai rejetté vos vœux que je n'ai point bravés.
J'ai voulu votre estime ; & vous me la devez.

LE DUC.

Je vous dois ma colére ; & sachez qu'elle égale
Tous les emportemens de mon amour fatale.
Quoi donc, vous attendiez pour oser m'accabler,
Que Vamir fût présent, & me vît immoler ?
Vous vouliez ce témoin de l'affront que j'endure ?
Allez, je le croirais l'auteur de mon injure,
Si.. Mais il n'a point vû vos funestes appas ;
Mon frére trop heureux ne vous connaissait pas.

L iiij

Nommez donc mon rival; mais gardez-vous de croire
Que mon lâche dépit lui céde la victoire.
Je vous trompais; mon cœur ne peut feindre long-tems:
Je vous traîne à l'autel à ses yeux expirans,
Et ma main sur sa cendre à votre main donnée
Va tremper dans le sang les flambeaux d'Hyménée.
Je sai trop qu'on a vû, lâchement abusés,
Pour des mortels obscurs des Princes méprisés;
Et mes yeux perceront dans la foule inconnue
Jusqu'à ce vil objet qui se cache à ma vue.

VAMIR.

Pourquoi d'un choix indigne osez-vous l'accuser ?

LE DUC.

Et pourquoi, vous, mon frere, osez-vous l'excuser ?
Est-il vrai que de vous elle était ignorée ?
Ciel ! à ce piége affreux ma foi serait livrée !
Tremblez.

VAMIR.

   Moi, que je tremble ! ah ! j'ai trop dévoré
L'inexprimable horreur où toi seul m'as livré.
J'ai forcé trop long-tems mes transports au silence :
Connais-moi donc, barbare, & remplis ta vengeance,
Connais un désespoir à tes fureurs égal.
Frappe, voilà mon cœur; & voilà ton rival.

LE DUC.

Toi ! cruel, toi ! Vamir.

VAMIR.

     Oui, depuis deux années,
L'amour la plus secrette a joint nos destinées.

TRAGÉDIE.

C'est toi dont les fureurs ont voulu m'arracher
Le seul bien sur la terre où j'ai pu m'attacher ;
Tu fais depuis trois mois les horreurs de ma vie :
Les maux que j'éprouvais passaient ta jalousie.
Par tes égaremens juge de mes transports.
Nous puisâmes tous deux, dans ce sang dont je sors.
L'excès des passions qui dévorent une ame ;
La nature à tous deux fit un cœur tout de flamme.
Mon frere est mon rival, & je l'ai combattu.
J'ai fait taire le sang, peut-être la vertu.
Furieux, aveuglé, plus jaloux que toi-même,
J'ai couru, j'ai volé, pour t'ôter ce que j'aime.
Rien ne m'a retenu, ni tes superbes tours,
Ni le peu de soldats que j'avais pour secours,
Ni le lieu, ni le tems, ni surtout ton courage ;
Je n'ai vû que ma flamme, & ton feu qui m'outrage.
L'amour fut dans mon cœur plus fort que l'amitié ;
Sois cruel comme moi, punis-moi sans pitié :
Aussi-bien tu ne peux t'assurer ta conquête,
Tu ne peux l'épouser qu'aux dépens de ma tête.
A la face des cieux je lui donne ma foi ;
Je te fais de nos vœux le témoin malgré toi.
Frappe, & qu'après ce coup ta cruauté jalouse
Traîne aux pieds des autels ta sœur & mon épouse.
Frappe, dis-je : oses-tu ?

LE DUC.

Traître, c'en est assez.
Qu'on l'ôte de mes yeux ; soldats, obéissez.

AMELIE.

Non, demeurez, cruel ! Ah ! Prince, est-il possible
Que la nature en vous trouve une ame inflexible ?
Seigneur !

VAMIR.

Vous, le prier ? Plaignez-le plus que moi.
Plaignez-le ; il vous offense, il a trahi son Roi.
Va, je suis dans ces lieux plus puissant que toi-même :
Je suis vengé de toi ; l'on te hait, & l'on m'aime.

AMELIE.

Ah ! cher Prince, ah ! Seigneur, voyez à vos genoux...

LE DUC.

Qu'on m'en réponde, allez. Madame, levez-vous.
Vos prières, vos pleurs en faveur d'un parjure
Sont un nouveau poison versé sur ma blessure.
Vous avez mis la mort dans ce cœur outragé ;
Mais, perfide, croiez que e mourrai vengé.
Adieu, si vous voiez les effets de ma rage,
N'en accusez que vous ; nos maux sont votre ouvrage.

AMELIE.

Je ne vous quitte pas ; écoutez-moi, Seigneur.

LE DUC.

Eh bien ! achevez donc de déchirer mon cœur :
Parlez.

TRAGÉDIE. 131

SCENE VI.
LE DUC, VAMIR, AMELIE, LISOIS.

LISOIS.

J'Allais partir : un peuple téméraire
Se souléve en tumulte au nom de votre frere,
Le désordre est par tout : vos soldats consternés
Désertent les drapeaux de leurs chefs étonnés ;
Et pour comble de maux, vers la ville allarmée,
L'ennemi rassemblé fait marcher son armée.

LE DUC.

Allez, cruelle, allez ; vous ne jouirez pas
Du fruit de votre haine & de vos attentats :
Rentrez. Aux factieux je vais montrer leur maître ;
Dangeste, suivez-la... (*A Lisois.*) Vous, veillez sur
ce traître.

SCENE VII.

VAMIR, LISOIS.
LISOIS.

LE feriez-vous ? Seigneur, auriez-vous démenti
Le sang de ces Héros dont vous êtes sorti ?
Auriez-vous violé par cette lâche injure,
Et les droits de la guerre, & ceux de la nature ?
Un Prince à cet excès pourrait-il s'oublier ?
VAMIR.
Non : mais suis-je réduit à me justifier ?
Lisois, ce peuple est juste ; il t'apprend à connaître
Que mon frere est rebelle, & qu'il trahit son maître.
LISOIS.
»Ecoutez ; ce serait le comble de mes vœux
»De pouvoir aujourd'hui vous réunir tous deux.
»Je vois avec regret la France désolée,
»A nos dissensions la nature immolée,
»Sur nos communs débris l'Africain élevé
»Menaçant cet Etat par nous même énervé.
»Si vous avez un cœur digne de votre race,
»Faites au bien public servir votre disgrace.
Eh bien, rapprochez-les, unissez-vous à moi
Pour calmer votre frere, & fléchir votre Roi ;
Pour éteindre le feu de nos guerres civiles.
VAMIR.
Ne vous en flatez pas ; vos soins sont inutiles.

TRAGÉDIE.

Si la discorde seule avait armé mon bras,
Si la guerre & la haine avaient conduit mes pas,
Vous pourriez espérer de réunir deux freres,
L'un de l'autre écartés dans des partis contraires.
Un obstacle plus grand s'oppose à ce retour.

LISOIS.

Et quel est-il, Seigneur ?

VAMIR.

Ah ! reconnais l'amour.
Reconnais la fureur qui de nous deux s'empare,
Qui m'a fait téméraire, & qui le rend barbare.

LISOIS.

Ciel ! faut-il voir ainsi par des caprices vains
Anéantir le fruit des plus nobles desseins !
L'amour subjuguer tout ! Ses cruelles faiblesses
Du sang qui se révolte étouffer les tendresses !
Des freres se haïr ! Et naître en tous climats
Des passions des Grands le malheur des Etats !
Prince, de vos amours laissons-là le mystére.
Je vous plains tous les deux, mais je sers votre frere.
Je vais le seconder ; je vais me joindre à lui,
Contre un peuple insolent qui se fait votre appui.
Le plus pressant danger est celui qui m'appelle.
Je vois qu'il peut avoir une fin bien cruelle ;
Je vois les passions plus puissantes que moi :
Et l'amour seul ici me fait frémir d'effroi.
Je lui dois mon secours ; je vous laisse & j'y vole.
Soyez mon prisonnier ; mais sur votre parole.
Elle me suffira.

LE DUC DE FOIX,

VAMIR.
Je vous la donne.

LISOIS

Et moi,
Je voudrais de ce pas porter la sienne au Roi ;
Je voudrais cimenter, dans l'ardeur de lui plaire,
Du sang de nos tyrans une union si chere.
Mais ces fiers ennemis sont bien moins dangereux,
Que ce fatal amour qui vous perdra tous deux.

Fin du troisieme Acte.

TRAGÉDIE.

ACTE IV.

SCENE PREMIERE.
VAMIR, AMELIE, EMAR.

AMELIE.

Quelle suite, grand Dieu, d'affreuses destinées !
Quel tissu de douleurs l'une à l'autre enchaînées !
Un orage imprévu m'enléve à votre amour :
Un orage nous joint ; & dans le même jour,
Quand je vous suis rendue, un autre nous sépare !
Vamir, frere adoré d'un frere trop barbare,
Vous le voulez, Vamir ; je pars, & vous restez.

VAMIR.

Voyez par quels liens mes pas sont arrêtés.
Au pouvoir d'un rival ma parole me livre :
Je peux mourir pour vous, & je ne peux vous suivre.

AMELIE.

Vous l'osâtes combattre, & vous n'osez le fuir !

VAMIR.

L'honneur est mon tyran : je lui dois obéir ;
Profitez du tumulte où la ville est livrée.
La retraite à vos pas déja semble assurée.

On vous attend: le Ciel a calmé son courroux:
Espérez....

AMELIE.
Et que puis-je espérer loin de vous?
VAMIR.
Ce n'est qu'un jour.
AMELIE.
Ce jour est un siécle funeste.
Rendez vains mes soupçons, Ciel vengeur que j'attestai
Seigneur, de votre sang le Maure est altéré.
Ce sang à votre frere est-il donc si sacré?
Il aime en furieux; mais il hait plus encore.
Il est votre rival & l'allié du Maure.
Je crains....
VAMIR.
Il n'oserait..
AMELIE.
Son cœur n'a point de frein;
Il vous a menacé: menace-t'il en vain?
VAMIR.
Il tremblera bientôt: le Roi vient, & nous venge.
La moitié de ce peuple à ses drapeaux se range.
Allez, si vous m'aimez, dérobez-vous aux coups
Des foudres allumés grondans autour de nous,
Au tumulte, au carnage, au désordre effroyable,
Dans des murs pris d'assaut, malheur inévitable.
Mais redoutez encor mon rival furieux:
Craignez l'amour jaloux qui veille dans ses yeux:
Cet amour méprisé se tournerait en rage.
Fuyez sa violence: évitez un outrage

Qu'il

TRAGÉDIE. 137

Qu'il me faudrait laver de son sang & du mien.
Seul espoir de ma vie, & mon unique bien,
Mettez en sûreté ce seul bien qui me reste :
Ne vous exposez pas à cet éclat funeste.
Cédez à mes douleurs. Qu'il vous perde : partez.

AMELIE.
Et vous vous exposez seul à ses cruautés !

VAMIR.
Ne craignant rien pour vous, je craindrai peu mon
　　frere.
Que dis-je ? Mon appui lui devient nécessaire.
Son captif aujourd'hui, demain son bienfaiteur,
Je pourrai de son Roi lui rendre la faveur.
Protéger mon rival est la gloire où j'aspire :
Arrachez-vous sur-tout à son fatal Empire.
Songez que ce matin vous quittiez ses Etats.

AMELIE.
Ah ! je quittais des lieux que vous n'habitiez pas.
Dans quelque azile affreux que mon destin m'entraîne,
Vamir, j'y porterai mon amour & ma haine.
Je vous adorerai dans le fond des déserts,
Au milieu des combats, dans l'exil, dans les fers,
Dans la mort que j'attends de votre seule absence.

VAMIR.
C'en est trop : vos douleurs ébranlent ma constance
Vous avez trop tardé. Ciel ! quel tumulte affreux !

SCENE II.
AMELIE, VAMIR, LE DUC DE FOIX, GARDES.

LE DUC.

Je l'entends; c'est lui même. Arrête, malheureux :
Lâche qui me trahis, rival indigne, arrête.

VAMIR.

Il ne te trahit point ; mais il t'offre sa tête.
Porte à tous les excès ta haine & ta fureur.
Va, ne perd point de tems : le Ciel arme un vengeur.
Tremble ; ton Roi s'approche : il vient, il va paraître ;
Tu n'as vaincu que moi : redoute encor ton maître.

LE DUC.

Il pourra te venger, mais non te secourir ;
Et ton sang....

AMELIE.

Non, cruel ; c'est à moi de mourir.
J'ai tout fait ; c'est par moi que ta garde est séduite ;
J'ai gagné tes soldats. J'ai préparé ma fuite.
Punis ces attentats & ces crimes si grands,
De sortir d'esclavage, & de fuir ses tyrans :
Mais respecte ton frere, & ta femme, & toi-même.
Il ne t'a point trahi ; c'est un frere qui t'aime.

TRAGÉDIE. 139

Il voulait te servir, quand tu veux l'opprimer.
Quel crime a-t'il commis, cruel, que de m'aimer?
L'amour n'est-il en toi qu'un juge inexorable?

LE DUC.

Plus vous le défendez, plus il devient coupable.
C'est vous qui le perdez, vous qui l'assassinez ;
Vous, par qui tous nos jours étaient empoisonnés ;
Vous, qui pour leur malheur armiez des mains si cheres.
Puisse tomber sur vous tout le sang des deux freres !
Vous pleurez ; mais vos pleurs ne peuvent me tromper.
Je suis prêt à mourir, & prêt à le frapper.
Mon malheur est au comble, ainsi que ma faiblesse.
Oui, je vous aime encor : le tems, le péril presse.
Vous pouvez à l'instant parer le coup mortel.
Voilà ma main, venez : sa grace est à l'autel.

AMELIE.

Moi, Seigneur ?

LE DUC.

C'est assez.

AMELIE.

Moi, que je le trahisse ?

LE DUC.

Arrêtez... répondez...

AMELIE.

Je ne puis.

LE DUC.

Qu'il périsse.

VAMIR.

Ne vous laissez pas vaincre en ces affreux combats.
Osez m'aimer assez pour vouloir mon trépas.

M ij

LE DUC DE FOIX,

Abandonnez mon sort au coup qu'il me prépare ;
Je mourrai triomphant des mains de ce barbare :
Et si vous succombiez à son lâche courroux,
Je n'en mourrai pas moins; mais je mourrai pour vous.

LE DUC.

Qu'on l'entraîne à la Tour ; allez, qu'on m'obéisse.

SCENE III.

LE DUC, AMELIE.

AMELIE.

Vous, cruel, vous feriez cet affreux sacrifice !
De son vertueux sang vous pourriez vous couvrir ?
Quoi ! voulez-vous ?

LE DUC.

Je veux vous haïr & mourir,
Vous rendre malheureuse encor plus que moi-même,
Répandre devant vous tout le sang qui vous aime,
Et vous laisser des jours plus cruels mille fois
Que le jour où l'amour nous a perdu tous trois.
Laissez-moi : votre vue augmente mon supplice.

TRAGÉDIE. 141

SCENE IV.

LE DUC, AMELIE, LISOIS.

AMELIE (*à Lisois.*)

AH ! je n'attends plus rien que de votre justice.
Lisois, contre un cruel osez me secourir.
LE DUC.
Garde-toi de l'entendre, ou tu vas me trahir.
AMELIE.
J'attefte ici le Ciel.
LE DUC.
          Eloignez de ma vue,
Amis, délivrez-moi de l'objet qui me tue.
AMELIE.
Va, tyran, c'en est trop : va, dans mon défespoir
J'ai combattu l'horreur que je sens à te voir.
J'ai cru, malgré ta rage, à ce point emportée,
Qu'une femme du moins en serait respectée.
L'amour adoucit tout, hors ton barbare cœur ;
Tygre, je t'abandonne à toute ta fureur.
Dans ton féroce amour immole tes victimes ;
Compte dès ce moment ma mort parmi tes crimes ;
Mais compte encor la tienne. Un vengeur va venir.
Par ton juste supplice il va tous nous unir.

Tombe avec tes remparts, tombe & péris sans gloire;
Meurs, & que l'avenir prodigue à ta mémoire,
A tes feux, à ton nom justement abhorrés
La haine & le mépris que tu m'as inspirés.

SCENE V.

LE DUC DE FOIX,
LISOIS.

LE DUC.

Oui, cruelle ennemie, & plus que moi farouche,
Oui, j'accepte l'arrêt prononcé par ta bouche.
Que la main de la haine, & que les mêmes coups
Dans l'horreur du tombeau nous réunissent tous.

LISOIS.

Il ne se connait plus : il succombe à sa rage.

LE DUC.

Eh bien ! souffriras-tu ma honte & mon outrage ?
Le tems presse : veux-tu qu'un rival odieux
Enleve la perfide, & l'épouse à mes yeux ?
Tu crains de me répondre. Attend-tu que le traître
Ait soulevé le peuple, & me livre à son Maître ?

LISOIS.

Je vois trop en effet que le parti du Roi
Des peuples fatigués fait chanceler la foi.
De la sédition la flamme réprimée
Vit encor dans les cœurs en secret rallumée.

TRAGÉDIE.
LE DUC.
C'est Vamir qui l'allume : il nous à trahi tous.
LISOIS.
Je suis loin d'excuser ses crimes envers vous.
La suite en est funeste, & me remplit d'allarmes;
Dans la plaine déja les Français sont en armes;
Et vous êtes perdu, si le peuple excité
Croit dans la trahison trouver sa sureté.
Vos dangers sont accrus.
LE DUC.
Eh bien, que faut-il faire?
LISOIS.
Les prévenir, dompter l'amour & la colére.
Ayons encor, mon Prince, en cet extrémité,
Pour prendre un parti sûr assez de fermeté.
Nous pouvons conjurer ou braver la tempête :
Quoique vous décidiez, ma main est toute prête.
Vous vouliez ce matin par un heureux traité
Appaiser avec gloire un monarque irrité ;
Ne vous rebutez pas; ordonnez, & j'espére,
Seigneur, en votre nom cette paix salutaire.
Mais s'il vous faut combattre, & courir au trépas;
Vous sçavez qu'un ami ne vous survivra pas.
LE DUC.
Ami, dans le tombeau laisse-moi seul descendre.
Vis pour servir ma cause, & pour venger ma cendre.
Mon destin s'accomplit, & je cours l'achever.
Qui ne veut que la mort est sûr de la trouver.
Mais je la veux terrible. Et lorsque je succombe,
Je veux voir mon rival entraîné dans ma tombe.

LISOIS.

Comment ? de quelle horreur vos sens sont possédés !

LE DUC.

Il est dans cette tour où vous seul commandez ;
Et vous m'avez promis que contre un téméraire....

LISOIS.

De qui me parlez-vous, Seigneur ? De votre frere ?

LE DUC.

Non : je parle d'un traître, & d'un lâche ennemi ;
D'un rival qui m'abhorre, & qui m'a tout ravi.
Le Maure attend de moi la tête du parjure.

LISOIS.

Vous leur avez promis de trahir la nature ?

LE DUC.

Dès long-tems du perfide ils ont proscrit le sang.

LISOIS.

Et pour leur obéir, vous lui percez le flanc ?

LE DUC.

Non, je n'obéis point à leur haine étrangère ;
J'obéis à ma rage & veux me satisfaire ;
Que m'importent l'Etat & mes vains alliés ?

LISOIS.

Ainsi donc à l'amour vous le sacrifiez ?
Et vous me chargez, moi, du soin de son supplice ?

LE DUC.

Je n'attends pas de vous cette prompte justice.
Je suis bien malheureux, bien digne de pitié ;
Trahi dans mon amour, trahi dans l'amitié.
Allez ; je puis encor, dans le sort qui me presse,
Trouver de vrais amis qui tiendront leur promesse.

D'autres

TRAGÉDIE.

D'autres me serviront & n'allégueront pas
Cette triste vertu, l'excuse des ingrats.

LISOIS *après un long silence.*

Non ; j'ai pris mon parti : soit crime, soit justice,
Vous ne vous plaindrez plus qu'un ami vous trahisse.
Vamir est criminel : vous êtes malheureux.
Je vous aime ; il suffit : je me rends à vos vœux.
Je vois qu'il est des tems pour les partis extrêmes ;
Que les plus saints devoirs peuvent se taire eux-mêmes.
Je ne souffrirai pas que d'un autre que moi,
Dans de pareils momens, vous éprouviez la foi ;
Et vous reconnaîtrez, au succès de mon zéle,
Si Lisois vous aimait, & s'il vous fut fidéle.

LE DUC.

Je te retrouve enfin dans mon adversité :
L'Univers m'abandonne, & toi seul m'es resté.
Tu ne souffriras pas que mon rival tranquille
Insulte impunément à ma rage inutile.
Qu'un ennemi vaincu, maître de mes Etats,
Dans les bras d'une ingrate insulte à mon trépas.

LISOIS.

Non : mais en vous rendant ce malheureux service,
Prince, je vous demande un autre sacrifice.

LE DUC.

Parle.

LISOIS.

Je ne veux pas que le Maure en ces lieux
Protecteur insolent commande sous mes yeux :
Je ne veux pas servir un tyran qui nous brave.
Ne puis-je vous venger, sans être son esclave ?

Tome I. N

LE DUC DE FOIX,

Si vous voulez tomber, pourquoi prendre un appui ?
Pour mourir avec vous, ai-je besoin de lui ?
Du sort de ce grand jour laissez moi la conduite :
Ce que je fais pour vous peut-être le mérite.
Les Maures avec moi pourraient mal s'accorder :
Jusqu'au dernier moment, je veux seul commander.

LE DUC.

Oui, pourvu qu'Amélie au désespoir réduite
Pleure en larmes de sang l'amant qui l'a séduite ;
Pourvu que de l'horreur de ses gémissemens
Ma douleur se repaisse à mes derniers momens ;
Tout le reste est égal, & je te l'abandonne.
Prépare le combat : agis, dispose, ordonne.
Ce n'est plus la victoire où ma fureur prétend :
Je ne cherche pas même un trépas éclatant.
Aux cœurs désesperés qu'importe un peu de gloire ?
Périsse ainsi que moi, ma funeste mémoire !
Périsse avec mon nom le souvenir fatal
D'une indigne maîtresse, & d'un lâche rival.

LISOIS.

Je l'avoue avec vous : une nuit éternelle
Doit couvrir, s'il se peut, une fin si cruelle.
C'était avant ce coup qu'il nous fallait mourir.
Mais je tiendrai parole, & je vais vous servir.

Fin du quatriéme Acte.

ACTE V.

SCENE PREMIERE.
LE DUC DE FOIX, UN OFFICIER, DES GARDES.

LE DUC.

O Ciel ! me faudra-t-il de momens en momens
Voir, & des trahisons, & des soulevemens ?
Eh bien, de ces mutins l'audace est terrassée ?

L'OFFICIER.
Seigneur, ils vous ont vû : leur foule est dispersée.

LE DUC.
L'ingrat de tout côté m'opprimait aujourd'hui ;
Mon malheur est parfait, tous les cœurs sont à lui.
Que fait Lisois ?

L'OFFICIER.
    Seigneur, sa prompte vigilance
A partout des remparts assuré la défense.

LE DUC.
Ce soldat qu'en secret vous m'avez amené
Va-t-il exécuter l'ordre que j'ai donné ?

LE DUC DE FOIX,

L'OFFICIER.
Oui, Seigneur, & déja vers la tour il s'avance.

LE DUC.
Ce bras vulgaire & sûr va remplir ma vengeance ;
Sur l'incertain Lisois mon cœur a trop compté :
Il a vû ma fureur avec tranquilité.
On ne soulage point des douleurs qu'on méprise :
Il faut qu'en d'autres mains ma vengeance soit mise.
Vous, que sur nos remparts on porte nos drapeaux ;
Allez, qu'on se prépare à des périls nouveaux ;
Vous sortez d'un combat, un autre vous appelle.
Ayez la même audace avec le même zéle ;
Imitez votre maître, & s'il vous faut périr,
Vous recevrez de moi l'exemple de mourir.

(Il reste seul.)

Eh bien ! c'en est donc fait : une femme perfide
Me conduit au tombeau chargé d'un parricide.
Qui ? moi, je tremblerais des coups qu'on va porter !
J'ai cheri la vengeance, & ne puis la goûter.
Je frissonne : une voix gémissante & sévere
Crie au fond de mon cœur : arrête ; il est ton frere.
Ah ! Prince infortuné, dans ta haine affermi,
Songe à des droits plus saints : Vamir fut ton ami.
O jours de notre enfance ! O tendresses passées !
Il fut le confident de toutes mes pensées.
Avec quelle innocence & quels épanchemens,
Nos cœurs se sont appris leurs premiers sentimens !
Que de fois partageant mes naissantes allarmes,
D'une main fraternelle essuia-t-il mes larmes !

Et c'est moi qui l'immole, & cette même main
D'un frere que j'aimais déchirerait le sein !
O passion funeste ! O douleur qui m'égare !
Non, je n'étais point né pour devenir barbare.
Je sens combien le crime est un fardeau cruel ;
Mais que dis-je ? Vamir est le seul criminel.
Je reconnais mon sang, mais c'est à sa furie :
Il m'enleve l'objet dont dépendait ma vie.
Ah ! de mon désespoir injuste & vain transport !
Il l'aime ; est-ce un forfait qui mérite la mort ?
Hélas malgré le tems, & la guerre & l'absence,
Leur tranquile union croissait dans le silence.
Ils nourrissaient en paix leur innocente ardeur,
Avant qu'un fol amour empoisonnât mon cœur....
Mais lui-même il m'attaque ; il brave ma colére.
Il me trompe, il me hait... N'importe : il est mon frere,
C'est à lui seul de vivre ; on l'aime, il est heureux :
C'est à moi de mourir ; mais mourons généreux.
La pitié m'ébranlait : la nature décide.
Il en est tems encor......

SCENE II.

LE DUC DE FOIX, L'OFFICIER.

LE DUC.

Préviens un parricide,
Ami, vole à la cour. Que tout soit suspendu :
Que mon frere....

L'OFFICIER.

Seigneur....

LE DUC.

De quoi t'allarmes-tu ?
Cours, obéis.

L'OFFICIER.

J'ai vû, non loin de cette porte,
Un corps souillé de sang qu'en secret on emporte :
C'est Lisois qui l'ordonne, & je crains que le sort.....

LE DUC.

Qu'entens-je.... Malheureux ! Ah ! Ciel, mon frere
est mort.
Il est mort, & je vis ; & la terre entr'ouverte,
Et la foudre en éclats n'ont point vengé sa perte ?
Ennemi de l'Etat, factieux, inhumain,
Frere dénaturé, ravisseur, assassin ;

Ô Ciel ! autour de moi que j'ai creusé d'abîmes !
Que l'amour m'a changé ! qu'il me coûte de crimes !
Le voile est déchiré : je m'étais mal connu.
Au comble des forfaits je suis donc parvenu ?
Ah ! Vamir ; ah ! mon frere ; ah ! jour de ma ruine,
Je sens que je t'aimais, & mon bras t'assassine !
Quoi ! mon frere.

L'OFFICIER.

Amélie avec empressement,
Veut, Seigneur, en secret vous parler un moment.

LE DUC.

Chers amis, empêchez que la cruelle avance ;
Je ne puis soutenir ni souffrir sa présence.
Mais non, d'un parricide elle doit se venger ;
Dans mon coupable sang sa main doit se plonger.
Qu'elle entre : ah ! je succombe, & ne vis plus qu'à
  peine.

SCENE III.
LE DUC DE FOIX, AMÉLIE, TAÏSE.

AMÉLIE.

Vous l'emportez, Seigneur ; & puisque votre
  haine,
(Comment puis-je autrement appeller en ce jour
Ces affreux sentimens que vous nommez amour ?)

Puisqu'à ravir ma foi votre haine obstinée
Veut, ou le sang d'un frere, ou ce triste Hymenée ;
Mon choix est fait, Seigneur, & je me donne à vous :
A force de forfaits vous êtes mon époux.
Brisez les fers honteux dont vous chargez un frere.
De vos murs sous ses pas abaissez la barriere.
Que je ne tremble plus pour des jours si chéris :
Je trahis mon amant, je le perds à ce prix :
Je vous épargne un crime, & suis votre conquête.
Commandez, disposez, ma main est toute prête.
Sachez que cette main que vous tyrannisez
Punira la faiblesse où vous me réduisez.
Sachez qu'au temple même où vous m'allez conduire,
Mais vous voulez ma foi : ma foi doit vous suffire.
Allons.... Eh quoi ! d'où vient ce silence affecté !
Quoi ! votre frere encor n'est point en liberté !

LE DUC.

Mon frere ?

AMELIE.

Dieu puissant, dissipez mes allarmes.
Ciel ! de vos yeux cruels je vois tomber des larmes.

LE DUC.

Vous demandez sa vie !

AMELIE.

Ah ! Qu'est-ce que j'entends ?
Vous qui m'aviez promis...

LE DUC.

Madame, il n'est plus tems.

AMELIE.

Il n'est plus tems ? Vamir !

TRAGÉDIE.

LE DUC.

Il est trop vrai, cruelle.
Oui, l'amour a conduit cette main criminelle :
Lisois, pour mon malheur, a trop su m'obéir.
Ah ! revenez à vous, vivez pour me punir.
Frappez : que votre main contre moi ranimée
Perce un cœur inhumain qui vous a trop aimée ;
Un cœur dénaturé qui n'attend que vos coups.
Oui, j'ai tué mon frere, & l'ai tué pour vous.
Vengez sur un coupable indigne de vous plaire,
Tous les crimes affreux que vous m'avez fait faire.

AMELIE.

(Se jettant entre les bras de Taïse.)

Vamir est mort, barbare ?

LE DUC.

Oui, mais c'est de ta main
Que son sang veut ici le sang de l'assassin.

AMELIE (soutenue par Taïse, & presque évanouie.)

Il est mort ?

LE DUC.

Ton reproche....

AMELIE.

Epargne ma misére.
Laisse-moi, je n'ai plus de reproche à te faire.
Va, porte ailleurs ton crime & ton vain repentir.
Laisse-moi l'adorer, l'embrasser & mourir.

LE DUC.

Ton horreur est trop juste. Eh bien, chére Amélie,
Par pitié, par vengeance arrache-moi la vie.

Je ne mérite pas de mourir de tes coups.
Que ta main les conduise....

SCENE IV.
LE DUC, AMÉLIE, LISOIS.

LISOIS *en le désarmant.*

AH! Ciel, que faites-vous?
LE DUC.
Laissez-moi me punir, & me rendre justice.
AMELIE (*à Lisois.*)
Vous! d'un assassinat vous êtes le complice ?
LE DUC.
Ministre de mon crime, as-tu pu m'obéir ?
LISOIS.
Je vous avais promis, Seigneur, de vous servir.
LE DUC.
Malheureux que je suis ! Ta sévere rudesse
A cent fois de mes sens combattu la faiblesse.
Ne devais-tu te rendre à mes tristes souhaits,
Que quand ma passion t'ordonnait des forfaits ?
Tu ne m'as obéi que pour perdre mon frere.
LISOIS.
Lorsque j'ai refusé ce sanglant ministére,

Votre aveugle courroux n'allait-il pas soudain
Du soin de vous venger charger une autre main ?
LE DUC.
L'amour, le seul amour de mes sens toujours maître,
En m'ôtant ma raison, m'eût excusé peut-être ;
Mais toi, dont la sagesse & les réflexions
Ont calmé dans ton sein toutes les passions ;
Toi, dont j'avais tant craint l'esprit ferme & rigide,
Avec tranquilité permettre un parricide ?
LISOIS.
Eh bien, puisque la honte avec le repentir,
Par qui la vertu parle à qui peut la trahir,
D'un si juste remords ont pénétré votre ame ;
Puisque malgré l'excès de votre aveugle flâme,
Au prix de votre sang vous voudriez sauver
Le sang dont vos fureurs ont voulu vous priver :
Je peux donc m'expliquer : je peux donc vous apprendre,
Que de vous-même enfin Lisois sait vous défendre.
Connaissez-moi, Madame, & calmez vos douleurs.
(Au Duc)   (à Amélie.)
Vous, gardez vos remords ; & vous, sechez vos pleurs.
Que ce jour à tous trois soit un jour salutaire ;
Venez, paraissez, Prince ; embrassez votre frere.
(Le Théâtre s'ouvre, Vamir paraît.)

SCENE V. ET DERNIERE.
LE DUC, AMÉLIE, VAMIR, LISOIS.

AMELIE.

Qui ? Vous !

LE DUC.

Mon frere ?

AMELIE.

Ah ! Ciel.

LE DUC.

Qui l'aurait pû penser ?

VAMIR (*s'avançant du fond du Théâtre.*)

J'ose encor te revoir, te plaindre & t'embrasser.

LE DUC.

Mon crime en est plus grand, puisque ton cœur l'oublie.

AMELIE.

Lisois, digne Héros qui me donnez la vie !...

LE DUC.

Il la donne à tous trois.

LISOIS.

Un indigne assassin
Sur Vamir à mes yeux avait levé la main.
J'ai frappé le barbare, & prévenant encore
Les aveugles fureurs du feu qui vous dévore,

TRAGÉDIE. 157

J'ai feint d'avoir versé ce sang si précieux,
Sûr que le repentir vous ouvrirait les yeux.

LE DUC.

Après ce grand exemple, & ce service insigne ;
Le prix que je t'en dois, c'est de m'en rendre digne.
Le fardeau de mon crime est trop pesant pour moi :
Mes yeux couverts d'un voile, & baissés devant toi
Craignent de rencontrer & les regards d'un frere,
Et la beauté fatale à tous les deux trop chére.

VAMIR.

Tous deux auprès du Roi nous voulions te servir.
Quel est ton dessein ? Parle.

LE DUC.

     Celui de me punir ;
De nous rendre à tous trois une égale justice ;
D'expier devant vous par le plus grand supplice
Le plus grand des forfaits où la fatalité,
L'amour & le courroux m'avaient précipité.
J'adorais Amélie ; & ma flâme cruelle
Dans mon cœur désolé s'irrite encor pour elle.
Lisois sait à quel point j'adorais ses appas,
Quand ma jalouse rage ordonnait ton trépas.
Dévoré, malgré moi, du feu qui me possede,
Je l'adore encor plus ; & mon amour la céde.
Je m'arrache le cœur en vous rendant heureux.
Aimez-vous ; mais au moins pardonnez-moi tous deux.

VAMIR.

Ah ! ton frere à tes pieds digne de ta clémence
Egale tes bienfaits par sa reconnaissance,

AMÉLIE.

Oui, Seigneur, avec lui j'embrasse vos genoux :
La plus tendre amitié va me rejoindre à vous.
Vous me payez trop bien de mes douleurs soufferttes.

LE DUC.

Ah! c'est trop me montrer mes malheurs & mes pertes;
Mais vous m'apprenez tous à suivre la vertu.
Ce n'est point à demi que mon cœur est rendu.

(A Vamir.)

Je suis en tout ton frere, & mon ame attendrie
Imite ton exemple, & chérit sa patrie.
Allons apprendre au Roi pour qui vous combattez,
Mon crime, mes remords & vos félicités.
Oui ; je veux égaler votre foi, votre zéle,
Au sang, à la patrie, à l'amitié fidéle ;
Et vous faire oublier, après tant de tourmens,
A force de vertus, tous mes égaremens.

Fin du cinquiéme & dernier Acte.

APPROBATION.

J'Ai lû, par ordre de Monseigneur le Chancelier, une Tragédie qui a pour titre, *le Duc de Foix* ; & je crois que l'on peut en permettre l'impression. Ce 6 Décembre 1751.

CREBILLON.

L'ORPHELIN
DE
LA CHINE,
TRAGÉDIE.

Repréſentée pour la premiére fois à Paris, ce 20 Août 1755.

A MONSEIGNEUR
LE MARECHAL
DUC DE RICHELIEU,
PAIR DE FRANCE,

Premier Gentilhomme de la Chambre du Roi, Commandant en Languedoc, l'un des Quarante de l'Académie.

JE voudrais, Monseigneur, vous présenter de beau marbre comme les Génois, & je n'ai que des figures chinoises à vous offrir. Ce petit ouvrage ne paraît pas fait pour vous. Il n'y a aucun Héros dans cette piéce qui ait réuni tous les suffrages par les agrémens de son esprit, ni qui ait soutenu une république prête à succomber, ni qui ait imaginé de renverser une colonne Anglaise avec quatre canons. Je sens mieux que personne le peu que je vous offre; mais tout se pardonne à un attachement de quarante années. On dira peut-être qu'au pied des Alpes & vis-à-vis des neiges éternelles, où je me suis retiré, & où je devais n'être que philosophe, j'ai succombé à la vanité d'imprimer que ce qu'il y a eu de plus brillant sur les bords de la Seine ne m'a jamais oublié ; cependant je n'ai consulté que mon cœur ; il me conduit seul ; il a toujours inspiré mes actions & mes paroles ; il se trompe quelquefois, vous le savez ; mais ce n'est pas après des épreuves si longues. Permettez donc que si cette faible Tragédie peut durer quelque tems après moi, on sache que l'auteur ne vous a pas été indifférent ; permettez qu'on apprenne que si votre oncle fonda les beaux Arts en France, vous les avez soutenus dans leur décadence.

L'idée de cette Tragédie me vint, il y a quelque tems, à la lecture de l'*Orphelin de Tchao*, Tragédie Chinoise traduite par le père *Brémare*, qu'on trouve dans le recueil que le père du *Halde* a donné au public. Cette piéce chinoise fut composée au quatorziéme siécle, sous la Dynastie même de *Gengis-Kan*. C'est une nouvelle preuve que les vainqueurs Tartares ne changerent point les mœurs de la nation vaincue ; ils protégèrent tous les Arts établis à la Chine ; ils adoptèrent toutes ses loix.

Voilà un grand exemple de la supériorité

EPITRE. 163

naturelle que donnent la raison & le génie sur la force aveugle & barbare: & les Tartares ont deux fois donné cet exemple. Car lorsqu'ils ont conquis encore ce grand Empire au commencement du siécle passé, ils se sont soumis une seconde fois à la sagesse des vaincus : & les deux peuples n'ont formé qu'une nation gouvernée par les plus anciennes loix du monde : évenement frappant, qui a été le premier but de mon ouvrage.

La Tragédie chinoise qui porte le nom de l'*Orphelin*, est tirée d'un recueil immense des piéces de théâtre de cette nation. Elle cultivait depuis plus de trois mille ans cet Art, inventé un peu plus tard par les Grecs, de faire des portraits vivans des actions des hommes, & d'établir de ces écoles de morale où l'on enseigne la vertu en action & en dialogues. Le poëme dramatique ne fut donc long-tems en honneur que dans ce vaste pays de la Chine, séparé & ignoré du reste du monde, & dans la seule ville d'Athènes. Rome ne le cultiva qu'au bout de quatre cens années. Si vous le cherchez chez les Perses, chez les Indiens qui passent pour des peuples inventeurs, vous ne l'y trouvez pas ; il n'y est jamais parvenu. L'Asie se contentait des fables de *Pilpay* & de *Lokman*, qui renferment toute la morale, & qui instruisent en allégories toutes les nations & tous les siécles.

O ij

EPITRE.

Il semble qu'après avoir fait parler les animaux, il n'y eût qu'un pas à faire pour faire parler les hommes, pour les introduire sur la scène, pour former l'art Dramatique : cependant ces peuples ingénieux ne s'en aviserent jamais. On doit inférer de-là que les Chinois, les Grecs & les Romains sont les seuls peuples anciens qui ayent connu le véritable esprit de la société. Rien, en effet, ne rend les hommes plus sociables, n'adoucit plus leurs mœurs, ne perfectionne plus leur raison, que de les rassembler, pour leur faire gouter ensemble les plaisirs purs de l'esprit. Aussi nous voyons qu'à peine *Pierre le Grand* eut policé la Russie, & bâti Petersbourg, que les théâtres s'y sont établis. Plus l'Allemagne s'est perfectionnée, & plus nous l'avons vue adopter nos spectacles. Le peu de pays, où ils n'étaient pas reçus dans le siécle passé, n'étaient pas mis au rang des pays civilisés.

L'Orphelin de Tchao est un monument précieux, qui sert plus à faire connaître l'esprit de la Chine, que toutes les relations qu'on a faites, & qu'on fera jamais de ce vaste Empire. Il est vrai que cette pièce est toute barbare en comparaison des bons ouvrages de nos jours ; mais aussi c'est un chef-d'œuvre, si on la compare à nos pièces du quatorziéme siécle. Certainement nos *Troubadours*, notre *Bazoche*, la société des *Enfans sans souci*, &

de la *Mére-sotte* n'approchaient pas de l'auteur Chinois. Il faut encore remarquer que cette piéce est écrite dans la langue des Mandarins, qui n'a point changé, & qu'à peine entendons-nous la langue qu'on parlait du tems de *Louis XII.* & de *Charles VIII.*

On ne peut comparer l'*Orphelin de Tchao* qu'aux Tragédies Anglaises & Espagnoles du dix-septiéme siécle, qui ne laissent pas encore de plaire au-delà des Pirénées & de la mer. L'action de la piéce chinoise dure vingt-cinq ans, comme dans les farces monstrueuses de *Shakespéar* & de *Lope de Véga*, qu'on a nommé Tragédies, c'est un entassement d'événemens incroyables. L'ennemi de la maison de *Tchao* veut d'abord en faire périr le chef, en lâchant sur lui un gros dogue, qu'il fait croire être doué de l'instinct de découvrir les criminels ; comme *Jacques Aimar* parmi nous devinait les voleurs par sa baguette. Ensuite il suppose un ordre de l'Empereur, & envoye à son ennemi *Tchao* une corde, du poison, & un poignard ; *Tchao* chante, selon l'usage, & se coupe la gorge ; en vertu de l'obéissance que tout homme sur la terre doit de droit divin à un Empereur de la Chine. Le persécuteur fait mourir trois cens personnes de la maison de *Tchao*. La Princesse veuve accouche de l'Orphelin. On dérobe cet enfant à la fureur de celui qui a exterminé toute la maison, & qui veut encore faire périr au berceau le seul qui reste. Cet exterminateur ordonne qu'on égorge dans les villages d'alentour tous les enfans, afin que l'Orphelin soit enveloppé dans la destruction générale.

On croit lire les mille & une nuits en action & en scènes: mais malgré l'incroyable, il y regne de l'intérêt ; & malgré la foule des événemens, tout est de la clarté la plus lumineuse : ce sont là deux grands mérites en tout tems & chez toutes les nations ; & ce mérite manque à beaucoup de nos piéces modernes. Il est vrai que la piéce chinoise n'a pas d'autres beautés : unité de tems & d'action, développement de sentimens, peinture des mœurs, éloquence, raison, passion, tout lui manque; & cependant, comme je l'ai déja dit, l'ouvrage est supérieur à tout ce que nous faisions alors.

Comment les Chinois, qui au quatorziéme siécle, & si long-tems auparavant, savaient faire de meilleurs poëmes dramatiques que tous les Européans *, sont-ils restés toujours dans l'enfance grossière de l'art, tandis qu'à force de soins & de tems notre

* Le père *du Halde*, tous les auteurs des lettres édifiantes, tous les voyageurs ont toujours écrit *Européans*, & ce n'est que depuis quelques années qu'on s'est avisé d'imprimer *Européens*.

nation est parvenue à produire environ une douzaine de piéces, qui, si elles ne sont pas parfaites, sont pourtant fort au-dessus de tout ce que le reste de la terre a jamais produit en ce genre ? Les Chinois, comme les autres Asiatiques, sont demeurés aux premiers élémens de la poësie, de l'éloquence, de la physique, de l'astronomie, de la peinture, connus par eux si long-tems avant nous. Il leur a été donné de commencer en tout plutôt que les autres peuples, pour ne faire ensuite aucun progrès. Ils ont ressemblé aux anciens Egyptiens, qui ayant d'abord enseigné les Grecs, finirent par n'être pas capables d'être leurs disciples.

Ces Chinois chez qui nous avons voyagé à travers tant de périls, ces peuples de qui nous avons obtenu avec tant de peine la permission de leur apporter l'argent de l'Europe, & de venir les instruire, ne savent pas encore à quel point nous leur sommes supérieurs, ils ne sont pas assez avancés, pour oser seulement vouloir nous imiter. Nous avons puisé dans leur histoire des sujets de tragédie, & ils ignorent si nous avons une histoire.

Le célébre Abbé *Métastasio* a pris pour sujet d'un de ses poëmes dramatiques le même sujet à peu près que moi ; c'est-à-dire, un Orphelin échappé au carnage de sa maison,

& il a puisé cette aventure dans une Dynastie qui regnait neuf cens ans avant notre ère.

La tragédie chinoise de l'*Orphelin de Tchao* est tout un autre sujet. J'en ai choisi un tout différent encore des deux autres, & qui ne leur ressemble que par le nom. Je me suis arrêté à la grande époque de *Gengis-Kan*, & j'ai voulu peindre les mœurs des Tartares & des Chinois. Les aventures les plus intéressantes ne sont rien, quand elles ne peignent pas les mœurs; & cette peinture, qui est un des grands secrets de l'art, n'est encore qu'un amusement frivole, quand elle n'inspire pas la vertu.

J'ose dire, que depuis la *Henriade* jusqu'à *Zaïre*, & jusqu'à cette piéce chinoise, bonne, ou mauvaise, tel a été toujours le principe qui m'a inspiré, & que dans l'histoire du siécle de *Louis XIV*. j'ai célebré mon roi & ma patrie sans flatter ni l'un ni l'autre. C'est dans un tel travail que j'ai consumé plus de quarante années. Mais voici ce que dit un auteur chinois, traduit en espagnol par le célèbre *Navarette*.

» Si tu composes quelque ouvrage, ne le
» montre qu'à tes amis; crains le public, &
» & tes confrères; car on falsifiera, on empoi-
» sonnera ce que tu auras fait, & on t'impu-
» tera ce que tu n'auras pas fait. La calom-
» nie, qui a cent trompettes, les fera son-
» ner

EPITRE.

» ner pour te perdre, tandis que la vérité
» qui est muette restera auprès de toi. Le
» célèbre *Ming* fut accusé d'avoir mal pensé
» du *Tien* & du *Li*, & de l'Empereur *Vang*.
» On trouva le vieillard moribond qui ache-
» vait le panégyrique de *Vang*, & un hymne
» au *Tien* & au *Li*, &c.

ACTEURS.

GENGIS-KAN, Empereur Tartare.

OCTAR, } guerriers Tartares.
OSMAN,

ZAMTI, Mandarin Lettré.

IDAMÉ, femme de Zamti.

ASSELI, attaché à Idamé.

ETAN, attaché à Zamti.

La Scène est dans le Palais des Mandarins qui tient au Palais Impérial, dans la ville de Cambalu, aujourd'hui Pé-Kin.

L'ORPHELIN DE LA CHINE.
TRAGÉDIE.

ACTE PREMIER.

SCENE PREMIERE.
IDAMÉ, ASSELI.
IDAMÉ.

SE peut-il qu'en ce tems de désolation,
En ce jour de carnage & de destruction,
Quand ce palais sanglant, ouvert à des Tartares,
Tombe avec l'univers sous ces peuples barbares,

Dans cet amas affreux de publiques horreurs,
Il soit encor pour moi de nouvelles douleurs ?

ASSELI.

Eh, qui n'éprouve, hélas ! dans la perte commune,
Les tristes sentemens de sa propre infortune ?
Qui de nous vers le Ciel n'élève pas ses cris
Pour les jours d'un époux, ou d'un père, ou d'un fils ?
Dans cette vaste enceinte, au Tartare inconnue,
Où le Roi dérobait à la publique vue
Ce peuple désarmé de paisibles mortels,
Interprêtes des loix, ministres des autels ;
Vieillards, femmes, enfans, troupeau faible & timide,
Dont n'a point approché cette guerre homicide ;
Nous ignorons encore à quelle atrocité
Le vainqueur insolent porte sa cruauté.
Nous entendons gronder la foule & les tempêtes :
Le dernier coup approche, & vient frapper nos têtes.

IDAMÉ.

O fortune ! O pouvoir au-dessus de l'humain !
Chère & triste Asséli, sais-tu quelle est la main
Qui du Catai sanglant presse le vaste Empire,
Et qui s'appesantit sur tout ce qui respire ?

ASSELI.

On nomme ce tyran du nom de Roi des Rois.
C'est ce fier *Gengis-Kan*, dont les affreux exploits
Font un vaste tombeau de la superbe Asie.
Octar son lieutenant, déja dans sa furie,
Porte au Palais, dit-on, le fer & les flambeaux.
Le Catai passe enfin sous des maîtres nouveaux.

Cette ville, autrefois souveraine du monde,
Nage de tous côtés dans le sang qui l'inonde.
Voilà ce que cent voix, en sanglots superflus,
Ont appris dans ces lieux à mes sens éperdus.

IDAMÉ.

Sais-tu que ce tyran de la terre interdite,
Sous qui de cet état la fin se précipite,
Ce destructeur des Rois, de leur sang abbreuvé,
Est un Scythe, un soldat dans la poudre élevé ;
Un guerrier vagabond de ces deserts sauvages,
Climats qu'un Ciel épais ne couvre que d'orages ?
C'est lui qui, sur les siens briguant l'autorité,
Tantôt fort & puissant, tantôt persécuté,
Vint jadis à tes yeux, dans cette auguste ville,
Aux portes du Palais demander un azile.
Son nom est Témugin ; c'est t'en apprendre assez.

ASSÉLI.

Quoi ! c'est lui dont les vœux vous furent adressés !
Quoi ! c'est ce fugitif, dont l'amour & l'hommage
A vos parens surpris parurent un outrage !
Lui qui traîne après lui tant de Rois ses suivans,
Dont le nom seul impose au reste des vivans !

IDAMÉ.

C'est lui-même, Asséli. Son superbe courage,
Sa future grandeur brillaient sur son visage.
Tout semblait, je l'avoue, esclave auprès de lui ;
Et lorsque de la cour il mendiait l'appui,
Inconnu, fugitif, il ne parlait qu'en maître.
Il m'aimait, & mon cœur s'en applaudit peut-être ;

P iij

Peut-être qu'en secret je tirais vanité
D'adoucir ce lion dans mes fers arrêté,
De plier à nos mœurs cette grandeur sauvage,
D'instruire à nos vertus son féroce courage ;
Et de le rendre enfin, graces à ces liens,
Digne un jour d'être admis parmi nos citoyens.
Il eut servi l'Etat, qu'il détruit par la guerre.
Un refus a produit les malheurs de la terre.
De nos peuples jaloux tu connais la fierté,
De nos arts, de nos loix l'auguste antiquité,
Une religion de tout tems épurée,
De cent siécles de gloire une suite avérée ;
Tout nous interdisait, dans nos préventions,
Une indigne alliance avec les nations.
Enfin un autre Hymen, un plus saint nœud m'engage ;
Le vertueux Zamti mérita mon suffrage.
Qui l'eût cru, dans ces tems de paix & de bonheur,
Qu'un Scythe méprisé serait notre vainqueur ?
Voilà ce qui m'allarme, & qui me désespére.
J'ai refusé sa main ; je suis épouse & mère :
Il ne pardonne pas ; il se vit outrager :
Et l'univers sait trop s'il aime à se venger.
Etrange destinée & revers incroyable !
Est-il possible, ô Dieu ! que ce peuple innombrable
Sous le glaive du Scythe expire sans combats,
Comme de vils troupeaux que l'on mène au trépas ?

ASSELI.

Les Coréens, dit-on, rassemblaient une armée ;
Mais nous ne savons rien que par la renommée,

Et tout nous abandonne aux mains des destructeurs.
IDAMÉ.
Que cette incertitude augmente mes douleurs !
J'ignore à quel excès parviennent nos misères ;
Si l'Empereur encore au Palais de ses pères
A trouvé quelque azile, ou quelque défenseur ;
Si la reine est tombée aux mains de l'oppresseur ;
Si l'un & l'autre touche à son heure fatale.
Hélas ! ce dernier fruit de leur foi conjugale,
Ce malheureux enfant à nos soins confié,
Excite encor ma crainte, ainsi que ma pitié.
Mon époux au Palais porte un pied téméraire.
Une ombre de respect pour son saint ministère
Peut-être adoucira ces vainqueurs forcénés.
On dit que ces brigands aux meurtres acharnés,
Qui remplissent de sang la terre intimidée,
Ont d'un dieu cependant conservé quelque idée ;
Tant la nature même en toute nation
Grava l'être suprême & la religion.
Mais je me flatte en vain qu'aucun respect les touche :
La crainte est dans mon cœur, & l'espoir dans ma
        bouche.
Je me meurs....

SCENE II.
IDAMÉ, ZAMTI, ASSELI.

IDAMÉ.

Est-ce vous, époux infortuné ?
Notre sort sans retour est-il déterminé ?
Hélas ! qu'avez-vous vu ?

ZAMTI.

                Ce que je tremble à dire.
Le malheur est au comble ; il n'est plus, cet empire :
Sous le glaive étranger j'ai vu tout abattu.
De quoi nous a servi d'adorer la vertu !
Nous étions vainement, dans une paix profonde,
Et les législateurs & l'exemple du monde.
Vainement par nos loix l'univers fut instruit ;
La sagesse n'est rien, la force a tout détruit.
J'ai vu de ces brigands la horde hyperborée,
Par des fleuves de sang se frayant une entrée,
Sur les corps entassés de nos freres mourans,
Portant par tout le glaive & les feux dévorans.
Ils pénétrent en foule à la demeure auguste,
Où de tous les humains le plus grand, le plus juste
D'un front majestueux attendait le trépas ;
La reine évanouie était entre ses bras.
De leurs nombreux enfans ceux en qui le courage
Commençait vainement à croître avec leur âge,

Et qui pouvaient mourir les armes à la main,
Etaient déja tombés sous le fer inhumain.
Il restait près de lui ceux dont la tendre enfance
N'avait que la faiblesse & des pleurs pour défense.
On les voyait encor autour de lui pressés,
Tremblant à ses genoux qu'ils tenaient embrassés.
J'entre par des détours inconnus au vulgaire ;
J'approche en frémissant de ce malheureux père ;
Je vois ces vils humains, ces monstres des déserts,
A notre auguste maître osant donner des fers,
Traîner dans son Palais d'une main sanguinaire,
Le père, les enfans, & leur mourante mère.

IDAMÉ.

C'est donc là leur destin ! Quel changement, ô Cieux !

ZAMTI.

Ce Prince infortuné tourne vers moi les yeux ;
Il m'appelle, il me dit, dans la langue sacrée,
Du conquérant Tartare, & du peuple ignorée :
Conserve au moins le jour au dernier de mes fils.
Jugez si mes sermens & mon cœur l'ont promis ;
Jugez de mon devoir quelle est la voix pressante.
J'ai senti ranimer ma force languissante ;
J'ai revolé vers vous. Les ravisseurs sanglans
Ont laissé le passage à mes pas chancelans :
Soit que dans les fureurs de leur horrible joie,
Au pillage acharnés, occupés de leur proye,
Leur superbe mépris ait détourné les yeux ;
Soit que cet ornement d'un ministre des cieux,
Ce symbole sacré du grand dieu que j'adore,
A la férocité puisse imposer encore ;

Soit qu'enfin ce grand Dieu, dans ses profonds desseins,
Pour sauver cet enfant, qu'il a mis dans mes mains,
Sur leurs yeux vigilans répandant un nuage,
Ait égaré leur vue, ou suspendu leur rage.

IDAMÉ.

Seigneur, il seroit tems encor de le sauver :
Qu'il parte avec mon fils, je les peux enlever.
Ne désespérons point, & préparons leur fuite.
De notre prompt départ qu'Etan ait la conduite :
Allons vers la Corée, au rivage des mers ;
Aux lieux où l'océan ceint ce triste univers.
La terre a des déserts & de antres sauvages ;
Portons-y ces enfans, tandis que les ravages
N'inondent point encor ces azyles sacrés,
Eloignés des vainqueurs, & peut-être ignorés.
Allons ; le tems est cher, & la plainte inutile.

ZAMTI.

Hélas ! le fils des Rois n'a pas même un azile !
J'attends les Coréens ; ils viendront, mais trop tard :
Cependant la mort vole au pied de ce rempart.
Saisissons, s'il se peut, le moment favorable
De mettre en sureté ce gage inviolable.

SCENE III.
ZAMTI, IDAMÉ, ASSELI, ÉTAN.

ZAMTI.

Etan, où courez-vous, interdit, consterné ?
IDAMÉ.
Fuyons de ce séjour au Scythe abandonné.
ETAN.
Vous êtes observés ; la fuite est impossible.
Autour de notre enceinte une garde terrible
Aux peuples consternés offre de toutes parts
Un rempart hérissé de piques & de dards.
Les vainqueurs ont parlé. L'esclavage en silence
Obéit à leurs voix dans cette ville immense.
Chacun reste immobile & de crainte & d'horreur,
Depuis que sous le glaive est tombé l'Empereur.
ZAMTI.
Il n'est donc plus ?
IDAME.
O cieux !
ETAN.
De ce nouveau carnage
Qui pourra retracer l'épouvantable image ?
Son épouse, ses fils sanglans & déchirés....
O famille de dieux sur la terre adorés !

Que vous dirai-je ? Hélas ! leurs têtes exposées
Du vainqueur insolent excitent les risées ;
Tandis que leurs sujets tremblant de murmurer
Baissent des yeux mourans qui craignent de pleurer.
De nos honteux soldats les alfanges errantes,
A genoux ont jetté leurs armes impuissantes.
Les vainqueurs fatigués dans nos murs asservis,
Lassés de leur victoire, & de sang assouvis,
Publiant à la fin le terme du carnage,
Ont au lieu de la mort annoncé l'esclavage.
Mais d'un plus grand désastre on nous menace encor ;
On prétend que ce Roi des fiers enfans du Nord,
Gengis-Kan, que le Ciel envoya pour détruire,
Dont les seuls Lieutenans oppriment cet Empire,
Dans nos murs autrefois inconnu, dédaigné,
Vient toujours implacable, & toujours indigné,
Consommer sa colère, & venger son injure.
Sa Nation farouche est d'une autre nature
Que les tristes humains qu'enferment nos remparts.
Ils habitent des champs, des tentes & des chars ;
Ils se croiraient gênés dans cette ville immense ;
De nos arts, de nos loix la beauté les offense.
Ces brigands vont changer en d'éternels déserts
Les murs, que si long-tems admira l'univers.

IDAMÉ.

Le vainqueur vient sans doute armé de la vengeance ;
Dans mon obscurité j'avais quelque espérance ;
Je n'en ai plus. Les cieux, à nous nuire attachés,
Ont éclairé la nuit où nous étions cachés.

Trop heureux les mortels inconnus à leur maître!
ZAMTI.
Les nôtres sont tombés : le juste Ciel peut-être
Voudra pour l'Orphelin signaler son pouvoir.
Veillons sur lui ; voilà notre premier devoir.
Que nous veut ce Tartare?
IDAMÉ
O Ciel! pren ma défense!

SCENE IV.
ZAMTI, IDAMÉ, ASSELI, OCTAR, GARDES.

OCTAR.

Esclaves, écoutez. Que votre obéïssance
Soit l'unique réponse aux ordres de ma voix.
Il reste encore un fils du dernier de vos Rois ;
C'est vous qui l'élevez : votre soin téméraire
Nourrit un ennemi dont il faut se défaire.
Je vous ordonne, au nom du vainqueur des humains,
De remettre aujourd'hui cet enfant dans mes mains.
Je vais l'attendre : allez, qu'on m'apporte ce gage.
Pour peu que vous tardiez, le sang & le carnage
Vont de mon maître encor signaler le courroux ;
Et la destruction commencera par vous.
La nuit vient, le jour fuit ; vous, avant qu'il finisse,
Si vous aimez la vie, allez, qu'on m'obéïsse.

SCENE V.
ZAMTI, IDAMÉ.

IDAME'.

Où sommes-nous réduits ? O monstres ! ô terreur !
Chaque instant fait éclore une nouvelle horreur,
Et produit des forfaits dont l'ame intimidée
Jusqu'à ce jour de sang n'avait point eu d'idée.
Vous ne répondez rien ; vos soupirs élancés
Au Ciel qui nous accable en vain sont adressés.
Enfant de tant de Rois, faut-il qu'on sacrifie
Aux ordres d'un soldat ton innocente vie !

ZAMTI.

J'ai promis, j'ai juré de conserver ses jours.

IDAME'.

De quoi lui serviront vos malheureux secours ?
Qu'importent vos sermens, vos stériles tendresses ?
Etes-vous en état de tenir vos promesses ?
N'espérons plus.

ZAMTI.

  Ah ! Ciel : & quoi, vous voudriez
Voir du fils de mes Rois les jours sacrifiés ?

IDAME'.

Non, je n'y puis penser sans des torrens de larmes :
Et si je n'étais mère ; & si dans mes allarmes,

TRAGÉDIE.

Le Ciel me permettait d'abréger un destin
Nécessaire à mon fils élevé dans mon sein,
Je vous dirais : Mourons; & lorsque tout succombe,
Sur les pas de nos Rois, descendons dans la tombe.

ZAMTI.

Après l'atrocité de leur indigne sort,
Qui pourrait redouter & refuser la mort ?
Le coupable la craint ; le malheureux l'appelle ;
Le brave la défie & marche au-devant d'elle ;
Le sage, qui l'attend, la reçoit sans regrets.

IDAMÉ.

Quels sont, en me parlant, vos sentimens secrets?
Vous baissez vos regards ; vos cheveux se hérissent ;
Vous pâlissez ; vos yeux de larmes se remplissent.
Mon cœur répond au vôtre; il sent tous vos tourmens,
Mais, que résolvez-vous ?

ZAMTI.

De garder mes sermens.
Auprès de cet enfant allez, daignez m'attendre.

IDAMÉ.

Mes prieres, mes cris pourront-ils le défendre ?

SCENE VI.
ZAMTI, ÉTAN.
ETAN.

Seigneur, votre pitié ne peut le conserver.
Ne songez qu'à l'état que sa mort peut sauver :
Pour le salut du peuple, il faut bien qu'il périsse.

ZAMTI.

Oui.... je vois qu'il faut faire un triste sacrifice.
Ecoute, cet empire est-il cher à tes yeux ?
Reconnais-tu ce Dieu de la terre & des cieux,
Ce Dieu, que sans mélange annonçaient nos ancêtres,
Méconnu par le Bonze, insulté par nos maîtres ?

ETAN.

Dans nos communs malheurs, il est mon seul appui,
Je pleure la patrie, & n'espère qu'en lui.

ZAMTI.

Jure ici par son nom, par sa toute puissance,
Que tu conserveras dans l'éternel silence
Le secret qu'en ton sein je dois ensevelir.
Jure moi que tes mains oseront accomplir
Ce que les intérêts & les loix de l'empire,
Mon devoir & mon Dieu vont par moi te prescrire.

ETAN.

Je le jure; & je veux, dans ces murs désolés,
Voir nos malheurs communs sur moi seul assemblés,
Si trahissant vos vœux, & démentant mon zèle
Ou ma bouche, ou ma main vous était infidèle.

ZAMTI

TRAGÉDIE,

ZAMTI.
Allons, il ne m'est plus permis de reculer.

ETAN.
De vos yeux attendris je vois des pleurs couler.
Hélas ! de tant de maux les atteintes cruelles
Laissent donc place encore à des larmes nouvelles ?

ZAMTI.
On a porté l'arrêt : rien ne peut le changer.

ETAN.
On presse ; & cet enfant qui vous est étranger...

ZAMTI.
Etranger ! lui, mon Roi !

ETAN.
Notre Roi fut son père ;
Je le sai, j'en frémis. Parlez, que dois-je faire ?

ZAMTI.
On compte ici mes pas ; j'ai peu de liberté.
Sers-toi de la faveur de ton obscurité.
De ce dépôt sacré tu sais quel est l'azile ;
Tu n'es point observé, l'accès t'en est facile.
Cachons pour quelque tems cet enfant précieux
Dans le sein des tombeaux bâtis par nos ayeux.
Nous remettrons bientôt au chef de la Corée
Ce tendre rejetton d'une tige adorée.
Il peut ravir du moins à nos cruels vainqueurs
Ce malheureux enfant, l'objet de leurs terreurs.
Il peut sauver mon Roi. Je prends sur moi le reste.

ETAN.
Et que deviendrez-vous sans ce gage funeste ?

Tome I.   Q

Que pourrez-vous répondre au vainqueur irrité ?

ZAMTI.

J'ai de quoi satisfaire à sa férocité.

ETAN.

Vous, Seigneur ?

ZAMTI.

O nature ! ô devoir tyrannique !

ETAN.

Eh bien !

ZAMTI.

Dans son berceau saisis mon fils unique.

ETAN.

Votre fils !

ZAMTI.

Songe au Roi que tu dois conserver.
Pren mon fils.... que son sang..... je ne puis achever.

ETAN.

Ah ! que m'ordonnez-vous ?

ZAMTI.

Respecte ma tendresse,
Respecte mon malheur, & sur-tout ma faiblesse.
N'oppose aucun obstacle à cet ordre sacré ;
Et remplis ton devoir, après l'avoir juré.

ETAN.

Vous m'avez arraché ce serment téméraire,
A quel devoir affreux me faut-il satisfaire ?
J'admire avec horreur ce dessein généreux ;
Mais si mon amitié....

ZAMTI.

C'en est trop, je le veux.

Je suis père ; & ce cœur, qu'un tel arrêt déchire,
S'en est dit cent fois plus que tu ne peux m'en dire.
J'ai fait taire le sang ; fais taire l'amitié.
Pars.

ETAN.
Il faut obéir.

ZAMTI.
Laisse moi par pitié.

SCENE VII.

ZAMTI seul

J'Ai fait taire le sang !.. Ah, trop malheureux père !
J'entends trop cette voix si fatale & si chère.
Ciel, impose silence aux cris de ma douleur.
Mon épouse, mon fils, me déchirent le cœur ;
De ce cœur effrayé cache moi la blessure ;
L'homme est trop faible, hélas ! pour dompter la nature.
Que peut-il par lui-même ? Acheve, soutien-moi ;
Affermis la vertu prête à tomber sans toi.

Fin du premier Acte.

ACTE II.

SCENE PREMIERE.

ZAMTI seul.

ETAN auprès de moi tarde trop à se rendre.
Il faut que je lui parle, & je crains de l'entendre.
Je tremble malgré moi de son fatal retour.
O mon fils, mon cher fils ! as-tu perdu le jour ?
Aura-t-on consommé ce fatal sacrifice ?
Je n'ai pu de ma main te conduire au supplice ;
Je n'en eus pas la force. En ai-je assez au moins
Pour apprendre l'effet de mes funestes soins ?
En ai-je encore assez pour cacher mes allarmes ?

SCENE II.

ZAMTI, ÉTAN.

ZAMTI.

VIENS, ami.... je t'entends.... je sai tout par tes larmes.

TRAGÉDIE.

ETAN.

Votre malheureux fils....

ZAMTI.

Arrête ; parle-moi
De l'espoir de l'Empire, & du fils de mon Roi :
Est-il en sûreté ?

ETAN.

Les tombeaux de ses pères
Cachent à nos tyrans sa vie & ses miseres.
Il vous devra des jours pour souffrir commencés,
Présent fatal peut-être.

ZAMTI.

Il vit : c'en est assez.
O vous, à qui je rends ces services fideles,
O mes Rois, pardonnez mes larmes paternelles !

ETAN.

Osez-vous en ces lieux gémir en liberté ?

ZAMTI.

Où porter ma douleur & ma calamité ?
Et comment désormais soutenir les approches,
Le désespoir, les cris, les éternels reproches,
Les imprécations d'une mere en fureur ?
Encor si nous pouvions prolonger son erreur ?

ETAN.

On a ravi son fils dans sa fatale absence ;
A nos cruels vainqueurs on conduit son enfance ;
Et soudain j'ai volé pour donner mes secours
Au fatal Orphelin, dont on poursuit les jours.

ZAMTI.

Ah! du moins, cher Etan, si tu pouvais lui dire
Que nous avons livré l'héritier de l'Empire;
Que j'ai caché mon fils; qu'il est en sûreté,
Imposons quelque tems à sa crédulité.
Hélas! la vérité si souvent est cruelle;
On l'aime, & les humains sont malheureux par elle!
Allons.... Ciel! elle-même approche de ces lieux;
La douleur & la mort sont peintes dans ses yeux.

SCENE III.

ZAMTI, IDAMÉ.

IDAMÉ.

Qu'ai-je vu? Qu'a-t-on fait? Barbare, est-il possible?
L'avez-vous commandé, ce sacrifice horrible?
Non, je ne puis le croire; & le Ciel irrité
N'a pas dans votre sein mis tant de cruauté;
Non, vous ne serez point plus dur & plus barbare
Que la loi du vainqueur, & le fer du Tartare.
Vous pleurez, malheureux!

ZAMTI.

Ah! pleurez avec moi;
Mais avec moi songez à sauver votre Roi.

IDAMÉ.

Que j'immole mon fils!

TRAGÉDIE.

ZAMTI.
Telle est notre misere.
Vous êtes citoyenne avant que d'être mere.
IDAMÉ.
Quoi, sur toi la nature a si peu de pouvoir !
ZAMTI.
Elle n'en a que trop ; mais moins que mon devoir :
Et je dois plus au sang de mon malheureux maître,
Qu'à cet enfant obscur à qui j'ai donné l'être.
IDAMÉ.
Non, je ne connais point cette horrible vertu.
J'ai vu nos murs en cendre, & ce trône abatu ;
J'ai pleuré de nos Rois les disgraces affreuses ;
Mais par quelles fureurs encor plus douloureuses,
Veux-tu, de ton épouse avançant le trépas,
Livrer le sang d'un fils qu'on ne demande pas ?
Ces Rois ensevelis, disparus dans la poudre,
Sont-ils pour toi des dieux dont tu craignes la foudre ?
A ces dieux impuissans, dans la tombe endormis,
As-tu fait le serment d'assassiner ton fils ?
Hélas ! grands & petits, & sujets & monarques,
Distingués un moment par de frivoles marques,
Egaux par la nature, égaux par le malheur,
Tout mortel est chargé de sa propre douleur :
Sa peine lui suffit. Et dans ce grand naufrage,
Rassembler nos débris, voilà notre partage.
Où serais-je, grand Dieu ! si ma crédulité
Eût tombé dans le piége à mes pas présenté ;
Auprès du fils des Rois si j'étais demeurée !
La victime aux bourreaux allait être livrée ;

Je cessais d'être mere ; & le même couteau
Sur le corps de mon fils me plongeait au tombeau.
Graces à mon amour, inquiete, troublée,
A ce fatal berceau l'instinct m'a rappellée ;
J'ai vu porter mon fils à nos cruels vainqueurs ;
Mes mains l'ont arraché des mains des ravisseurs.
Barbare, il n'ont point eu ta fermeté cruelle.
J'en ai chargé soudain cette esclave fidelle,
Qui soutient de son lait ses misérables jours,
Ces jours qui périssaient sans moi, sans mon secours.
J'ai conservé le sang du fils & de la mere ;
Et j'ose dire encor', de son malheureux père.

ZAMTI.

Quoi, mon fils est vivant !

IDAME.

     Oui, rens graces au Ciel,
Malgré toi favorable à ton cœur paternel.
Repens-toi.

ZAMTI.

    Dieux des cieux, pardonnez cette joye,
Qui se mêle un moment aux pleurs où je me noye !
O ma chere Idamé, ces momens seront courts ;
Vainement de mon fils vous prolongez les jours ;
Vainement vous cachez cette fatale offrande.
Si nous ne donnons pas le sang qu'on nous demande,
Nos tyrans soupçonneux seront bientôt vengés ;
Nos citoyens tremblans avec nous égorgés
Vont payer de vos soins les efforts inutiles.
De soldats entourés, nous n'ayons plus d'aziles :

TRAGÉDIE.

Et mon fils qu'au trépas vous croyez arracher,
A l'œil qui le poursuit ne peut plus se cacher.
Il faut subir son sort.

IDAMÉ.

Ah! cher époux, demeure;
Ecoute-moi, du moins.

ZAMTI.

Hélas!.... il faut qu'il meure.

IDAMÉ.

Qu'il meure! arrête, tremble, & crains mon désespoir.
Crains sa mère.

ZAMTI.

Je crains de trahir mon devoir.
Abandonnez le vôtre; abandonnez ma vie
Aux détestables mains d'un conquérant impie.
C'est mon sang qu'à Gengis il vous faut demander;
Allez, il n'aura pas de peine à l'accorder :
Dans le sang d'un époux trempez vos mains perfides.
Allez, ce jour n'est fait que pour des parricides.
Rendez vains mes sermens, sacrifiez nos loix,
Immolez votre époux, & le sang de vos Rois.

IDAMÉ.

De mes Rois! va, te dis-je, ils n'ont rien à prétendre.
Je ne dois point mon sang en tribut à leur cendre.
Va; le nom de sujet n'est pas plus saint pour nous,
Que ces noms si sacrés, & de père & d'époux.
La nature & l'Hymen, voilà les loix premières,
Les devoirs, les liens des nations entières :

Tome I.

Ces loix viennent des dieux ; le reste est des humains.
Ne me fais point haïr le sang des souverains :
Oui, sauvons l'Orphelin d'un vainqueur homicide ;
Mais ne le sauvons pas au prix d'un parricide.
Que les jours de mon fils n'achètent point ses jours ;
Loin de l'abandonner, je vole à son secours.
Je prens pitié de lui ; prens pitié de toi-même,
De ton fils innocent, de sa mère qui t'aime.
Je ne menace plus : je tombe à tes genoux.
O père infortuné, cher & cruel époux,
Pour qui j'ai méprisé, tu t'en souviens peut-être,
Ce mortel qu'aujourd'hui le sort a fait ton maître.
Accorde-moi mon fils, accorde-moi ce sang
Que le plus pur amour a formé dans mon flanc :
Et ne résiste point au cri terrible & tendre
Qu'à tes sens désolés l'amour a fait entendre !

ZAMTI.

Ah ! c'est trop abuser du charme & du pouvoir,
Dont la nature & vous combattent mon devoir.
Trop faible épouse, hélas ! si vous pouviez connaître.

IDAMÉ.

Je suis faible ; pardonne : une mère doit l'être.
Je n'aurai point de toi ce reproche à souffrir,
Quand il faudra te suivre, & qu'il faudra mourir.
Cher époux, si tu peux au vainqueur sanguinaire
A la place du fils sacrifier la mère,
Je suis prête : Idamé ne se plaindra de rien :
Et mon cœur est encore aussi grand que le tien.

ZAMTI.

Oui, j'en crois ta vertu.

TRAGÉDIE.

SCENE IV.
ZAMTI, IDAMÉ, OCTAR, GARDES.

OCTAR.

Quoi ! vous ofez reprendre
Ce dépôt que ma voix vous ordonna de rendre ?
Soldats, fuivez leurs pas, & me répondez d'eux ;
Saififfez cet enfant qu'ils cachent à mes yeux.
Allez : votre Empereur en ces lieux va paraître :
Apportez la victime aux pieds de votre maître.
Soldats, veillez fur eux.

ZAMTI.
Je fuis prêt d'obéir.
Vous aurez cet enfant.

IDAMÉ.
Je ne le puis fouffrir.
Non, vous ne l'obtiendrez, cruels, qu'avec ma vie.

OCTAR.
Qu'on faffe retirer cette femme hardie.
Voici votre Empereur : ayez foin d'empêcher
Que tous ces vils captifs ofent en approcher.

SCENE V.

GENGIS, OCTAR, OSMAN,
Troupe de guerriers.

GENGIS.

ON a poussé trop loin le droit de ma conquête;
Que le glaive se cache & que la mort s'arrête.
Je veux que les vaincus respirent désormais;
J'envoyai la terreur, & j'apporte la paix.
La mort du fils des Rois suffit à ma vengeance;
Etouffons dans son sang la fatale semence
Des complots éternels, & des rébellions
Qu'un fantôme de Prince inspire aux nations.
Sa famille est éteinte, il vit; il doit la suivre.
Je n'en veux qu'à des Rois; mes sujets doivent vivre.
  Cessez de mutiler tous ces grands monumens,
Ces prodiges des Arts consacrés par les tems;
Respectez-les : ils sont le prix de mon courage.
  Qu'on cesse de livrer aux flammes, au pillage,
Ces archives des loix, ce vaste amas d'écrits,
Tous ces fruits du génie, objets de vos mépris.
Si l'erreur les dicta, cette erreur m'est utile;
Elle occupe ce peuple, & le rend plus docile.
Octar, je vous destine à porter mes drapeaux
Aux lieux où le soleil renaît du sein des eaux.

A un de ses suivans.

TRAGÉDIE.

Vous, dans l'Inde soumise, humble dans sa défaite,
Soyez de mes décrets le fidèle interprète;
Tandis qu'en Occident je fais voler mes fils
Des murs de Samarcande aux bords du Tanaïs.
Sortez: demeure, Octar.

SCENE VI.
GENGIS, OCTAR.

GENGIS.

Eh bien ! pouvais-tu croire
Que le sort m'élevât à ce comble de gloire ?
Je foule aux pieds ce trône, & je regne en des lieux,
Où mon front avili n'osa lever les yeux.
Voici donc ce palais, cette superbe ville,
Où caché dans la foule, & cherchant un azile,
J'essuyai les mépris, qu'à l'abri du danger
L'orgueilleux citoyen prodigue à l'étranger.
On dédaignait un Scythe ; & la honte & l'outrage
De mes vœux mal conçus devinrent le partage.
Une femme ici même a refusé la main
Sous qui depuis cinq ans tremble le genre humain.

OCTAR.

Quoi ! dans ce haut degré de gloire & de puissance,
Quand le monde à vos pieds se prosterne en silence,
D'un tel ressouvenir vous seriez occupé !

GENGIS.

Mon esprit, je l'avoue, en fut toujours frappé.

Des affronts attachés à mon humble fortune,
C'est le seul dont je garde une idée importune;
Je n'eus que ce moment de faiblesse & d'erreur :
Je crus trouver ici le repos de mon cœur.
Il n'est point dans l'éclat dont le fort m'environne :
La gloire le promet ; l'amour, dit-on, le donne.
J'en conserve un dépit trop indigne de moi :
Mais au moins je voudrais qu'elle connût son Roi;
Que son œil entrevît, du sein de la bassesse,
De qui son imprudence outragea la tendresse;
Qu'à l'aspect des grandeurs qu'elle eût pû partager,
Son désespoir secret servît à me venger.

OCTAR.

Mon oreille, Seigneur, était accoutumée
Aux cris de la victoire & de la renommée,
Au bruit des murs fumans renversés sous vos pas;
Et non à ces discours que je ne connais pas.

GENGIS.

Non, depuis qu'en ces lieux mon ame fut vaincue,
Depuis que ma fierté fut ainsi confondue,
Mon cœur s'est désormais défendu, sans retour,
Tous ces vils sentimens qu'ici l'on nomme amour;
Idamé, je l'avoue, en cette ame égarée,
Fit une impression que j'avais ignorée.
Dans nos antres du nort, dans nos stériles champs,
Il n'est point de beauté qui subjugue nos sens.
De nos travaux grossiers les compagnes sauvages
Partageaient l'âpreté de nos mâles courages.

Un poison tout nouveau me surprit en ces lieux :
La tranquille Idamé le portait dans ses yeux :
Ses paroles, ses traits respiraient l'art de plaire :
Je rends grâce au refus qui nourrit ma colère ;
Son mépris dissipa ce charme suborneur,
Ce charme inconcevable & souverain du cœur.
Mon bonheur m'eût perdu ; mon ame toute entière
Se doit aux grands objets de ma vaste carrière.
J'ai subjugué le monde, & j'aurais soupiré !
Ce droit injurieux, dont je fus déchiré,
Ne rentrera jamais dans mon ame offensée :
Je bannis sans regret cette lâche pensée.
Une femme sur moi n'aura point ce pouvoir ;
Je la veux punir : je ne veux point la voir.
Qu'elle pleure à loisir sa fierté trop rebelle ;
Octar, je vous défends que l'on s'informe d'elle.

OCTAR.

Vous avez en ces lieux des soins plus importans.

GENGIS.

Oui, je me souviens trop de tant d'égaremens.

SCENE VII.

GENGIS, OCTAR, OSMAN.

OSMAN.

La victime, Seigneur, allait être égorgée ;
Une garde autour d'elle était déja rangée.
Mais un événement que je n'attendais pas,
Demande un nouvel ordre, & suspend son trépas :
Une femme éperdue, & de larmes baignée,
Arrive, tend les bras à la garde indignée ;
Et nous surprenant tous par ses cris forcenés :
Arrêtez, c'est mon fils que vous assassinez.
C'est mon fils ; on vous trompe au choix de la victime.
Le désespoir affreux, qui parle & qui l'anime,
Ses yeux, son front, sa voix, ses sanglots, ses cla-
     meurs,
Sa fureur intrépide au milieu de ses pleurs,
Tout semblait annoncer, par ce grand caractère,
Le cri de la nature, & le cœur d'une mère.
Cependant son époux, devant nous appellé,
Non moins éperdu qu'elle, & non moins accablé,
Mais sombre & recueilli dans sa douleur funeste ;
De nos Rois, a-t-il dit, voilà ce qui nous reste :
Frappez ; voilà le sang que vous me demandez.
De larmes en parlant ses yeux sont inondés.

TRAGÉDIE.

Cette femme, à ces mots d'un froid mortel saisie,
Long-tems sans mouvement, sans couleur & sans vie,
Ouvrant enfin les yeux d'horreur appesantis,
Dès qu'elle a pu parler a réclamé son fils.
Le mensonge n'a point des douleurs si sincères;
On ne versa jamais de larmes plus amères.
On doute, on examine; & je reviens confus
Demander à vos pieds vos ordres absolus.

GENGIS.

Je saurai démêler un pareil artifice;
Et qui m'a pu tromper est sûr de son supplice.
Ce peuple de vaincus prétend-il m'aveugler?
Et veut-on que le sang recommence à couler?

OCTAR.

Cette femme ne peut tromper votre prudence.
Du fils de l'Empereur elle a conduit l'enfance;
Aux enfans de son maître on s'attache aisément;
Le danger, le malheur ajoute au sentiment.
Le fanatisme alors égale la nature;
Et sa douleur si vraie ajoute à l'imposture.
Bientôt de son secret perçant l'obscurité,
Vos yeux dans cette nuit répandront la clarté.

GENGIS.
Quelle est donc cette femme?

OCTAR.
On dit qu'elle est unie
A l'un de ces lettrés que respectait l'Asie,
Qui, trop énorgueillis du faste de leurs loix,
Sur leur vain tribunal osaient braver cent Rois.

Leur foule est innombrable ; ils sont tous dans les
    chaînes :
Ils connaîtront enfin des loix plus souveraines.
Zamti, c'est-là le nom de cet esclave altier,
Qui veillait sur l'enfant qu'on doit sacrifier.

GENGIS.

Allez interroger ce couple condamnable ;
Tirez la vérité de leur bouche coupable ;
Que nos guerriers sur-tout, à leur poste fixés ;
Veillent dans tous les lieux où je les ai placés ;
Qu'aucun d'eux ne s'écarte. On parle de surprise ;
Les Coréens, dit-on, tentent quelque entreprise :
Vers les rives du fleuve on a vu des soldats.
Nous saurons quels mortels s'avancent au trépas ;
Et si l'on veut forcer les enfans de la guerre
A porter le carnage aux bornes de la terre.

Fin du second Acte.

ACTE III

SCENE PREMIERE.

GENGIS, OSMAN,
Troupe de guerriers.

GENGIS.

A-t-on de ces captifs éclairci l'imposture ?
A-t-on connu leur crime, & vengé mon injure ?
Le reste de leurs Rois, à leur garde commis,
Entre les mains d'Octar est-il enfin remis ?

OSMAN.

Il cherche à pénétrer dans ce sombre mystère.
A l'aspect des tourmens ce Mandarin sévère
Persiste en sa réponse avec tranquillité.
Il semble sur son front porter la vérité.
Son épouse en tremblant nous répond par des larmes
Sa plainte, sa douleur augmente encor ses charmes.
De pitié, malgré nous, nos cœurs étaient surpris ;
Et nous nous étonnions de nous voir attendris.
Jamais rien de si beau ne frappa notre vue.
Seigneur, le croiriez-vous ? Cette femme éperdue
A vos sacrés genoux demande à se jetter :
Que le vainqueur des Rois daigne enfin m'écouter.

Il pourra d'un enfant protéger l'innocence.
Malgré ses cruautés j'espère en sa clémence ;
Puisqu'il est tout-puissant il sera généreux ;
Pourrait-il rebuter les pleurs des malheureux ?
C'est ainsi qu'elle parle, & j'ai dû lui promettre,
Qu'à vos pieds en ces lieux vous daignerez l'admettre.

GENGIS.
De ce mystère enfin je dois être éclairci.
A sa suite.
Oui, qu'elle vienne ; allez, & qu'on l'amene ici.
Qu'elle ne pense pas que par de vaines plaintes,
Des soupirs affectés, & quelques larmes feintes,
Aux yeux d'un conquérant on puisse en imposer.
Les femmes de ces lieux ne peuvent m'abuser.
Je n'ai que trop connu leurs larmes infidelles,
Et mon cœur dès long-tems s'est affermi contre elles.
Elle cherche un honneur dont dépendra son sort ;
Et vouloir me tromper, c'est demander la mort.

OSMAN.
Voilà cette captive à vos pieds amenée.

GENGIS.
Que vois-je ! est-il possible ? O Ciel ! ô destinée !
Ne me trompai-je point ; est-ce un songe, une erreur ?
C'est Idamé ; c'est elle, & mes sens . . . . . .

TRAGÉDIE. 105

SCENE II.
GENGIS, IDAMÉ, OCTAR, OSMAN, GARDES.

IDAMÉ.

Ah! Seigneur,
Tranchez les tristes jours d'une femme éperdue.
Vous devez vous venger, je m'y suis attendue;
Mais, Seigneur, épargnez un enfant innocent.

GENGIS.

Rassurez-vous; sortez de cet effroi pressant...
Ma surprise, Madame, est égale à la vôtre...
Le destin, qui fait tout, nous trompa l'un & l'autre.
Les tems sont bien changés : mais si l'ordre des cieux,
D'un habitant du Nord, méprisable à vos yeux,
A fait un conquérant, sous qui tremble l'Asie,
Ne craignez rien pour vous; votre Empereur oublie
Les affronts qu'en ces lieux essuya Témugin.
J'immole à ma victoire, à mon trône, au destin
Le dernier rejetton d'une race ennemie :
Le repos de l'Etat me demande sa vie.
Il faut qu'entre mes mains ce dépôt soit livré.
Votre cœur sur un fils doit être rassuré;
Je le prends sous ma garde.

IDAME.
A peine je respire.
GENGIS.
Mais de la vérité, Madame, il faut m'instruire.
Quel indigne artifice ose-t-on m'opposer !
De vous, de votre époux, qui prétend m'imposer ?
IDAME.
Ah ! des infortunés épargnez la misère !
GENGIS.
Vous savez si je dois haïr ce téméraire.
IDAME.
Vous, Seigneur !
GENGIS.
J'en dis trop, & plus que je ne veux.
IDAME.
Ah ! rendez-moi, Seigneur, un enfant malheureux ;
Vous me l'avez promis, sa grace est prononcée.
GENGIS.
Sa grace est dans vos mains ; ma gloire est offensée,
Mes ordres méprisés, mon pouvoir avili ;
En un mot vous savez jusqu'où je suis trahi ;
C'est peu de m'enlever le sang que je demande,
De me désobéir alors que je commande :
Vous êtes dès long-tems instruite à m'outrager ;
Ce n'est pas d'aujourd'hui que je dois me venger.
Votre époux ! . . . . ce seul nom le rend assez coupable,
Quel est donc ce mortel pour vous si respectable,
Qui sous ses loix, Madame, a pu vous captiver ?
Quel est cet insolent qui pense me braver ?
Qu'il vienne.

TRAGÉDIE. 107
IDAMÉ.
Mon époux vertueux & fidelle,
Objet infortuné de ma douleur mortelle,
Servit son Dieu, son Roi, rendit mes jours heureux.
GENGIS.
Qui?... lui?... mais depuis quand formâtes-vous
 ces nœuds ?
IDAMÉ.
Depuis que loin de nous le sort qui vous seconde
Eut entraîné vos pas pour le malheur du monde.
GENGIS.
J'entends, depuis le jour que je fus outragé ;
Depuis que de vous deux je dus être vengé ;
Depuis que vos climats ont mérité ma haine.

SCENE III.

GENGIS, OCTAR, OSMAN
d'un côté, IDAMÉ, ZAMTI
de l'autre, GARDES.

GENGIS.

PARLE ; as-tu satisfait à ma loi souveraine ?
As-tu mis dans mes mains le fils de l'Empereur ?
ZAMTI.
J'ai rempli mon devoir, c'en est fait ; oui, Seigneur.

GENGIS.

Tu sais si je punis la fraude & l'insolence ;
Tu sais que rien n'échappe aux coups de ma vengeance;
Que si le fils des Rois par toi m'est enlevé,
Malgré ton imposture il sera retrouvé ;
Que son trépas certain va suivre ton supplice.

A ses gardes.

Mais je veux bien le croire. Allez & qu'on saisisse
L'enfant que cet esclave a remis en vos mains.
Frappez.

ZAMTI.

Malheureux père !

IDAMÉ.

Arrêtez, inhumains.
Ah ! Seigneur, est-ce ainsi que la pitié vous presse ?
Est-ce ainsi qu'un vainqueur sait tenir sa promesse ?

GENGIS.

Est-ce ainsi qu'on m'abuse, & qu'on croit me jouer ?
C'en est trop ; écoutez, il faut tout m'avouer.
Sur cet enfant, Madame, expliquez-vous sur l'heure;
Instruisez-moi de tout, répondez, ou qu'il meure.

IDAMÉ.

Eh bien, mon fils l'emporte ; & si dans mon malheur
L'aveu que la nature arrache à ma douleur
Est encore à vos yeux une offense nouvelle ;
S'il faut toujours du sang à votre ame cruelle,
Frappez ce triste cœur qui cède à son effroi,
Et sauvez un mortel plus généreux que moi.
Seigneur, il est trop vrai que notre auguste maître,
Qui sans vos seuls exploits n'eût point cessé de l'être,

TRAGÉDIE. 209

A remis en mes mains, aux mains de mon époux,
Ce dépôt respectable à tout autre qu'à vous.
Seigneur, assez d'horreurs suivaient votre victoire,
Assez de cruautés ternissaient tant de gloire.
Dans des fleuves de sang tant d'innocens plongés,
L'Empereur & sa femme, & cinq fils égorgés ;
Le fer de tous côtés dévastant cet Empire,
Tous ces champs de carnage auraient dû vous suffire.
Un barbare en ces lieux est venu demander
Ce dépôt précieux que j'aurais dû garder,
Ce fils de tant de Rois, notre unique espérance.
A cet ordre terrible, à cet violence,
Mon époux, inflexible en sa fidélité,
N'a vu que son devoir, & n'a point hésité.
Il a livré son fils. La nature outragée
Vainement déchirait son ame partagée ;
Il imposait silence à ces cris douloureux,
Vous deviez ignorer ce sacrifice affreux.
J'ai dû plus respecter sa fermeté sévère ;
Je devais l'imiter ; mais enfin je suis mère.
Mon ame est au-dessous d'un si cruel effort.
Je n'ai pu de mon fils consentir à la mort.
Hélas ! au désespoir que j'ai trop fait paraître,
Une mère aisément pouvait se reconnaître.
Voyez de cet enfant le père confondu,
Qui ne vous a trahi qu'à force de vertu.
L'un n'attend son salut que de son innocence ;
Et l'autre est respectable alors qu'il vous offense.
Ne punissez que moi, qui trahis à la fois
Et l'époux que j'admire, & le sang de mes Rois.

Tome I. S

Digne époux, digne objet de toute ma tendresse!
La pitié maternelle est ma seule faiblesse;
Mon sort suivra le tien, je meurs si tu péris:
Pardonne-moi du moins d'avoir sauvé ton fils.

ZAMTI.

Je t'ai tout pardonné; je n'ai plus à me plaindre;
Pour le sang de mon Roi je n'ai plus rien à craindre;
Ses jours sont assurés.

GENGIS.

    Traître, ils ne le sont pas;
Va réparer ton crime, ou subir ton trépas.

ZAMTI.

Le crime est d'obéir à des ordres injustes.
La souveraine voix de mes maîtres augustes
Du sein de leurs tombeaux parle plus haut que toi.
Tu fus notre vainqueur, & tu n'es pas mon Roi.
Si j'étais ton sujet, je te serais fidèle.
Arrache-moi la vie & respecte mon zèle:
Je t'ai livré mon fils, j'ai pu te l'immoler;
Penses-tu que pour moi je puisse encor trembler.

GENGIS.

Qu'on l'ôte de mes yeux.

IDAME.

   Ah! daignez....

GENGIS.

     Qu'on l'entraîne.

IDAME.

Non, n'accablez que moi des traits de votre haine.

TRAGÉDIE.

Cruel ! qui m'aurait dit que j'aurais par vos coups
Perdu mon Empereur, mon fils & mon époux ?
Quoi ! votre ame jamais ne peut être amollie !

GENGIS.

Allez, suivez l'époux à qui le sort vous lie.
Est-ce à vous de prétendre encore à me toucher ?
Et quel droit avez-vous de me rien reprocher ?

IDAMÉ.

Ah ! je l'avais prévu ; je n'ai plus d'espérance.

GENGIS.

Allez ! dis-je, Idamé ; si jamais la clémence
Dans mon cœur malgré moi pouvait encore entrer,
Vous sentez quels affronts il faudro't réparer,

SCENE IV.

GENGIS, OCTAR.

GENGIS.

D'Où vient que je gémis ? d'où vient que je balance ?
Quel Dieu parlait en elle & prenait sa défense ?
Est-il dans les vertus, est-il dans la beauté
Un pouvoir au dessus de mon autorité ?
Ah ! demeurez, Octar, je me crains, je m'ignore ;
Il me faut un ami ; je n'en eus pas encore ;
Mon cœur en a besoin.

OCTAR.

Puisqu'il faut vous parler,
S'il est des ennemis qu'on vous doive immoler,
Si vous voulez couper d'une face odieuse,
Dans ses derniers rameaux, la tige dangereuse ;
Précipitez sa perte ; il faut que la rigueur,
Trop nécessaire appui du trône d'un vainqueur,
Frappe sans intervalle un coup sûr & rapide.
C'est un torrent qui passe en son cours homicide.
Le tems ramène l'ordre & la tranquillité ;
Le peuple se façonne à la docilité :
De ses premiers malheurs l'image est affaiblie ;
Bientôt il les pardonne, & même il les oublie.
Mais lorsque goutte à goutte on fait couler le sang,
Qu'on ferme avec lenteur, & qu'on r'ouvre le flanc,

TRAGÉDIE.

Que les jours renaissans ramènent le carnage ;
Le désespoir tient lieu de force & de courage,
Et fait d'un peuple faible un peuple d'ennemis,
D'autant plus dangereux qu'ils étaient plus soumis.

GENGIS.

Quoi ! c'est cette Idamé ! quoi ! c'est-là cette esclave !
Quoi ! l'Hymen l'a soumise au mortel qui me brave !

OCTAR.

Je conçois que pour elle il n'est point de pitié ;
Vous ne lui devez plus que votre inimitié.
Cet amour, dites-vous, qui vous toucha pour elle,
Fut d'un feu passager la légère étincelle.
Ses imprudens refus, la colere & le tems
En ont éteint dans vous les restes languissans.
Elle n'est à vos yeux qu'une femme coupable,
D'un criminel obscur épouse méprisable.

GENGIS.

Il en sera puni : je le dois, je le veux :
Ce n'est pas avec lui que je suis généreux.
Moi, laisser respirer un vaincu que j'abhorre !
Un esclave ! un rival !

OCTAR.

Pourquoi vit-il encore ?
Vous êtes tout-puissant, & n'êtes point vengé !

GENGIS.

Juste Ciel ! à ce point mon cœur serait changé !
C'est ici que ce cœur connaîtrait les allarmes,
Vaincu par la beauté, désarmé par les larmes,
Dévorant mon dépit, & mes soupirs honteux !
Moi, rival d'un esclave, & d'un esclave heureux !

Je souffre qu'il respire, & cependant on l'aime.
Je respecte Idamé jusqu'en son époux même.
Je crains de la blesser en enfonçant mes coups
Dans le cœur détesté de cet indigne époux.
Est-il bien vrai que j'aime ? Est ce moi qui soupire ?
Qu'est-ce donc que l'amour ? A-t-il donc tant d'em-
    pire ?

OCTAR.

Je n'appris qu'à combattre, à marcher sous vos loix.
Mes chars & mes coursiers, mes flèches, mon carquois,
Voilà mes passions, & ma seule science.
Des caprices du cœur j'ai peu d'intelligence.
Je connais seulement la victoire & nos mœurs ;
Les captives toujours ont suivi leurs vainqueurs.
Cette délicatesse importune, étrangere,
Dément votre fortune & votre caractère.
Et qu'importe pour vous qu'une esclave de plus
Attende en gémissant vos ordres absolus ?

GENGIS.

Qui connaît mieux que moi jusqu'où va ma puissance ?
Je puis, je le sais trop, user de violence.
Mais quel bonheur honteux, cruel, empoisonné,
D'assujettir un cœur qui ne s'est point donné ;
De ne voir en des yeux, dont on sent les atteintes,
Qu'un nuage de pleurs & d'éternelles craintes ;
Et de ne posséder dans sa funeste ardeur
Qu'une esclave tremblante à qui l'on fait horreur !
Les monstres des forêts, qu'habitent nos Tartares,
Ont des jours plus sereins, des amours moins barbares.

TRAGÉDIE.

Enfin, il faut tout dire; Idamé prit sur moi
Un secret ascendant, qui m'imposait la loi.
Je tremble que mon cœur aujourd'hui s'en souvienne.
J'en étais indigné, son ame eut sur la mienne,
Et sur mon caractère, & sur ma volonté,
Un empire plus sûr & plus illimité,
Que je n'en ai reçu des mains de la victoire
Sur cent Rois détrônés, accablés de ma gloire.
Voilà ce qui tantôt excitait mon dépit.
Je la veux pour jamais chasser de mon esprit;
Je me rends tout entier à ma grandeur suprême;
Je l'oublie, elle arrive; elle triomphe, & j'aime.

SCENE V.

GENGIS, OCTAR, OSMAN.

GENGIS.

EH bien, que résoud-t-elle? Et que m'apprenez-vous?

OSMAN.

Elle est prête à périr auprès de son époux,
Plutôt que découvrir l'azile impénétrable
Où leurs soins ont caché cet enfant misérable;
Ils jurent d'affronter le plus cruel trépas.
Son époux la retient tremblante entre ses bras.
Il soutient sa constance, il l'exhorte au supplice.
Ils demandent tous deux que la mort les unisse.

Tout un peuple autour d'eux pleure & frémit d'effroi.

GENGIS.

Idamé, dites-vous, attend la mort de moi?
Ah? raſſurez ſon ame, & faites-lui connaître
Que ſes jours ſont ſacrés, qu'ils ſont chers à ſon maître,
C'en eſt aſſez : volez.

SCENE VI.

GENGIS, OCTAR.

OCTAR.

Quels ordres donnez-vous
Sur cet enfant des Rois qu'on dérobe à nos coups?

GENGIS.

Aucun.

OCTAR.

Vous commandiez que notre vigilance
Aux mains d'Idamé même enlevât ſon enfance.

GENGIS.

Qu'on attende.

OCTAR.

On pourrait....

GENGIS.

TRAGÉDIE.

GENGIS.
Il ne peut m'échapper.

OCTAR.
Peut-être elle vous trompe.

GENGIS.
Elle ne peut tromper.

OCTAR.
Voulez-vous de ses Rois conserver ce qui reste ?

GENGIS.
Je veux qu'Idamé vive; ordonne tout le reste.
Va la trouver; mais non, cher Octar, hâte-toi
De forcer son époux à fléchir sous ma loi.
C'est peu de cet enfant, c'est peu de son supplice;
Il faut bien qu'il me fasse un plus grand sacrifice.

OCTAR.
Lui ?

GENGIS.
Sans doute, oui, lui-même.

OCTAR.
Et quel est votre espoir ?

GENGIS.
De dompter Idamé, de l'aimer, de la voir;
D'être aimé de l'ingrate, ou de me venger d'elle;
De la punir; tu vois ma faiblesse nouvelle.
Emporté, malgré moi, par de contraires vœux,
Je frémis, & j'ignore encor ce que je veux.

Fin du troisieme Acte.

ACTE IV.

SCENE PREMIERE.

GENGIS, Troupe de guerriers Tartares.

Ainsi la liberté, le repos & la paix,
Ce but de mes travaux me fuira pour jamais ?
Je ne puis être à moi ! d'aujourd'hui je commence
A sentir tout le poids de ma triste puissance.
Je cherchais Idamé : je ne vois près de moi
Que ces chefs importuns qui fatiguent leur Roi.

A sa suite.

Allez ; au pied des murs hâtez-vous de vous rendre;
L'insolent Coréen ne pourra nous surprendre.
Ils ont proclamé Roi cet enfant malheureux ;
Et, sa tête à la main, je marcherai contr'eux.
Pour la derniere fois que Zamti m'obéisse ;
J'ai trop de cet enfant différé le supplice.

Il reste seul.

Allez. Ces soins cruels à mon sort attachés
Gènent trop mes esprits d'un autre soin touchés.
Ce peuple à contenir, ces vainqueurs à conduire,
Des périls à prévoir, des complots à détruire ;

Que tout pese à mon cœur en secret tourmenté !
Ah ! je fus plus heureux dans mon obscurité.

SCENE II.
GENGIS, OCTAR.

GENGIS.

EH bien, avez-vous vû ce Mandarin farouche ?

OCTAR.

Nul péril ne l'émeut, nul respect ne le touche.
Seigneur, en votre nom j'ai rougi de parler
A ce vil ennemi qu'il fallait immoler.
D'un œil d'indifférence il a vu le supplice ;
Il répéte les noms de devoir, de justice ;
Il brave la victoire : on dirait que sa voix
Du haut d'un tribunal nous dicte ici des loix.
Confondez avec lui son épouse rebelle ;
Ne vous abaissez point à soupirer pour elle.
Et détournez les yeux de ce couple proscrit,
Qui vous ose braver, quand la terre obéit.

GENGIS.

Non, je ne reviens point encor de ma surprise.
Quels sont donc ces humains que mon bonheur maî-
  trise ?
Quels sont ces sentimens qu'au fond de nos climats
Nous ignorions encore, & ne soupçonnions pas ?

A son Roi, qui n'est plus, immolant la nature,
L'un voit périr son fils sans crainte & sans murmure;
L'autre pour son époux est prêt de s'immoler;
Rien ne peut les fléchir, rien ne les fait trembler.
Que dis-je? si j'arrête une vue attentive
Sur cette nation désolée & captive,
Malgré moi je l'admire en lui donnant des fers.
Je vois que ces travaux ont instruit l'univers;
Je vois un peuple antique, industrieux, immense;
Ses Rois sur la sagesse ont fondé leur puissance;
De leurs voisins soumis heureux Législateurs,
Gouvernant sans conquête, & regnant par les mœurs.
Le Ciel ne nous donna que la force en partage;
Nos Arts sont les combats, détruire est notre ouvrage.
Ah! de quoi m'ont servi tant de succès divers?
Quel fruit me revient-il des pleurs de l'univers?
Nous rougissons de sang le char de la victoire;
Peut-être qu'en effet il est une autre gloire.
Mon cœur est en secret jaloux de leurs vertus,
Et vainqueur je voudrais égaler les vaincus.

OCTAR.

Pouvez-vous de ce peuple admirer la faiblesse?
Quel mérite ont des arts enfans de la mollesse,
Qui n'ont pû les sauver des fers & de la mort?
Le faible est destiné pour servir le plus fort.
Tout céde sur la terre aux travaux, au courage;
Mais c'est vous qui cédez, qui souffrez un outrage;
Vous, qui tendez les mains, malgré votre courroux,
A je ne sais quels fers inconnus parmi nous;

TRAGÉDIE.

Vous qui vous exposez à la plainte importune
De ceux dont la valeur a fait votre fortune.
Ces braves compagnons de vos travaux passés
Verront-ils tant d'honneurs par l'amour effacés ?
Leur grand cœur s'en indigne, & leurs fronts en rou‑
    gissent :
Leurs clameurs jusqu'à vous par ma voix retentissent:
Je vous parle en leur nom, comme au nom de l'Etat ;
Excusez un Tartare, excusez un soldat
Blanchi sous le harnois & dans votre service,
Qui ne peut supporter un amoureux caprice,
Et qui montre la gloire à vos yeux éblouis.

GENGIS.

Que l'on cherche Idamé.

OCTAR.

    Vous voulez...

GENGIS.

            Obéis.
De ton zèle hardi réprime la rudesse ;
Je veux que mes sujets respectent ma faiblesse.

SCENE III.

GENGIS seul.

A Mon sort à la fin je ne puis résister !
Le Ciel me la destine, il n'en faut point douter.
Qu'ai-je fait, après tout, dans ma grandeur suprême ?
J'ai fait des malheureux, & je le suis moi-même.
Et de tous ces mortels attachés à mon rang,
Avides de combats, prodigues de leur sang,
Un seul a-t-il jamais, arrêtant ma pensée,
Dissipé les chagrins de mon ame oppressée ?
Tant d'états subjugués ont-ils rempli mon cœur ?
Ce cœur lassé de tout, demandait une erreur
Qui pût de mes ennuis chasser la nuit profonde;
Et qui me consolât sur le trône du monde.
Par ses tristes conseils Octar m'a révolté.
Je ne vois près de moi qu'un tas ensanglanté
De monstres affamés, & d'assassins sauvages,
Disciplinés au meurtre, & formés aux ravages.
Ils sont nés pour la guerre, & non pas pour la Cour ;
Je les prens en horreur, en connaissant l'amour.
Qu'ils combattent sous moi, qu'ils meurent à ma
    suite ;
Mais qu'ils n'osent jamais juger de ma conduite.
Idamé ne vient point... c'est elle, je la voi.

SCENE IV.

GENGIS, IDAMÉ.

IDAME'.

Quoi ! vous voulez jouir encor de mon effroi !
Ah ! Seigneur, épargnez une femme, une mère.
Ne rougissez-vous pas d'accabler ma misère ?

GENGIS.

Cessez à vos frayeurs de vous abandonner :
Votre époux peut se rendre, on peut lui pardonner.
J'ai déja suspendu l'effet de ma vengeance,
Et mon cœur pour lui seul a connu la clémence.
Peut-être ce n'est pas sans un ordre des cieux,
Que mes prospérités m'ont conduit à vos yeux.
Peut-être le destin voulut vous faire naître
Pour fléchir un vainqueur, pour captiver un maître,
Pour adoucir en moi cette âpre dureté
Des climats où mon sort en naissant m'a jetté.
Vous m'entendez; je regne, & vous pourriez reprendre
Un pouvoir que sur moi vous deviez peu prétendre.
Le divorce en un mot par mes loix est permis ;
Et le vainqueur du monde à vous seule est soumis.
S'il vous fut odieux, le trône a quelques charmes ;
Et le bandeau des Rois peut essuyer des larmes.

L'intérêt de l'Etat & de vos citoyens
Vous presse autant que moi de former ces liens.
Ce langage sans doute a de quoi vous surprendre.
Sur les débris fumans des trônes mis en cendre,
Le destructeur des Rois dans la poudre oubliés
Semblait n'être plus fait pour se voir à vos pieds.
Mais sachez qu'en ces lieux votre foi fut trompée,
Par un rival indigne elle fut usurpée ;
Vous la devez, Madame, au vainqueur des humains.
Témugin vient à vous vingt Sceptres dans les mains.
Vous baissez vos regards, & je ne puis comprendre,
Dans vos yeux interdits, ce que je dois attendre.
Oubliez mon pouvoir, oubliez ma fierté ;
Pesez vos intérêts, parlez en liberté.

IDAMÉ.

A tant de changemens tour à tour condamnée,
Je ne le cèle point, vous m'avez étonnée.
Je vais, si je le peux, reprendre mes esprits ;
Et quand je répondrai, vous serez plus surpris.
Il vous souvient du tems & de la vie obscure,
Où le Ciel enfermait votre grandeur future.
L'effroi des nations n'était que Témugin ;
L'univers n'était pas, Seigneur, en votre main :
Elle était pure alors, & me fut présentée.
Apprenez qu'en ce tems je l'aurais acceptée.

GENGIS.

Ciel ! que m'avez-vous dit ! ô Ciel ! vous m'aimeriez ?
Vous !

IDAMÉ.

J'ai dit que ces vœux que vous me présentiez ;

TRAGÉDIE.

N'auraient point révolté mon ame assujettie,
Si les sages mortels, à qui j'ai dû la vie,
N'avaient fait à mon cœur un contraire devoir.
De nos parens sur nous vous savez le pouvoir :
Du Dieu que nous servons ils sont la vive image ;
Nous leur obéissons en tout tems, à tout âge.
Cet Empire détruit, qui dut être immortel,
Seigneur, était fondé sur le droit paternel,
Sur la foi de l'Hymen, sur l'honneur, la justice,
Le respect des sermens ; & s'il faut qu'il périsse,
Si le sort l'abandonne à vos heureux forfaits,
L'esprit qui l'anima ne périra jamais.
Vos destins sont changés ; mais le mien ne peut l'être.

GENGIS.

Quoi ! vous m'auriez aimé !

IDAMÉ.

     C'est à vous de connaître,
Que ce serait encore une raison de plus,
Pour n'attendre de moi qu'un éternel refus.
Mon Hymen est un nœud formé par le Ciel même ;
Mon époux m'est sacré ; je dirai plus, je l'aime.
Je le préfere à vous, au trône, à vos grandeurs.
Pardonnez mon aveu, mes respectez nos mœurs.
Ne pensez pas non plus que je mette ma gloire
A remporter sur vous cette illustre victoire,
A braver un vainqueur, à tirer vanité
De ces justes refus qui ne m'ont point coûté.
Je remplis mon devoir, & je me rends justice ;
Je ne fais point valoir un pareil sacrifice.

Portez ailleurs les dons que vous me proposez,
Détachez-vous d'un cœur qui les a méprisés ;
Et puisqu'il faut toujours qu'Idamé vous implore,
Permettez qu'à jamais mon epoux les ignore.
De ce faible triomphe il serait moins flatté,
Qu'indigné de l'outrage à ma fidélité.

GENGIS.

Il sait mes sentimens ; Madame, il faut les suivre ;
Il s'y conformera, s'il aime encore à vivre.

IDAMÉ.

Il en est incapable ; & si dans les tourmens
La douleur égalait ses nobles sentimens,
Si son ame vaincue avait quelque mollesse,
Mon devoir & ma foi soutiendraient sa faiblesse.
De son cœur chancelant je deviendrais l'appui,
En attestant des nœuds deshonorés par lui.

GENGIS.

Ce que je viens d'entendre, ô dieux ! est il croyable ?
Quoi ! lorsqu'envers vous-même il s'est rendu coupable ;
Lorsque sa cruauté, par un barbare effort,
Vous arrachant un fils, l'a conduit à la mort !

IDAMÉ.

Il eut une vertu, Seigneur, que je révère ;
Il pensait en héros ; je n'agissais qu'en mère.
Et si j'étais injuste assez pour le hair,
Je me respecte assez pour ne le point trahir.

GENGIS.

Tout m'étonne dans vous, mais aussi tout m'outrage,
J'adore avec dépit cet excès de courage.

Je vous aime encor plus quand vous me résistez ;
Vous subjuguez mon cœur, & vous le révoltez.
Redoutez-moi ; sachez que, malgré ma faiblesse,
Ma fureur peut aller plus loin que ma tendresse.

   IDAMÉ.

Je sais qu'ici tout tremble, ou périt sous vos coups;
Les loix vivent encore, & l'emportent sur vous.

   GENGIS.

Les loix ! il n'en est plus : quelle erreur obstinée
Ose les alléguer contre ma destinée ?
Il n'est ici de loix que celles de mon cœur,
Celles d'un souverain, d'un Scythe, d'un vainqueur.
Les loix que vous suivez m'ont été trop fatales.
Oui, lorsque dans ces lieux nos fortunes égales,
Nos sentimens, nos cœurs l'un vers l'autre emportés ;
(Car je le crois ainsi malgré vos cruautés).
Quand tout nous unissait ; vos loix, que je déteste,
Ordonnèrent ma honte & votre Hymen funeste.
Je les anéantis, je parle, c'est assez ;
Imitez l'univers, Madame ; obéissez.
Vos mœurs que vous vantez, vos usages austères
Sont un crime à mes yeux, quand ils me sont contrai-
  res.
Mes ordres sont donnés ; & votre indigne époux
Doit remettre en mes mains votre Empereur & vous.
Leurs jours me répondront de votre obéissance.
Pensez-y, vous savez jusqu'où va ma vengeance ;
Et songez à quel prix vous pouvez désarmer
Un maître qui vous aime, & qui rougit d'aimer.

SCENE V.
IDAMÉ, ASSELI.

IDAMÉ.

IL me faut donc choisir leur perte ou l'infamie.
O pur sang de mes Rois ! ô moitié de ma vie !
Cher époux, dans mes mains quand je tiens votre sort,
Ma voix sans balancer vous condamne à la mort.

ASSELI.

Ah ! reprenez plutôt cet Empire suprême
Qu'aux beautés, aux vertus attache le Ciel même ;
Ce pouvoir qui soumit le Scythe furieux
Aux loix de la raison qu'il lisait dans vos yeux ;
Un seul mot quelquefois désarme la colère.
Que ne pouvez-vous point, puisque vous savez plaire?

IDAMÉ.

Dans l'état où je suis, c'est un malheur de plus.

ASSELI.

Vous seule adouciriez le destin des vaincus.
Dans nos calamités, le Ciel, qui vous seconde,
Veut vous opposer seule à ce tyran du monde.
Vous avez vû tantôt son courage irrité
Se dépouiller pour vous de sa férocité.
Il aurait dû cent fois, il devrait même encore
Perdre dans votre époux un rival qu'il abhorre.
Zamti pourtant respire après l'avoir bravé ;
A son épouse encore il n'est point enlevé ;

On vous respecte en lui ; ce vainqueur sanguinaire
Sur les débris du monde a craint de vous déplaire ;
Enfin souvenez-vous que dans ces mêmes lieux
Il sentit le premier le pouvoir de vos yeux ;
Son amour autrefois fut pur & légitime.

IDAMÉ.

Arrête ; il ne l'est plus ; y penser est un crime.

SCENE VI.

ZAMTI, IDAMÉ, ASSELI.

IDAMÉ.

AH ! dans ton infortune, & dans mon désespoir,
Suis-je encor ton épouse, & peux-tu me revoir ?

ZAMTI.

On le veut : du tyran tel est l'ordre funeste ;
Je dois à ses fureurs ce moment qui me reste.

IDAMÉ.

On t'a dit à quel prix ce tyran daigne enfin
Sauver tes tristes jours & ceux de l'Orphelin.

ZAMTI.

Ne parlons pas des miens, laissons notre infortune.
Un citoyen n'est rien dans la perte commune ;
Il doit s'anéantir. Idamé, souvien-toi
Que mon devoir unique est de sauver mon Roi ;

Nous lui devions nos jours, nos services, notre être;
Tout jusqu'au sang d'un fils qui nâquit pour son maître;
Mais l'honneur est un bien que nous ne devons pas.
Cependant l'Orphelin n'attend que le trépas;
Mes soins l'ont enfermé dans ces aziles sombres,
Où des Rois ses ayeux on révère les ombres;
La mort, si nous tardons, l'y dévore avec eux.
En vain des Coréens le Prince généreux
Attend ce cher dépôt que lui promit mon zèle.
Etan, de son salut ce ministre fidèle,
Etan, ainsi que moi, se voit chargé de fers.
Toi seule à l'Orphelin reste dans l'Univers.
C'est à toi maintenant de conserver sa vie,
Et ton fils, & ta gloire à mon honneur unie.

IDAME'.

Ordonne, que veux-tu? Que faut-il?

ZAMTI.

M'oublier.
Vivre pour ton pays, lui tout sacrifier.
Ma mort, en éteignant les flambeaux d'Hymenée,
Est un arrêt des cieux qui fait ta destinée.
Il n'est plus d'autres soins ni d'autres loix pour nous.
L'honneur d'être fidèle aux cendres d'un époux
Ne saurait balancer une gloire plus belle;
C'est au Prince, à l'Etat qu'il faut être fidèle.
Remplissons de nos Rois les ordres absolus.
Je leur donnai mon fils, je leur donne encor plus.
Libre par mon trépas, enchaîne ce Tartare;
Eteins sur mon tombeau les foudres du barbare.

TRAGÉDIE. 231

Je commence à sentir la mort avec horreur,
Quand ma mort t'abandonne à cet usurpateur.
Je fais en frémissant ce sacrifice impie,
Mais mon devoir l'épure & mon trépas l'expie ;
Il était nécessaire autant qu'il est affreux.
Idamé, sers de mère à ton Roi malheureux.
Regne, que ton Roi vive, & que ton époux meure.
Regne, dis-je, à ce prix : oui, je le veux....

IDAMÉ.

Demeure,
Me connais-tu ? Veux-tu que ce funeste rang
Soit le prix de ma honte, & le prix de ton sang ?
Penses-tu que je sois moins épouse que mère ?
Tu t'abuses, cruel ; & ta vertu sévère
A commis contre toi deux crimes en un jour,
Qui font frémir tous deux la nature & l'amour.
Barbare envers ton fils, & plus envers moi-même,
Ne te souvient-il plus qui je suis, & qui t'aime ?
Crois-moi : dans nos malheurs il est un sort plus beau,
Un plus noble chemin pour descendre au tombeau.
Soit amour, soit mépris, le tyran qui m'offense,
Sur moi, sur mes desseins, n'est pas en défiance.
Dans ces remparts fumans, & de sang abreuvés,
Je suis libre, & mes pas ne sont point observés ;
Le chef des Coréens s'ouvre un secret passage
Non loin de ces tombeaux, où ce précieux gage
A l'œil qui le poursuit fut caché par tes mains.
De ces tombeaux sacrés je sai tous les chemins ;
Je cours y ranimer sa languissante vie,
Le rendre aux défenseurs armés pour la patrie ;

Le porter en mes bras dans leur rang belliqueux,
Comme un préfent d'un dieu qui combat avec eux.
Nous mourrons, je le fai ; mais tout couverts de gloire.
Nous laifferons de nous une illuftre mémoire ;
Mettons nos noms obfcurs au rang des plus grands noms ;
Et juges fi mon cœur a fuivi tes leçons.

ZAMTI.

Tu l'infpires, grand Dieu; que ton bras la foutienne !
Idamé, ta vertu l'emporte fur la mienne.
Toi feule as mérité que les cieux attendris
Daignent fauver par toi ton Prince & ton pays.

Fin du quatriéme Acte.

ACTE V.

SCENE PREMIERE.
IDAMÉ, ASSELI.

ASSELI.

Quoi ! rien n'a réfisté ! tout a fui fans retour !
Quoi ! je vous vois deux fois fa captive en un jour !
Fallait-il affronter ce conquérant fauvage ?
Sur les faibles mortels il a trop d'avantage.
Une femme, un enfant, des guerriers fans vertu !
Que pouviez-vous ? Hélas !

IDAMÉ.

　　　　　　　J'ai fait ce que j'ai dû ;
Tremblante pour mon fils, fans force, inanimée,
J'ai porté dans mes bras l'Empereur à l'armée.
Son afpect a d'abord animé les foldats,
Mais Gengis a marché, la mort fuivait fes pas ;
Et des enfans du Nord la horde enfanglantée
Aux fers, dont je fortais, foudain m'a rejettée.
C'en eft fait.

ASSELI.

　　　　Ainfi donc ce malheureux enfant.
Retombe entre fes mains, & meurt prefque en naiffant

Votre époux avec lui termine fa carrière.

ZAMTI.

L'un & l'autre bientôt voit fon heure dernière,
Si l'arrêt de la mort n'eſt point porté contre eux,
C'eſt pour leur préparer des tourmens plus affreux.
Mon fils, ce fils ſi cher, va les fuivre peut-être.
Devant ce fier vainqueur il m'a fallu paraître :
Tout fumant de carnage, il m'a fait appeller
Pour jouir de mon trouble, & pour mieux m'accabler.
Ses regards inſpiraient l'horreur & l'épouvante.
Vingt fois il a levé fa main toute fanglante
Sur le fils de mes Rois, fur mon fils malheureux.
Je me ſuis en tremblant jettée au-devant d'eux.
Toute en pleurs à ſes pieds je me ſuis proſternée ;
Mais lui me repouſſant d'une main forcenée,
La menace à la bouche, & détournant les yeux ;
Il eſt forti penſif, & rentré furieux ;
Et s'adreſſant aux ſiens d'une voix oppreſſée,
Il leur criait : vengeance, & changeait de penſée ;
Tandis qu'autour de lui ſes barbares ſoldats
Semblaient lui demander l'ordre de mon trépas.

ASSELI.

Penſez vous qu'il donnât un ordre ſi funeſte ?
Il laiſſe vivre encor votre époux qu'il déteſte ;
L'Orphelin aux bourreaux n'eſt point abandonné.
Daignez demander grace, & tout eſt pardonné.

IDAMÉ.

Non, ce féroce amour eſt tourné tout en rage.
Ah ! ſi tu l'avais vu redoubler mon outrage,

TRAGÉDIE.

M'assurer de sa haine, insulter à mes pleurs !

ASSELI.

Et vous doutez encor d'asservir ses fureurs ?
Ce lion subjugué, qui rugit dans sa chaîne,
S'il ne vous aimait pas, parlerait moins de haine.

IDAME.

Qu'il m'aime ou me haïsse, il est tems d'achever
Des jours que sans horreur je ne puis conserver.

ASSELI.

Ah ! que résolvez-vous ?

IDAME.

Quand le Ciel en colère
De ceux qu'il persécute a comblé la misere,
Il les soutient souvent dans le sein des douleurs,
Et leur donne un courage égal à leurs malheurs.
J'ai pris dans l'horreur même où je suis parvenue,
Une force nouvelle à mon cœur inconnue.
Va, je ne craindrai plus ce vainqueur des humains ;
Je dépendrai de moi, mon sort est dans mes mains.

ASSELI.

Mais ce fils, cet objet de crainte & de tendresse,
L'abandonnerez-vous ?

IDAME.

Tu me rends ma faiblesse,
Tu me perces le cœur. Ah ! sacrifice affreux !
Que n'avais-je point fait pour ce fils malheureux!
Mais Gengis, après tout, dans sa grandeur altière,
Environné de Rois couchés dans la poussiere,
Ne recherchera point un enfant ignoré,
Parmi les malheureux dans la foule égaré ;

V ij

Ou peut-être il verra d'un regard moins sévere
Cet enfant innocent dont il aima la mère.
A cet espoir au moins mon triste cœur se rend ;
C'est une illusion que j'embrasse en mourant.
Haïra-t-il ma cendre, après m'avoir aimée?
Dans la nuit de la tombe en serai-je opprimée?
Poursuivra-t-il mon fils?

SCENE II.

IDAMÉ, ASSELI, OCTAR.

OCTAR.

Idamé, demeurez:
Attendez l'Empereur en ces lieux retirés.

A sa suite.

Veillez sur ces enfans ; & vous à cette porte,
Tartares, empêchez qu'aucun n'entre & ne sorte.

A Asseli.

Eloignez-vous.

IDAMÉ.

Seigneur, il veut encor me voir.
J'obéis, il le faut, je céde à son pouvoir.
Si j'obtenais du moins, avant de voir mon maît'e,
Qu'un moment à mes yeux mon époux pût paraître,

TRAGÉDIE.

Peut-être du vainqueur les esprits ramenés
Rendraient enfin justice à deux infortunés.
Je sens que je hasarde une priere vaine;
La victoire est chez vous implacable, inhumaine.
Mais enfin la pitié, Seigneur, en vos climats,
Est-elle un sentiment qu'on ne connaisse pas?
Et ne puis-je implorer votre voix favorable?

OCTAR.

Quand l'arrêt est porté, qui conseille est coupable.
Vous n'êtes plus ici sous vos antiques Rois,
Qui laissaient désarmer la rigueur de leurs loix.
D'autres tems, d'autres mœurs : ici regnent les armes ;
Nous ne connaissons point les prieres, les larmes ;
On commande ; & la terre écoute avec terreur.
Demeurez, attendez l'ordre de l'Empereur.

SCENE III.

IDAMÉ seule.

DIEU des infortunés, qui voyez mon outrage,
Dans ces extrémités soutenez mon courage.
Versez du haut des cieux, dans ce cœur consterné,
Les vertus de l'époux que vous m'avez donné.

SCENE IV.

GENGIS-KAN, IDAMÉ, OCTAR, GARDES.

GENGIS.

Non, je n'ai point assez déployé ma colère,
Assez humilié votre orgueil téméraire,
Assez fait de reproche aux infidélités
Dont votre ingratitude a payé mes bontés.
Vous n'avez pas conçu l'excès de votre crime,
Ni tout votre danger, ni l'horreur qui m'anime ;
Vous que j'avais aimée, & que je dus haïr ;
Vous qui me trahissiez, & que je dois punir.

IDAMÉ.

Ne punissez que moi ; c'est la grace dernière
Que j'ose demander à la main meurtrière
Dont j'espérais en vain fléchir la cruauté.
Eteignez dans mon sang votre inhumanité.
Vengez-vous d'une femme à son devoir fidelle ;
Finissez ses tourmens.

GENGIS.

      Je ne le puis, cruelle :
Les miens sont plus affreux : je les veux terminer.
Je viens pour vous punir ; je puis tout pardonner.

TRAGÉDIE. 239

Moi, pardonner ?.... à vous !.... non, craignez
    ma vengeance.
Je tiens le fils des Rois, le vôtre en ma puissance.
De votre indigne époux je ne vous parle pas ;
Depuis que vous l'aimez, je lui dois le trépas.
Il me trahit, me brave ; il ose être rebelle.
Mille morts punissaient sa fraude criminelle ;
Vous retenez mon bras, & j'en suis indigné.
Oui, jusqu'à ce moment le traître est épargné.
Mais je ne prétends plus supplier ma captive.
Il le faut oublier, si vous voulez qu'il vive.
Rien n'excuse à présent votre cœur obstiné :
Il n'est plus votre époux puisqu'il est condamné,
Il a péri pour vous ; votre chaîne odieuse
Va se rompre à jamais par une mort honteuse.
C'est vous qui m'y forcez ; & je ne conçois pas
Le scrupule insensé qui le livre au trépas.
Tout couvert de son sang, je devrais sur sa cendre,
A mes vœux absolus vous forcer de vous rendre.
Mais sachez qu'un barbare, un Scythe, un destruc-
    teur
A quelques sentimens dignes de votre cœur.
Le destin, croyez-moi, nous devait l'un à l'autre ;
Et mon ame a l'orgueil de regner sur la vôtre.
Abjurez votre Hymen ; & dans le même tems
Je place votre fils au rang de mes enfans.
Vous tenez dans vos mains plus d'une destinée ;
Du rejetton des Rois l'enfance condamnée,
Votre époux qu'à la mort un mot peut arracher,
Les honneurs les plus hauts tout prêts à le chercher.

Le destin de son fils, le vôtre, le mien même :
Tout dépendra de vous, puisqu'enfin je vous aime.
Oui, je vous aime encor ; mais ne présumez pas
D'armer contre mes vœux l'orgueil de vos appas.
Gardez-vous d'insulter à l'excès de faiblesse
Que déja mon courroux reproche à ma tendresse ;
C'est un danger pour vous que l'aveu que je fais.
Tremblez de mon amour, tremblez de mes bienfaits.
Mon ame à la vengeance est trop accoutumée ;
Et je vous punirais de vous avoir aimée.
Pardonnez : je menace encore en soupirant,
Achevez d'adoucir ce courroux qui se rend.
Vous ferez d'un seul mot le fort de cet Empire :
Mais ce mot important, Madame, il faut le dire.
Prononcez sans tarder, sans feinte, sans retour,
Si je vous dois enfin ma haine ou mon amour.

IDAMÉ.

L'une & l'autre aujourd'hui serait trop condamnable ;
Votre haine est injuste, & votre amour coupable.
Cet amour est indigne, & de vous, & de moi ;
Vous me devez justice ; & si vous êtes Roi,
Je la veux, je l'attends pour moi contre vous-même,
Je suis loin de braver votre grandeur suprême ;
Je la rappelle en vous lorsque vous l'oubliez :
Et vous-même en secret vous me justifiez.

GENGIS.

Eh bien, vous le voulez : vous choisissez ma haine ;
Vous l'aurez ; & déja je la retiens à peine.
Je ne vous connais plus ; & mon juste courroux
Me rend la cruauté que j'oubliais pour vous.

Votre

TRAGÉDIE.

Votre époux, votre Prince & votre fils, cruelle,
Vont payer de leur sang votre fierté rebelle.
Ce mot que je voulais les a tous condamnés ;
C'en est fait, & c'est vous qui les assassinez.

IDAMÉ.

Barbare !

GENGIS.

Je le suis ; j'allais cesser de l'être.
Vous aviez un amant ; vous n'avez plus qu'un maître ;
Un ennemi sanglant, féroce, sans pitié,
Dont la haine est égale à votre inimitié.

IDAMÉ.

Eh bien, je tombe aux pieds de ce maître sévère.
Le Ciel l'a fait mon Roi ; Seigneur, je le révère ;
Je demande à genoux une grace de lui.

GENGIS.

Inhumaine, est-ce à vous d'en attendre aujourd'hui
Levez-vous : je suis prêt encore à vous entendre.
Pourrais-je me flatter d'un sentiment plus tendre ?
Que voulez-vous ? Parlez.

IDAMÉ.

Seigneur, qu'il soit permis
Qu'en secret mon époux près de moi soit admis ;
Que je lui parle.

GENGIS.

Vous !

IDAMÉ.

Ecoutez ma prière.
Cet entretien sera ma ressource dernière.

Tome I.

Vous jugerez après si j'ai dû résister.

GENGIS.

Non, ce n'était pas lui qu'il fallait consulter :
Mais je veux bien encor souffrir cette entrevue.
Je crois qu'à la raison son ame enfin rendue,
N'osera plus prétendre à cet honneur fatal
De me désobéir, & d'être mon rival.
Il m'enleva son Prince, il vous a possédée.
Que de crimes ! sa grace est encore accordée ;
Qu'il la tienne de vous : qu'il vous doive son sort :
Présentez à ses yeux le divorce ou la mort.
Oui, j'y consens. Octar, veillez à cette porte.
Vous, suivez-moi. Quel soin m'abaisse & me transporte !
Faut-il encore aimer ? est-ce-là mon destin ?

Il sort.

IDAMÉ *seule*.

Je renais, & je sens s'affermir dans mon sein
Cette intrépidité dont je doutais encore.

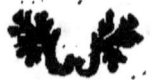

SCENE V.

ZAMTI, IDAMÉ.

IDAMÉ.

O Toi qui me tiens lieu de ce Ciel que j'implore,
Mortel plus respectable, & plus grand à mes yeux
Que tous ces conquérans dont l'homme a fait des
  dieux :
L'horreur de nos destins ne t'est que trop connue ;
La mesure est comblée, & notre heure est venue.

ZAMTI.

Je le sai.

IDAMÉ.

C'est en vain que tu voulus deux fois
Sauver le rejetton de nos malheureux Rois.

ZAMTI.

Il n'y faut plus penser ; l'espérance est perdue.
De tes devoirs sacrés tu remplis l'étendue.
Je mourrai consolé.

IDAMÉ.

Que deviendra mon fils ?
Pardonne encor ce mot à mes sens attendris :
Pardonne à ces soupirs ; ne vois que mon courage.

ZAMTI.

Nos Rois sont au tombeau, tout est dans l'esclavage.

Va, crois-moi, ne plaignons que les infortunés,
Qu'à respirer encor le Ciel a condamnés.

IDAMÉ.

La mort la plus honteuse est ce qu'on te prépare.

ZAMTI.

Sans doute ; & j'attendais les ordres du barbare.
Ils ont tardé long-tems.

IDAMÉ.

Eh bien, écoute-moi.
Ne saurons-nous mourir que par l'ordre d'un Roi ?
Les taureaux aux autels tombent en sacrifice ;
Les criminels tremblant sont traînés au supplice ;
Les mortels généreux disposent de leur sort.
Pourquoi des mains d'un maître attendre ici la mort ?
L'homme était-il donc né pour tant de dépendance ?
De nos voisins altiers imitons la constance.
De la nature humaine ils soutiennent les droits,
Vivent libres chez eux, & meurent à leur choix.
Un affront leur suffit pour sortir de la vie,
Et plus que le néant ils craignent l'infamie.
Le hardi Japonnois n'attend pas qu'au cercueil
Un Despote insolent le plonge d'un coup d'œil.
Nous avons enseigné ces braves insulaires ;
Apprenons d'eux enfin des vertus nécessaires ;
Sachons mourir comme eux.

ZAMTI.

Je t'approuve ; & je crois
Que le malheur extrême est au-dessus des loix.
J'avais déjà conçu tes desseins magnanimes ;
Mais seuls & désarmés, esclaves & victimes,

Courbés sous nos tyrans, nous attendons leurs coups.
IDAMÉ *en tirant un poignard.*
Tiens, sois libre avec moi ; frappe, & délivre-nous.
ZAMTI.
Ciel !
IDAMÉ.
Déchire ce sein, ce cœur qu'on deshonore.
J'ai tremblé que ma main, mal affermie encore,
Ne portât sur moi-même un coup mal assuré.
Enfonce dans ce cœur un bras moins égaré ;
Immole avec courage une épouse fidelle ;
Tout couvert de mon sang, tombe, & meurs auprès
d'elle.
Qu'à mes derniers momens j'embrasse mon époux ;
Que le tyran le voye, & qu'il en soit jaloux.
ZAMTI.
Grace au Ciel jusqu'au bout ta vertu persévere ;
Voilà de ton amour la marque la plus chère.
Digne épouse, reçoi mes éternels adieux ;
Donne ce glaive, donne, & détourne les yeux.
IDAMÉ *en lui donnant le poignard.*
Tiens, commence par moi : tu le dois, tu balances !
ZAMTI.
Je ne puis.
IDAMÉ.
Je le veux.
ZAMTI.
Je frémis.
IDAMÉ.
Tu m'offenses,

Frappe, & tourne sur toi tes bras ensanglantés.

ZAMTI.

Eh bien, imite-moi.

IDAME *lui saisissant le bras.*

Frappe, dis-je....

SCENE IV.
GENGIS, OCTAR, IDAMÉ, ZAMTI, GARDES.

GENGIS *accompagné de ses gardes, & désarmant Zamti.*

Arretez.
Arrêtez, malheureux ! ô Ciel ! qu'allez-vous faire ?

IDAMÉ.

Nous délivrer de toi, finir notre misère,
A tant d'atrocités dérober notre sort.

ZAMTI.

Veux-tu nous envier jusques à notre mort ?

GENGIS.

Oui.... Dieu, maître des Rois, à qui mon cœur s'a-
dresse ;
Témoin de mes affronts, témoin de ma faiblesse,
Toi, qui mis à mes pieds tant d'États, tant de Rois,
Deviendrai-je à la fin digne de mes exploits !...
Tu m'outrages, Zamti ; tu l'emportes encore
Dans un cœur né pour moi, dans un cœur que j'adore

TRAGÉDIE.

Ton épouse à mes yeux, victime de sa foi,
Veut mourir de ta main plutôt que d'être à moi.
Vous apprendrez tous deux à souffrir mon empire;
Peut-être à faire plus.

IDAMÉ.
Que prétends-tu nous dire?

ZAMTI.
Quel est ce nouveau trait de l'inhumanité?

IDAMÉ.
D'où vient que notre arrêt n'est pas encor porté?

GENGIS.
Il y a l'être, Madame, & vous allez l'apprendre:
Vous me rendiez justice, & je vais vous la rendre.
A peine dans ces lieux je crois ce que j'ai vu;
Tous deux je vous admire, & vous m'avez vaincu:
Je rougis, sur le trône où m'a mis la victoire,
D'être au-dessous de vous au milieu de ma gloire.
En vain par mes exploits j'ai su me signaler:
Vous m'avez avili; je veux vous égaler.
J'ignorais qu'un mortel pût se dompter lui-même :
Je l'apprends; je vous dois cette gloire suprême.
Jouissez de l'honneur d'avoir pu me changer.
Je viens vous réunir; je viens vous protéger.
Veillez, heureux époux, sur l'innocente vie
De l'enfant de vos Rois, que ma main vous confie.
Par le droit des combats, j'en pouvais disposer :
Je vous remets ce droit dont j'allais abuser.
Croyez qu'à cet enfant heureux dans sa misère,
Ainsi qu'à votre fils, je tiendrai lieu de père.

X iiij

Vous verrez si l'on peut se fier à ma foi.
Je fus un conquérant ; vous m'avez fait un Roi.

A Zamti.

Soyez ici des loix l'interprète suprême ;
Rendez leur ministère aussi saint que vous-même ;
Enseignez la raison, la justice & les mœurs.
Que les peuples vaincus gouvernent les vainqueurs.
Que la sagesse regne, & préside au courage.
Triomphez de la force ; elle vous doit hommage.
J'en donnerai l'exemple ; & votre souverain
Se soumet à vos loix, les armes à la main.

IDAMÉ.

Ciel ! que viens-je d'entendre ? Hélas ! puis-je vous croire ?

ZAMTI.

Etes-vous digne enfin, Seigneur, de votre gloire ?
Ah ! vous ferez aimer votre joug aux vaincus.

IDAMÉ.

Qui put vous inspirer ce dessein ?

GENGIS.

Vos vertus.

Fin du cinquiéme & dernier Acte.

LETTRE

A. M. J. J. R. C. D. C.

J'AI reçû, monsieur, votre nouveau livre contre le genre humain; je vous en remercie. Vous plairez aux hommes à qui vous dites leurs vérités; & vous ne les corrigerez pas. On ne peut peindre avec des couleurs plus fortes les horreurs de la société humaine, dont notre ignorance & notre faiblesse se promettent tant de consolations. On n'a jamais tant employé d'esprit à vouloir nous rendre bêtes. Il prend envie de marcher à quatre pattes, quand on lit votre ouvrage. Cependant, comme il y a plus de soixante ans que j'en ai perdu l'habitude, je sens malheureusement qu'il m'est impossible de la reprendre; & je laisse cette allure naturelle à ceux qui en sont plus dignes que vous & moi. Je ne peux non plus m'embarquer pour aller trouver les Sauvages du Canada; premierement, parce que les maladies dont je suis accablé me retiennent auprès du plus grand Médecin de l'Europe, & que je ne trouverais pas les mêmes secours chez les Missouris: secondement, parce que la guerre est portée dans ces pays-là, & que les exemples de nos nations ont rendu les Sauvages presque aussi méchans que nous. Je me borne à être un Sauvage paisible dans la solitude que j'ai choisie auprès de votre patrie, où vous êtes tant désiré.

Je conviens avec vous que les Belles-Lettres & les sciences ont causé quelquefois beaucoup de mal. Les ennemis du *Tasse* firent de sa vie un tissu de malheurs : ceux de *Galilée* le firent gémir dans les prisons, à soixante & dix ans, pour avoir connu le mouvement de la terre ; & ce qu'il y a de plus honteux, c'est qu'ils l'obligèrent à se rétracter. Vous savez quelles traverses vos amis essuyèrent, quand ils commencèrent cet ouvrage, aussi utile qu'immense de l'Encyclopédie, auquel vous avez tant contribué.

Si j'osais me compter parmi ceux dont les travaux n'ont eu que la persécution pour récompense, je vous ferais voir des gens acharnés à me perdre, du jour que je donnai la Tragédie d'*Œdipe* ; une bibliothèque de calomnies imprimées contre moi ; un homme qui m'avait des obligations assez connues, me payant de mon service par vingt libelles ; un autre, beaucoup plus coupable encore, faisant imprimer mon propre ouvrage du *Siécle de Louis XIV*. avec des notes dans lesquelles la plus crasse ignorance vomit les plus infâmes impostures ; un autre qui vend à un

Libraire quelques chapitres d'une prétendue *Histoire Universelle* sous mon nom, le Libraire assez avide pour imprimer ce tissu informe de bévues, de fausses dattes, de faits & de noms estropiés; & enfin des hommes assez injustes pour m'imputer la publication de cette rapsodie. Je vous ferais voir la Société infectée de ce nouveau genre d'hommes inconnus à toute l'antiquité, qui ne pouvant embrasser une profession honnête, soit de manœuvre, soit de laquais, & sachant malheureusement lire & écrire, se font courtiers de Littérature, vivent de nos ouvrages, volent des manuscrits, les défigurent & les vendent. Je pourrais me plaindre que des fragmens d'une plaisanterie faite il y a près de trente ans, sur le même sujet que *Chapelain* eut la bétise de traiter sérieusement, courent aujourd'hui le monde par l'infidélité & l'avarice de ces malheureux qui ont mêlé leurs grossieretés à ce badinage, qui en ont rempli les vuides avec autant de sottise que de malice, & qui enfin au bout de trente ans vendent par tout en manuscrit, ce qui n'appartient qu'à eux, & qui n'est digne que d'eux. J'ajouterais qu'en dernier lieu on a volé une partie des matériaux que j'avais rassemblés dans les archives publiques, pour servir à l'histoire de la guerre de 1741. lorsque j'étais Historiographe de France, qu'on a vendu à un Libraire ce fruit de mon travail; qu'on se saisit à l'envi de mon bien, comme si j'étais déja mort, & qu'on le dénature pour le mettre à l'encant. Je vous peindrais l'ingratitude, l'imposture & la rapine me poursuivant depuis quarante ans jusqu'au pied des Alpes, & jusqu'au bord de mon tombeau. Mais que conclûrai-je de toutes ces tribulations ? Que je ne dois pas me plaindre; que *Pope*, *Descartes*, *Bayle*, *le Camouens*, & cent autres, ont essuyé les mêmes injustices & de plus grandes; que cette destinée est celle de presque tous ceux que l'amour des Lettres a trop séduits.

Avouez, en effet, monsieur, que ce sont là de ces petits malheurs particuliers, dont à peine la société s'apperçoit. Qu'importe au genre humain que quelques frêlons pillent le miel de quelques Abeilles ? Les gens de lettres font grand bruit de toutes ces petites querelles; le reste du monde ou les ignore, ou en rit.

De toutes les amertumes répandues sur la vie humaine, ce sont là les moins funestes. Les épines attachées à la littérature, & à un peu de réputation, ne sont que des fleurs en comparaison des autres maux qui de tout tems ont inondé la terre. Avouez que ni *Cicéron*, ni *Varron*, ni *Lucrèce*, ni *Virgile*, ni *Horace*, n'eurent la moindre part aux proscriptions. *Marius* était un ignorant. Le barbare *Sylla*, le crapuleux *Antoine*, l'imbécille *Lépide* lisaient peu *Platon* & *Sophocle*; & pour ce tyran sans courage, *Octave Cépias*, surnommé si lâchement *Auguste*, il ne fut un détastable assassin, que dans le tems où il fut privé de la société des gens de Lettres.

Avouez que *Pétrarque* & *Bocace* ne firent pas naître les troubles de l'Italie. Avouez que le badinage de *Marot* n'a pas produit la St. *Barthelemi*, & que la Tragédie du *Cid* ne causa pas les troubles de la Fronde. Les grands crimes n'ont guère été commis que par de célèbres ignorans. Ce qui fait, & fera toujours de ce monde une vallée de larmes, c'est l'insatiable cupidité, & l'indomptable orgueil des hommes, depuis *Thamas Kouli-Kan*, qui ne savait pas lire, jusqu'à un commis de la Douane qui ne sait que chiffrer. Les lettres nourrissent l'ame, la rectifient, la consolent ; elles vous servent, monsieur, dans le tems que vous écrivez contre elles ; vous êtes comme *Achilles* qui s'emporte contre la gloire, & comme le père *Mallebranche*, dont l'imagination brillante écrivait contre l'imagination.

Si quelqu'un doit se plaindre des lettres, c'est moi, puisque dans tous les tems, &

dans tous les lieux, elles ont servi à me persécuter. Mais il faut les aimer, malgré l'abus qu'on en fait; comme il faut aimer la société, dont tant d'hommes méchans corrompent les douceurs; comme il faut aimer sa patrie, quelques injustices qu'on y essuye.

FIN.

POEME
SUR LE DESASTRE
DE LISBONNE.

PREFACE

PRÉFACE
DE L'AUTEUR.

SI jamais la question du Mal Physique a mérité l'attention de tous les hommes, c'est dans ces événemens funestes qui nous rappellent à la contemplation de notre faible nature, comme les pestes générales qui ont enlevé le quart des hommes dans le monde connu, le tremblement de terre qui engloutit quatre cent mille personnes à la Chine en 1699, celui de Lima & de Callao, & en dernier lieu celui de Portugal & du Royaume de Fez. L'axiome, *Tout est bien*, paraît un peu étrange à ceux qui sont les témoins de ces désastres. Tout est arrangé, tout est ordonné, sans doute par la Providence; mais il n'est que trop sensible, que tout depuis long-tems n'est pas arrangé pour notre bien-être présent.

Lorsque l'illustre *Pope* donna son *Essai sur l'homme*, & qu'il développa dans ses vers immortels les systêmes de *Leibnitz*, du Lord

PRÉFACE

Shaftersburi, & du Lord Ballingbroke, une foule de Théologiens de toutes les Communions attaqua ce systême. On se révoltait contre cet axiome nouveau que *Tout est bien*; que *l'homme jouit de la seule mesure du bonheur, dont son être doit être susceptible*, &c... Il y a toujours un sens dans lequel on peut condamner un écrit, & un sens dans lequel on peut l'approuver. Il serait bien plus raisonnable de ne faire attention qu'aux beautés utiles d'un ouvrage, & de n'y point chercher un sens odieux. Mais c'est une des imperfections de notre nature, d'interpréter malignement tout ce qui peut être interprété, & de vouloir décrier tout ce qui a du succès.

On crut donc voir dans cette proposition, *Tout est bien*, le renversement du fondement des idées reçues. Si *tout est bien*, disait-on, il est donc faux que la nature humaine soit déchue. Si l'ordre général exige que tout soit comme il est, la nature humaine n'a donc pas été corrompue; elle n'a donc pas eu besoin de Rédempteur. Si ce monde, tel qu'il est, est le meilleur des mondes possibles, on ne peut donc pas espérer un avenir plus heureux. Si tous les maux dont nous sommes accablés sont un bien général, toutes les nations policées ont donc eu tort de rechercher l'origine du mal physique & du mal moral. Si un homme, mangé par les bêtes féroces, fait le bien-être de ces bêtes, & contribue à l'ordre du monde ; si les malheurs de tous les particuliers ne sont que la suite de cet ordre général & nécessaire ; nous ne sommes donc que des roues qui servent à faire jouer la grande machine ; nous ne sommes pas plus précieux aux yeux de Dieu, que les animaux qui nous dévorent.

Voilà les conclusions qu'on tirait du poëme de Mr. *Pope* ; & ces conclusions mêmes augmentaient encore la célébrité & le succès de l'ouvrage. Mais on devait l'envisager sous un autre aspect. Il fallait considérer le respect pour la Divinité, la résignation qu'on doit à ses ordres suprêmes, la saine morale, la tolérance, qui sont l'ame de cet excelent écrit. C'est ce que le public a fait ; & l'ouvrage ayant été traduit par des hommes dignes de le traduire, à triomphé d'autant plus des critiques, qu'elles roulaient sur des matières plus délicates.

C'est le propre des censures violentes d'accréditer les opinions qu'elles ataquent. On crie contre un livre, parcequ'il réussit ; on lui impute des erreurs. Qu'arrive-t-il ? Les hommes révoltés contre ces cris, prennent pour des vérités les erreurs mêmes que ces critiques ont cru appercevoir. La censure éleve des fantômes pour les combattre, & les lecteurs indignés embrassent ces fantômes.

PRÉFACE.

Les critiques ont dit : *Leibnitz, Pope enseignent le Fatalisme*, & les partisans de *Leibnitz* & de *Pope* ont dit ; *Si Leibnitz & Pope enseignent le Fatalisme, ils ont donc raison ; & c'est à cette fatalité qu'il faut croire.*

Pope avait dit, *Tout est bien*, en un sens qui était très-recevable ; & ils le disent aujourd'hui en un sens qui pourrait être combattu.

L'Auteur du Poëme sur le désastre de Lisbonne ne combat point l'illustre *Pope*, qu'il a toujours admiré & aimé ; il pense comme lui sur presque tous les points ; mais pénétré des malheurs des hommes, il s'élève contre les abus qu'on peut faire du nouvel axiome *Tout est bien*. Il adopte cette ancienne & triste vérité reconnue de tous les hommes, *qu'il y a du mal sur la Terre* ; il avoue que le mot *Tout est bien*, pris dans un sens absolu, & sans l'espérance d'un avenir, n'est qu'une insulte aux douleurs de notre vie.

Si lorsque Lisbonne, Méquinez, Tétuan, & tant d'autres villes furent englouties avec un si grand nombre de leurs habitans au mois de Novembre 1755. des Philosophes avaient crié aux malheureux qui échapaient à peine des ruines ; *Tout est bien ; les héritiers des morts augmenteront leurs fortunes ; les maçons*

DE L'AUTEUR.

gagneront de l'argent à rebâtir des maisons; les bêtes se nourriront des cadavres enterrés dans les débris. C'est l'effet nécessaire des causes nécessaires; votre mal particulier n'est rien, vous contribuez au bien général. Un tel discours certainement eût été aussi cruel que le tremblement de terre a été funeste : & voilà ce que dit l'Auteur du Poëme sur le désastre de Lisbonne.

Il avoue donc avec toute la terre, qu'il y a du mal sur la terre, ainsi que du bien : il avoue qu'aucun Philosophe n'a pu jamais expliquer l'origine du mal moral, & du mal physique : il avoue que *Bayle*, le plus grand dialecticien qui ait jamais écrit, n'a fait qu'apprendre à douter, & qu'il se combat lui-même : il avoue qu'il y a autant de faiblesses dans les lumiéres de l'homme, que de misères dans sa vie. il expose tous les systèmes en peu de mots. Il dit que la révélation peut seule dénouer ce grand nœud, que tous les Philosophes ont embrouillé; il dit que l'espérance d'un développement de notre être dans un nouvel ordre de choses peut seule consoler des malheurs présens, & que la bonté de la Providence est le seul azile auquel l'homme puisse recourir dans les ténébres de sa raison, & dans les calamités de sa nature faible & mortelle.

P. S. Il est toujours malheureusement nécessaire d'avertir qu'il faut distinguer les objections que se fait un Auteur, de ses réponses aux objections, & ne pas prendre ce qu'il réfute pour ce qu'il adopte.

POEME

SUR LE DÉSASTRE DE LISBONNE,

OU

EXAMEN DE CET AXIOME,

TOUT EST BIEN.

O MALHEUREUX mortels ! ô terre déplorable !
O de tous les fléaux assemblage effroyable !
D'inutiles douleurs éternel entretien !
Philosophes trompés qui criez *Tout est bien*,
Accourez : contemplez ces ruines affreuses ;
Ces débris, ces flambeaux, ces cendres malheureuses,
Ces femmes, ces enfans l'un sur l'autre entassés,
Sous ces marbres rompus ces membres dispersés ;
Cent mille infortunés que la terre dévore,
Qui sanglans, déchirés, & palpitans encore,
Enterrés sous leurs toits, terminent sans secours
Dans l'horreur des tourmens leurs lamentables jours !
 Aux cris demi-formés de leurs voix expirantes,
Au spectacle effrayant de leurs cendres fumantes,
Direz-vous : c'est l'effet des éternelles loix,
Qui d'un DIEU libre & bon nécessitent le choix ?

Direz-vous, en voyant cet amas de victimes :
Dieu s'est vengé, leur mort est le prix de leurs crimes ?
Quel crime, quelle faute ont commis ces enfans,
Sur le sein maternel écrasés & sanglans ?
Lisbonne qui n'est plus eut-elle moins de vices
Que Londres, que Paris, plongés dans les délices ?
Lisbonne est abîmée ; & l'on danse à Paris.

Tranquiles spectateurs, intrépides esprits,
De vos freres mourans contemplant les naufrages ;
Vous recherchez en paix les causes des orages ;
Mais du sort ennemi quand vous sentez les coups ,
Devenus plus humains , vous pleurez comme nous.

Croyez-moi, quand la terre entr'ouvre ses abîmes,
Ma plainte est innocente, & mes cris légitimes.
Par tout environnés des cruautés du sort,
Des fureurs des méchants, des pièges de la mort,
De tous les élémens éprouvant les atteintes,
Compagnons de nos maux , permettez-nous les plaintes.

C'est l'orgueil, dites-vous, l'orgueil séditieux,
Qui prétend qu'étant mal, nous pouvions être mieux.
Allez interroger les rivages du Tage ;
Fouillez dans les débris de ce sanglant ravage,
Demandez aux mourans, dans ce séjour d'effroi,
Si c'est l'orgueil qui crie : *O Ciel, secourez-moi,*
O Ciel, ayez pitié de l'humaine misére.

Tout est bien, dites-vous; & tout est *nécessaire.*
Quoi ? l'univers entier, sans ce gouffre infernal,
Sans engloutir Lisbonne, eût-il été plus mal ?

Etes-vous assurés que la Cause Éternelle,
Qui fait tout, qui sait tout, qui créa tout pour elle,
Ne pouvait nous jetter dans ces tristes climats,
Sans former des volcans allumés sous nos pas ?
Borneriez-vous ainsi la suprême Puissance ?
Lui défendriez vous d'exercer sa clémence ?
L'éternel Artisan n'a-t-il pas dans ses mains
Des moyens infinis tout prêts pour ses desseins ?
Je désire humblement, sans offenser mon maître,
Que ce gouffre enflammé de souffre & de salpêtre
Eût allumé ses feux dans le fond des déserts.
Je respecte mon Dieu ; mais j'aime l'univers.
Quand l'homme ose gémir d'un fléau si terrible,
Il n'est point orgueilleux, hélas ! il est sensible.

 Les tristes habitans de ces bords désolé
Dans l'horreur des tourmens seraient-ils consolés,
Si quelqu'un leur disait : *Tombez, mourez tranquilles ;*
Pour le bonheur du monde on détruit vos asiles ;
D'autres mains vont bâtir vos Palais embrasés ;
D'autres peuples naîtront dans vos murs écrasés ;
Le Nord va s'enrichir de vos pertes fatales,
Tous vos maux sont un bien dans les loix générales ;
Dieu vous voit du même œil que les vils vermisseaux,
Dont vous serez la proye au fond de vos tombeaux ?
A des infortunés quel horrible langage !
Cruels ! à mes douleurs n'ajoutez point l'outrage.

 Non, ne présentez plus à mon cœur agité
Ces immuables loix de la nécessité,
Cette chaîne des corps, des esprits, & des mondes.
O rêves de savans ! ô chimères profondes !

Dieu tient en main la chaîne, & n'est point enchaî‑
    né; (a)
Par son choix bienfaisant tout est déterminé;
Il est libre, il est juste, il n'est point implacable.
Pourquoi donc souffrons-nous sous un maître équita‑
    ble? (*)
Voilà le nœud fatal qu'il fallait délier.
Guéritez-vous nos maux en osant les nier?
Tous les peuples tremblans sous une main divine,
Du mal que vous niez ont cherché l'origine.
Si l'éternelle Loi qui meut les élémens,
Fait tomber les rochers sous les efforts des vents;
Si les chênes touffus par la foudre s'embrasent;
Ils ne ressentent point les coups qui les écrasent;
Mais je vis, mais je sens, mais mon cœur opprimé
Demande des secours au Dieu qui l'a formé.
Enfans du Tout-Puissant, mais nés dans la misère,
Nous étendons les mains vers notre commun père.
Le vase, on le sait bien, ne dit point au potier:
Pourquoi suis-je si vil, si faible, si grossier?
Il n'a point la parole, il n'a point la pensée;
Cette urne en se formant, qui tombe fracassée,
De la main du potier ne reçut point un cœur,
Qui désitât les biens, & sentît son malheur.
Ce malheur, dites-vous, est le bien d'un autre être:
De mon corps tout sanglant mille insectes vont naî‑
    tre,

(a) Voyez les notes à la fin du poeme.

(*) *Sub Deo justo nemo miser nisi mereatur.* S. AUGUST.

Quand la mort met le comble aux maux que j'ai souf-
ferts.
Le beau soulagement d'être mangé des vers !
Tristes calculateurs des misères humaines,
Ne me consolez point ; vous aigrissez mes peines ;
Et je ne vois en vous que l'effort impuissant
D'un fier infortuné qui feint d'être content.

Je ne suis du grand *Tout* qu'une faible partie :
Oui ; mais les animaux condamnés à la vie,
Tous les êtres sentans nés sous la même loi,
Vivent dans la douleur, & meurent comme moi.
Le Vautour acharné sur sa timide proie,
De ses membres sanglans se repaît avec joie :
Tout semble *bien* pour lui ; mais bientôt à son tour
Une Aigle au bec tranchant dévore le Vautour.
L'homme d'un plomb mortel atteint cette Aigle al-
tière,
Et l'homme aux champs de Mars, couché sur la pous-
sière,
Sanglant, percé de coups, sur un tas de mourans,
Sert d'aliment affreux aux oiseaux dévorans.
Ainsi du monde entier tous les membres gémissent ;
Nés tous pour les tourmens, l'un par l'autre ils péris-
sent :
Et vous composerez, dans ce cahos fatal,
Des malheurs de chaque être un bonheur général ?
Quel bonheur ? O mortel, & faible, & misérable !
Vous criez, *Tout est bien*, d'une voix lamentable.
L'univers vous dément, & votre propre cœur
Cent fois de votre esprit a refuté l'erreur.

Elémens, animaux, humains, tout est en guerre.
Il le faut avouer, le *mal* est sur la terre :
Son principe secret ne nous est point connu.
De l'auteur de tout bien le mal est-il venu ?
Est-ce le noir *Tiphon* (1), le barbare *Arimane* (2),
Dont la loi tyrannique à souffrir nous condamne ?
Mon esprit n'admet point ces monstres odieux,
Dont le monde en tremblant fit autrefois des Dieux.
Mais comment concevoir un Dieu, la bonté même,
Qui prodigua ses biens à ses enfans qu'il aime ;
Et qui versa sur eux les maux à pleines mains ?
Quel œil peut pénétrer dans ses profonds desseins ?
De l'Etre Tout parfait le mal ne pouvait naître ;
Il ne vient point d'autrui, (3) puisque Dieu seul est maître.
Il existe pourtant. O tristes vérités !
O mélange étonnant de contrariétés !
Un Dieu vint consoler notre race affligée ;
Il visita la terre, & ne l'a point changée (4) ;
Un Sophiste arrogant nous dit qu'il ne l'a pû ;
Il le pouvait, dit l'autre, il ne l'a point voulu :
Il le voudra sans doute. Et tandis qu'on raisonne,
Des foudres souterrains engloutissent Lisbonne,
Et de trente Cités dispersent les débris,
Des bords sanglans du Tage, à la mer de Cadis.

(1) Principe du mal chez les Egyptiens.
(2) Principe du mal chez les Perses.
(3) C'est-à-dire, d'un autre principe.
(4) Un Philosophe Anglais a prétendu que le monde physique avait du être changé au premier avénement, comme le monde moral.

Ou l'homme est né coupable, & Dieu punit sa race,
Ou ce maître absolu de l'être & de l'espace,
Sans courroux, sans pitié, tranquille, indifférent,
De ses premiers décrets suit l'éternel torrent ;
Ou la matière informe à son maître rebelle,
Porte en soi des défauts *nécessaires* comme elle ;
Ou bien Dieu nous éprouve, & ce séjour mortel (*)
N'est qu'un passage étroit vers un monde éternel.
Nous essuyons ici des douleurs passagères.
Le trépas est un bien qui finit nos misères.
Mais quand nous sortirons de ce passage affreux,
Qui de nous prétendra mériter d'être heureux ?

 Quelque parti qu'on prenne, on doit frémir sans
   doute :
Il n'est rien qu'on connaisse, & rien qu'on ne redoute.
La nature est muette, on l'interroge en vain.
On a besoin d'un Dieu, qui parle au genre humain ;
Il n'appartient qu'à lui d'expliquer son ouvrage,
De consoler le faible, & d'éclairer le sage.
L'homme, au doute, à l'erreur abandonné sans lui,
Cherche en vain des roseaux qui lui servent d'appui.
Leibnitz ne m'apprend point par quels nœuds invisi-
   bles,
Dans le mieux ordonné des univers possibles,
Un désordre éternel, un cachos de malheurs
Mêle à nos vains plaisirs de réelles douleurs ;

(*) Voilà avec l'opinion des deux principes toutes les solutions qui se présentent à l'esprit humain dans cette grande difficulté, & la révélation seule peut enseigner ce que l'esprit humain ne saurait comprendre.

Ni pourquoi l'innocent, ainsi que le coupable,
Subit également ce mal inévitable.
Je ne conçois pas plus comment tout serait *bien* :
Je suis comme un docteur, hélas ! je ne sais rien.
   Platon dit qu'autrefois l'homme avait eu des ai-
     les,
Un corps impénétrable aux atteintes mortelles ;
La douleur le trépas, n'approchaient point de
   lui.
De cet état brillant, qu'il diffère aujourd'hui !
Il rampe, il souffre, il meurt ; tout ce qui naît
   expire ;
De la destruction la nature est l'empire :
Un faible composé de nerfs & d'ossemens
Ne peut être insensible au choc des élémens ;
Ce mélange de sang, de liqueurs & de poudre,
Puisqu'il fut assemblé, fut fait pour se dissoudre ;
Et le sentiment promt de ces nerfs délicats
Fut soumis aux douleurs ministres du trépas.
C'est-là ce que m'apprend la voix de la nature.
J'abandonne *Platon*, je rejette *Epicure*.
Bayle en sait plus qu'eux tous, je vais le consulter :
La balance à la main, *Bayle* enseigne à douter. *(b)*
Assez sage, assez grand pour être sans système,
Il les a tous détruits, & se combat lui-même :
Semblable à cet aveugle en butte aux Philistins,
Qui tomba sous les murs abattus par ses mains.
   Que peut donc de l'esprit la plus vaste étendue ?
Rien : le livre du sort se ferme à notre vue.

   (b) Voyez les notes à la fin du Poëme.

L'homme étranger à foi, de l'homme est ignoré,
Que suis-je ? Où suis-je ? Où vais-je ? Et d'où suis-je
　　tiré ? (*c*)
Atômes tourmentés sur cet amas de boue,
Que la mort engloutit, & dont le sort se joue ;
Mais Atomes pensans, Atomes dont les yeux
Guidés par la pensée ont mesuré les Cieux ;
Au sein de l'infini nous élançons notre être,
Sans pouvoir un moment nous voir, & nous connaî-
　　tre.
　Ce monde, ce théâtre & d'orgueil & d'erreur,
Est plein d'infortunés qui parlent de bonheur.
Tout se plaint, tout gémit en voyant le bien-être ;
Nul ne voudrait mourir ; nul ne voudrait renaître.
Quelquefois dans nos jours consacrés aux douleurs,
Par la main du plaisir nous essuyons nos pleurs.
Mais le plaisir s'envole, & passe comme une ombre :
Nos chagrins, nos regrets, nos pertes sont sans nom-
　　bre.
Le passé n'est pour nous qu'un triste souvenir ;
Le présent est affreux, s'il n'est point d'avenir,
Si la nuit du tombeau détruit l'être qui pense.
　Un jour tout sera bien, voilà notre espérance ;
Tout est bien aujourd'hui, voilà l'illusion.
Les sages me trompaient, & Dieu seul a raison.
Humble dans mes soupirs, soumis dans mes souffrances
Je ne m'élève point contre la Providence.
Sur un ton moins lugubre on me vit autrefois
Chanter des doux plaisirs les séduisantes loix.
　(*c*) Voyez les notes à la fin du Poëme.

D'autres tems, d'autres mœurs : instruit par la vieil-
   lesse,
Des humains égaré partageant la faiblesse,
Dans une épaisse nuit cherchant à m'éclairer,
Je ne sai que souffrir, & non pas murmurer.

   Un Calife, autrefois à son heure dernière,
Au Dieu qu'il adorait dit pour toute prière :
Je t'apporte, o seul Roi, seul Etre illimité,
Tout ce que tù n'as point dans ton immensité ;
Les défauts, les regrets, les maux & l'ignorance.
Mais il pouvait encore ajouter l'*Espérance* (d).

(d) Voyez les notes à la fin du Poëme.

NOTES.

(a) *Dieu tient en main la chaîne, & n'est point enchaîné.*

(*a*) La chaîne universelle n'est pas, comme on l'a dit, une gradation suivie qui lie tous les êtres ; il y a probablement une distance immense entre l'homme & la brute, entre l'homme & les substances supérieures ; il y a l'infini entre Dieu & toutes les substances. Les globes qui roulent autour de notre soleil n'ont rien de ces gradations insensibles, ni dans leur grosseur, ni dans leurs distances, ni dans leurs satellites.

Pope dit que l'homme ne peut savoir pourquoi les lunes de *Jupiter* sont moins grandes que *Jupiter* ; il se trompe en cela ; c'est une erreur pardonnable qui a pû échapper à son beau génie. Il n'y a point de mathématicien qui n'eût fait voir au lord *Bolinbroke*, à M.

NOTES.

Pope, que, si *Jupiter* était plus petit que les Satellites, ils ne pourraient pas tourner autour de lui; mais il n'y a point de mathématicien qui pût découvrir une gradation suivie dans les corps du systême solaire.

Il n'est pas vrai que si on ôtait un atôme du monde, le monde ne pourrait subsister; & c'est ce que M. de *Crouzas*, savant Géomètre, remarqua très-bien dans son livre contre M. *Pope*. Il paraît qu'il avait raison en ce point, quoique sur d'autres il ait été invinciblement réfuté par Mrs. *Warburton* & *Silhouëtte*.

Cette chaîne des événemens a été admise & très-ingénieusement défendue par le grand Philosophe *Leibnitz*; elle mérite d'être éclaircie. Tous les corps, tous les événemens dépendent d'autres corps & d'autres événemens. Cela est vrai: mais tous les corps ne sont pas nécessaires à l'ordre & à la conservation de l'univers; & tous les événemens ne sont pas essentiels à la série des événemens. Une goute d'eau, un grain de sable de plus ou de moins, ne peuvent rien changer à la constitution générale. La nature n'est asservie ni à aucune quantité précise, ni à aucune forme précise. Nulle planette ne se meut dans une Courbe absolument régulière; nul être connu n'est d'une figure précisément mathématique: nul' quantité précise n'est requise pour nulle opération: la nature n'agit jamais rigoureusement. Ainsi on n'a aucune raison d'assurer qu'un atôme de moins sur la terre, serait la cause de la destruction de la terre.

Il en est de même des événemens. Chacun d'eux a sa cause dans l'événement qui précéde; c'est une chose dont aucun Philosophe n'a jamais douté. Si on n'avait pas fait l'opération césarienne à la mère de *César*, *César* n'aurait pas détruit la République; il n'eut pas adopté *Octave*; & *Octave* n'eut pas laissé l'Empire à *Tibere*. *Maximilien* épouse l'héritiere de la Bourgogne & des Pays-Bas, & ce mariage devient la source de deux cens ans de guerre. Mais que *César* ait craché à droite ou à gauche; que l'héritière de Bourgogne ait arrangé sa coëffure d'une manière ou d'une autre, cela n'a certainement rien changé au système général.

Il y a donc des événemens qui ont des effets, & d'autres qui n'en n'ont pas. Il en est de leur chaîne comme d'un arbre généalogique ; on y voit des branches qui s'éteignent à la premiere génération, & d'autres qui continuent la race. Plusieurs événemens restent sans filiation. C'est ainsi que dans toute machine il y a des effets nécessaires au mouvement, & d'autres effets indifférens qui sont la suite des premiers, & qui ne conduisent rien. Les roues d'un carosse servent à le faire marcher ; mais qu'elles fassent voler un peu plus ou un peu moins de poussière, le voyage se fait également. Tel est donc l'ordre général du monde, que les chaînons de la chaîne ne seraient point dérangés par un peu plus ou un peu moins de matière, par un peu plus ou un peu moins d'irrégularité.

La chaîne n'est pas dans un plein absolu ; il est démontré que les corps célestes font leurs révolutions dans l'espace non résistant. Tout l'espace n'est pas rempli. Il n'y a donc pas une suite de corps depuis un atôme jusqu'à la plus réculée des étoiles. Il peut donc y avoir des intervalles immenses entre les êtres sensibles comme entre les insensibles. On ne peut donc assurer que l'homme soit nécessairement placé dans un des chaînons attachés l'un à l'autre par une suite non interrompue. *Tout est enchaîné*, ne veut dire autre chose, sinon que tout est arrangé. Dieu est la cause & le maître de cet arrangement. Le *Jupiter d'Homere* était l'esclave des destins ; mais dans une philosophie plus épurée, Dieu est le maître des Destins. *Voyez* Clarke, *Traité de l'existence de* Dieu.

(b) La balance à la main, Bayle enseigne à douter.

(*b*) Une centaine de remarques répandues dans le dictionnaire de *Bayle* lui ont fait une réputation im-

mortelle. Il a laiſſé la diſpute ſur *l'origine du mal* in-
déciſe. Chez lui toutes les opinions ſont expoſées ;
toutes les raiſons qui les ſoutiennent, toutes les raiſons qui les ébranlent ſont également approfondies;
c'eſt l'Avocat général des Philoſophes, mais il ne donne point ſes concluſions. Il eſt comme *Cicéron*, qui
ſouvent dans ſes ouvrages philoſophiques ſoutient
ſon caractère d'Académicien indécis ; ainſi que l'a re-
marqué le ſavant & judicieux Abbé d'*Olivet*.

Jamais d'ailleurs le Philoſophe *Bayle* n'a nié ni la
providence ni l'immortalité de l'ame. On traduit *Cicéron*, on le commente, on le fait ſervir à l'éducation des Princes. Mais que trouve-t-on preſque à chaque page dans *Cicéron* parmi pluſieurs choſes admirables ? on y trouve que *s'il eſt une providence, elle eſt
blâmable d'avoir donné aux hommes une intelligence,
dont elle ſavait qu'ils devaient en abuſer.* Sic veſtra iſta
Providentia reprehendenda quæ rationem dederit eis
quos ſcierit eâ perverſè uſuros. [*Libro III de naturâ
Deorum.*]

*Jamais perſonne n'a cru que la vertu vînt des Dieux ;
& on a raiſon.* Virtutem nunquam deo acceptam nemo retulit, nimirùm rectè. *Idem.*

*Qu'un criminel meure impuni, vous dites que les
Dieux le frappent dans ſa poſtérité Une ville ſouffrirait-
elle un Légiſlateur qui condamnerait les petits enfans pour
les crimes de leur grand-père ?* Ferret-ne ulla civitas la-
torem legis, ut condemnaretur nepos ſi avus deliquiſſet?

Et ce qu'il y a de plus étrange, c'eſt que *Cicéron* finit
ſon livre de la *Nature des Dieux*, ſans réfuter de telles
aſſertions. Il ſoutient en cent endroits la mortalité de
l'ame dans ſes Tuſculanes, après avoir ſoutenu ſon immortalité.

Il y a bien plus. C'eſt à tout le Sénat de Rome qu'il
dit dans ſon plaidoyer pour *Cluentius* : *Quel mal lui
a fait la mort ? Nous rejettons toutes les fables ineptes
des enfers. Qu'eſt-ce donc que la mort lui a ôté, ſinon le
ſentiment des douleurs?* Quid illi mors attulit, niſi forte
ineptiis ac fabulis ducimur, ut exiſtimemus illum apud
inferos ſupplicia perferre : quæ ſi falſa ſunt quod om-

nes intelligunt, quid ei mors eripuit præter sensum doloris?

Enfin dans ses lettres où le cœur parle, ne dit-il pas: *Cum non ero, sensu omni carebo* : Quand je ne serai plus, tout sentiment périra avec moi. Cependant on met *Cicéron* entre les mains de la jeunesse.

(c) *Que suis-je ? Où suis-je ? Où vais-je ? Et d'où suis-je tiré ?*

(c) Il est clair que l'homme ne peut par lui même être instruit de tout cela. L'esprit humain n'acquiert aucune notion que par l'expérience ; nulle expérience ne peut nous apprendre ni ce qui était avant notre existence, ni ce qui est après ; ni ce qui anime notre existance présente. Comment avons-nous reçu la vie ? Quel ressort la soutient ? Comment notre cerveau a-t-il des idées & de la mémoire? Comment nos membres obéissent-ils incontinent à notre volonté, &c. Nous n'en savons rien. Ce globe est-il seul habité ? A-t-il été fait après d'autres globes, ou dans le même instant? Chaque genre de plantes vient-il ou non d'une plante ? Chaque genre d'animaux est-il produit ou non par deux premiers animaux ? Les plus grands Philosophes n'en savent pas plus sur ces matières que les plus ignorans des hommes. Il en faut revenir à ce proverbe populaire : *la poule a-t-elle été avant l'œuf, ou l'œuf avant la poule?* Le proverbe est bas ; mais il confond la plus haute sagesse, qui ne sait rien sur les premiers principes des choses sans un secours surnaturel.

(d) *Mais il pouvait encore ajouter l'Espérance.*

(d) La plûpart des hommes ont eu cette espérance, avant même qu'ils eussent le secours de la révélation. L'espoir d'être après la mort, est fondé sur l'amour de l'être pendant la vie ; il est fondé sur la probabilité que ce qui pense pensera. On n'en a point de démonstration ; parce qu'une chose démontrée est une chose

NOTES.

dont le contraire est une contradiction, & parce qu'il n'y a jamais eu de disputes sur les vérités démontrées. *Lucrèce*, pour détruire cette espérance, apporte dans son troisième livre des argumens dont la force afflige ; mais il n'oppose que des vraisemblances à des vraisemblances plus fortes. Plusieurs Romains pensaient comme *Lucrèce*; & on chantait sur le Théâtre de Rome, *post mortem nihil est, il n'est rien après la mort*. Mais l'instinct, la raison, le besoin d'être consolé, le bien de la société prévalurent, & les hommes ont toujours eu l'espérance d'une vie à venir : espérance, à la vérité, souvent accompagnée de doute. La révélation détruit le doute, & met la certitude à la place.

LA LOI NATURELLE,

POËME

EN QUATRE PARTIES.

PREFACE

PREFACE
SUR LE POEME
DE LA LOI NATURELLE.

ON fait affez que ce poëme n'avait point été fait pour être public : c'était depuis trois ans un fecret entre un grand Roi & l'Auteur. Il n'y a que trois mois qu'il s'en répandit quelques copies dans Paris, & bientôt après il fut imprimé plufieurs fois avec beaucoup de fautes.

Il ferait jufte d'avoir plus d'indulgence pour un écrit fecret tiré de l'obfcurité où fon Auteur l'avait condamné, que pour un ouvrage qu'un écrivain expofe lui-même au grand jour. Il ferait encore jufte de ne pas juger le poëme d'un laïque, comme on jugerait une thèfe de Théologie. Ces deux poëmes font les fruits d'un arbre tranfplanté. Quelques-uns de ces fruits peuvent n'être pas du goût de quelques perfonnes : ils font d'un climat étranger ; mais il n'y en a aucun d'empoifonné, & plufieurs peuvent être falutaires.

Il faut regarder cet ouvrage comme une lettre où l'on expose en liberté ses sentimens. La plûpart des livres ressemblent à ces conversations générales & gênées, dans lesquelles on dit rarement ce qu'on pense. L'Auteur a dit ici ce qu'il a pensé à un Prince philosophe, auprès duquel il avait alors l'honneur de vivre. Il a appris que des esprits éclairés n'ont pas été mécontens de cette ébauche : ils ont jugé que le Poëme sur la Loi Naturelle est une préparation à des vérités plus sublimes. Cela seul aurait déterminé l'Auteur à rendre l'ouvrage plus complet & plus correct, si ses infirmités l'avaient permis. Il a été obligé de se borner à corriger les fautes dont fourmillent les éditions qu'on en a faites.

Les louanges données dans cet écrit à un Prince qui ne cherchait pas ces louanges, ne doivent surprendre personne : elles n'avaient rien de la flatterie, elles partaient du cœur ; ce n'est pas là de cet encens que l'intérêt prodigue à la puissance. L'homme de lettre ne pouvait ne pas mériter les éloges & les bontés dont le Monarque le comblait ; mais le Monarque méritait la vérité que l'homme de lettres lui disait dans cet ouvrage. Les changemens survenus depuis dans un commerce si honorable pour la littérature n'ont point altéré les sentimens qu'il avait fait naître.

Enfin puisqu'on a arraché au secret & à l'obscurité un écrit destiné à ne point paraître, il subsistera chez quelques sages comme un monument philosophique qui ne devait point finir ; & on ajoute que, si la faiblesse humaine se fait sentir par tout, la vraye philosophie dompte toujours cette faiblesse.

Au reste, ce faible essai fut composé à l'occasion d'une petite brochure qui parut en ce tems-là. Elle était intitulée *du Souverain bien* ; & elle devait l'être *du Souverain mal*. On y prétendait qu'il n'y a ni vertu, ni vice, & que les remords sont une faiblesse d'éducation qu'il faut étouffer. L'Auteur du poëme prétend que les remords nous sont aussi naturels que les autres affections de notre ame. Si la fougue d'une passion fait commettre une faute, la nature rendue à elle-même sent cette faute. La fille sauvage trouvée près de Châlons avoua que dans la colère elle avait donné à sa compagne un coup, dont cette infortunée mourut entre ses bras. Dès qu'elle vit son sang couler, elle se repentit, elle pleura, elle étancha ce sang, elle mit des herbes sur la blessure.

Ceux qui difent que ce retour d'humanité n'eft qu'une branche de notre amour propre, font bien de l'honneur à l'amour propre. Qu'on appelle la raifon & les remords comme on voudra; ils exiftent, & ils font les fondemens de la Loi Naturelle.

LA LOI NATURELLE,
POËME
EN QUATRE PARTIES.

EXORDE.

O Vous ! dont les exploits, le règne & les ouvrages
Deviendront la leçon des Héros & des sages ;
Qui voyez d'un même œil les caprices du fort,
Le trône & la cabane, & la vie & la mort ;
Philosophe intrépide, affermissez mon ame,
Couvrez-moi des rayons de cette pure flamme
Qu'allume la raison, qu'éteint le préjugé.
Dans cette nuit d'erreur, où le monde est plongé,
Apportons, s'il se peut, une faible lumière.
Nos premiers entretiens, notre étude première,
Etaient, je m'en souviens, *Horace* avec *Boileau* ;
Vous y cherchiez le *vrai*, vous y goutiez le *beau*
Quelques traits échappés d'une utile morale
Dans leurs piquans écrits brillent par intervale ;
Mais *Pope* approfondit ce qu'ils ont effleuré.
D'un esprit plus hardi, d'un pas plus assuré,
Il porta le flambeau dans l'abîme de l'être ;
Et l'homme avec lui seul apprit à se connaître.
L'art quelquefois frivole, & quelquefois divin,
L'art des vers est dans *Pope* utile au genre humain.

Que m'importe en effet que le flatteur d'*Octave*,
Parasite discret, non moins qu'adroit esclave,
Du lit de sa *Glicère*, ou de *Ligurinus*,
En prose mesurée insulte à *Crispinus* :
Que *Boileau* répandant plus de sel que de grace,
Veuille outrager *Quinaut*, pense avilir le *Tasse* ;
Qu'il peigne de Paris les tristes embarras,
Ou décrive en beaux vers un fort mauvais repas :
Il faut d'autres objets à votre intelligence.
De l'esprit qui vous meut vous recherchez l'essence,
Son principe, sa fin, & sur tout son devoir.
Voyons sur ce grand point ce qu'on a pû savoir,
Ce que l'erreur fait croire aux docteurs du vulgaire,
Et ce que vous inspire un Dieu qui vous éclaire.
Dans le fond de nos cœurs il faut chercher ses traits :
Si Dieu n'est pas dans nous, il n'exista jamais.
Ne pouvons-nous trouver l'auteur de notre vie
Qu'au labyrinthe obscur de la théologie ?
Origène & *Jean Scot* sont chez vous sans crédit :
La nature en sait plus qu'ils n'en ont jamais dit.
Ecartons les romans qu'on appelle systêmes ;
Et pour nous élever, descendons dans nous-mêmes.

PREMIERE PARTIE.

Dieu a donné aux hommes les idées de la justice, & la conscience pour les avertir, comme il leur a donné tout ce qui est nécessaire. C'est là cette Loi Naturelle sur laquelle la Religion est fondée. C'est ce seul principe qu'on développe ici. L'on ne parle que de la Loi Naturelle ; & non de la Religion & de ses augustes Mystères.

(a) Soit qu'un Etre inconnu, par lui seul existant,
Ait tiré depuis peu l'univers du néant ;
Soit qu'il ait arrangé la matière eternelle ;
Qu'elle nage en son sein, ou qu'il regne loin d'elle ;
Que l'ame, ce flambeau souvent si ténébreux,
Ou soit un de nos sens, ou subsiste sans eux :
Vous êtes sous la main de ce maître invisible.
  Mais du haut de son trône obscur, inaccessible.
Quel hommage, quel culte exige-t-il de vous ?
De sa grandeur suprême indignement jaloux,
Des louanges, des vœux flattent-ils sa puissance ?
Est-ce ce peuple altier, conquérant de Bisance,
Le tranquille Chinois, le Tartare indompté,
Qui connaît son essence, & suit sa volonté ?

───────

(a) Voyez les notes à la fin du Poeme.

Différens dans leurs mœurs, ainsi qu'en leur hommage,
Ha lui font tenir tous un différent langage.
Tous se sont donc trompés. Mais détournons les yeux
De cet impur amas d'imposteurs odieux : *
Et sans vouloir sonder, d'un regard téméraire,
De la loi des Chrétiens l'ineffable mystère,
Sans expliquer en vain ce qui fut révélé,
Cherchons par la raison si Dieu n'a point parlé.

La nature a fourni d'une main salutaire
Tout ce qui dans la vie à l'homme est nécessaire ;
Les ressorts de son ame, & l'instinct de ses sens,
Le Ciel à ses besoins soumet les élémens.
Dans les plis du cerveau la mémoire habitante,
Y peint de la nature une image vivante.
Chaque objet de ses sens prévient la volonté.
Le son dans son oreille est par l'air apporté :
Sans efforts & sans soins son œil voit la lumière.
Sur son Dieu, sur sa fin, sur sa cause premiere,
L'homme est-il sans secours à l'erreur attaché ?
Quoi ! le monde est visible, & Dieu serait caché ?
Quoi ! le plus grand besoin, que j'aye en ma misère,
Est le seul qu'en effet je ne peux satisfaire ?
Non : le Dieu qui m'a fait, ne m'a point fait en vain
Sur le front des mortels il mit son sceau divin.

* Il faut distinguer *Confuizée* qui s'en est tenu à la Religion Naturelle, & qui a fait tout ce qu'on peut faire sans révélation.

LOI NATURELLE.

Je ne puis ignorer ce qu'ordonna mon maître ;
Il m'a donné fa loi, puisqu'il m'a donné l'être.
Sans doute il a parlé; mais c'eſt à l'univers.
Il n'a point de l'Egypte habité les déſerts.
Delphes, Delos, Ammon ne ſont point ſes aſiles ;
Il ne ſe cacha point aux antres des Sibylles.
La morale, uniforme en tout tems, en tout lieu,
A des ſiécles ſans fin parle au nom de ce Dieu.
C'eſt la loi de *Trajan*, de *Socrate*, & la vôtre.
De ce culte éternel la nature eſt l'Apôtre ;
Le bon ſens la reçoit ; & les remords vengeurs,
Nés de la conſcience, en ſont les défenſeurs :
Leur redoutable voix par tout ſe fait entendre.

Penſez-vous en effet que ce jeune *Alexandre*,
Auſſi vaillant que vous, mais bien moins modéré,
Teint du ſang d'un ami trop inconſidéré,
Ait pour ſe repentir conſulté des augures ?
Ils auraient dans leurs eaux lavé ſes mains impures,
Ils auraient à prix d'or abſous bientôt le Roi.
Sans eux, de la nature il écouta la loi ;
Honteux, déſeſpéré d'un moment de furie,
Il ſe jugea lui-même indigne de la vie.
Cette loi, ſouveraine à la Chine, au Japon,
Inſpira *Zoroaſtre*, illumina *Solon*.
D'un bout du monde à l'autre elle parle, elle crie,
Adore un Dieu, ſois juſte, & chéris ta Patrie.
Ainſi le froid Lapon crut un Etre éternel ;
Il eut de la juſtice un inſtinct naturel.
Et le Négre, vendu ſur un lointain rivage,
Dans les Négres encor aima ſa noire image.

Tome I.

Jamais un parricide, un calomniateur,
N'a dit tranquillement dans le fond de son cœur :
,, Qu'il est beau, qu'il est doux d'accabler l'innocen-
  ,, ce;
,, De déchirer le sein qui nous donna naissance !
,, Dieu juste, Dieu parfait, que le crime a d'appas !
Voilà ce qu'on dirait, mortels (n'en doutez pas)
S'il n'était une loi terrible, universelle,
Que respecte le crime en s'élevant contre elle.
Est ce nous qui créons ces profonds sentimens ?
Avons-nous fait notre ame ? Avons-nous fait nos
  sens ?
L'or qui naît au Pérou, l'or qui naît à la Chine,
Ont la même nature, & la même origine :
L'artisan les façonne, & ne peut les former.
Ainsi l'Etre éternel, qui nous daigne animer,
Jetta dans les cœurs une même semence.
Le ciel fit la vertu ; l'homme en fit l'apparence.
Il peut la revêtir d'imposture & d'erreur ;
Il ne peut la changer, son juge est dans son cœur.

SECONDE PARTIE.

Réponses aux objections contre les principes d'une morale universelle. Preuve de cette vérité.

J'ENTENS avec *Cardan*, *Spinosa* qui murmure.
Ces remords, me dit-il, ces cris de la nature
Ne font que l'habitude, & les illusions
Qu'un besoin mutuel inspire aux nations.
Raisonneur malheureux, ennemi de toi-même,
D'où nous vient ce besoin ? Pourquoi l'Etre Suprême
Mit il dans notre cœur, à l'intérêt porté,
Un instinct qui nous lie à la société ?
Les loix que nous faisons, fragiles, inconstantes,
Ouvrages d'un moment, sont partout différentes.
Jacob chez les Hébreux put épouser deux sœurs;
David, sans offenser la décence & les mœurs,
Flatta de cent beautés la tendresse importune;
Le Pape au Vatican n'en peut posséder une.
Là, le père à son gré choisit son successeur;
Ici, l'heureux aîné de tout est possesseur.
Un Polaque à moustache, à la démarche altière,
Peut arrêter d'un mot sa République entière;
L'Empereur ne peut rien sans ses chers Electeurs.
L'Anglais a du crédit; le Pape a des honneurs.

Usages, intérêts, culte, loix ; tout différe.
Qu'on soit juste, il suffit, le reste est arbitraire.*
 Mais tandis qu'on admire & ce juste, & ce beau,
Londre immole son Roi par la main d'un bourreau ;
Du Pape *Borgia* le bâtard sanguinaire
Dans les bras de sa sœur assassine son frère :
Là, le froid Holandais devient impétueux,
Il déchire en morceaux deux frères vertueux ;
Plus loin la *Brinvilliers*, dévote avec tendresse,
Empoisonne son père en courant à confesse.
Sous le fer du méchant le juste est abattu,
Hé bien, conclurez-vous qu'il n'est point de vertu ?
Quand des vents du Midi les funestes haleines
De semences de mort ont inondé nos plaines ;
Direz-vous que jamais le Ciel en son courroux
Ne laissa la santé séjourner parmi nous ?
Tous les divers fléaux, dont le poids nous accable,
Du choc des élémens effet inévitable,
Des biens que nous goûtons corrompent la dou‑
   ceur ;
Mais tout est passager, le crime & le malheur.
De nos désirs fougueux la tempête fatale
Laisse au fond de nos cœurs la règle & la morale.
C'est une source pure : en vain dans ces canaux
Les vents contagieux en ont troublé les eaux ;
En vain sur la surface une fange étrangère
Apporte en bouillonnant un limon qui l'altère ;

*Il est evident que cet *arbitraire* ne regarde que les choses d'institution, les loix civiles, la discipline qui changent tous les jours selon le besoin.

LOI NATURELLE 293

L'homme le plus injuste, & le moins policé,
S'y contemple aisément quand l'orage est passé.
Tous ont reçu du Ciel, avec l'intelligence,
Ce frein de la justice & de la conscience ;
De la raison naissante elle est le premier fruit ;
Dès qu'on la peut entendre, aussi-tôt elle instruit ;
Contrepoids toujours prompt à rendre l'équilibre
Au cœur plein de désirs, asservi, mais né libre ;
Arme que la nature a mis en notre main,
Qui combat l'intérêt par l'amour du prochain.
De *Socrate* en un mot c'est là l'heureux génie ;
C'est-là ce Dieu secret qui dirigeait sa vie,
Ce Dieu qui jusqu'au bout présidait à son sort,
Quand il but sans pâlir la coupe de la mort.
Quoi ! cet esprit divin n'est-il que pour *Socrate* ?
Tout mortel a le sien qui jamais ne le flatte.
Néron cinq ans entiers fut soumis à ses loix ;
Cinq ans des corrupteurs il repoussa la voix.
Marc-Aurèle, appuyé sur la philosophie,
Porta ce joug heureux tout le tems de sa vie.
Julien s'égarant dans sa Religion,
Infidèle à la foi, fidèle à la raison,
Scandale de l'Eglise, & des Rois le modèle,
Ne s'écarta jamais de la Loi Naturelle.

On insiste, on me dit : l'enfant dans son berceau
N'est point illuminé par ce divin flambeau.
C'est l'éducation qui forme ses pensées ;
Par l'exemple d'autrui ses mœurs lui sont tracées ;
Il n'a rien dans l'esprit, il n'a rien dans le cœur ;
De ce qui l'environne il n'est qu'imitateur ;

B b iij

Il repète les noms de devoir, de justice ;
Il agit en machine : & c'est par sa nourrice,
Qu'il est Juif ou Payen, fidèle ou Musulman ;
Vêtu d'un juste-au-corps ou bien d'un Doliman.
 Oui, de l'exemple en nous je sais quel est l'empire ;
Il est des sentimens que l'habitude inspire.
Le langage, la mode, & ses opinions,
Tous les dehors de l'ame, & les préventions
Dans nos faibles esprits sont gravés par nos pères,
Du cachet des mortels impressions légères ;
Mais les premiers ressorts sont faits d'une autre main;
Leur pouvoir est constant, leur principe est divin.
Il faut que l'enfant croisse, afin qu'il les exerce ;
Il ne les connaît pas sous la main qui le berce.
Le moineau dans l'instant qu'il a reçu le jour,
Sans plume dans son nid peut-il sentir l'amour ?
Le renard en naissant va-t-il chercher sa proie ?
Les insectes changeans qui nous filent la soye,
Les essains bourdonnans de ces filles du Ciel,
Qui paîtrissent la cire, & composent le miel,
Si-tôt qu'ils sont éclos forment-ils leur ouvrage ?
Tout meurit par le tems, & s'accroît par l'usage.
Chaque être a son objet, & dans l'instant marqué
Il marche vers le but par le Ciel indiqué.
De ce but, il est vrai, s'écartent nos caprices,
Le juste quelquefois commet des injustices :
On fuit le bien qu'on aime, on hait le mal qu'on fait.
De soi-même en tout tems quel cœur est satisfait ?

LOI NATURELLE.

L'homme (on nous l'a tant dit) est une énigme obscure ;
Mais en quoi l'est-il plus que toute la nature ?
Avez-vous pénétré, Philosophes nouveaux,
Cet instinct sûr & prompt qui sert les animaux ?
Dans son germe implacable avez-vous pû connaître
L'herbe qu'on foule aux pieds, & qui meurt pour renaître ?
Sur ce vaste univers un grand voile est jetté ;
Mais dans les profondeurs de cette obscurité,
Si la raison nous luit, qu'avons nous à nous plaindre ?
Nous n'avons qu'un flambeau ; gardons-nous de l'éteindre.

Quand de l'immensité Dieu peupla les déserts,
Alluma des soleils & souleva des mers :
Demeurez, leur dit-il, dans vos bornes prescrites.
Tous les mondes naissans connurent leurs limites,
Il imposa des loix à *Saturne*, à *Vénus*,
Aux seize orbes divers dans nos cieux contenus,
Aux élémens unis dans leur utile guerre,
A la course des vents, aux flèches du tonnerre,
A l'animal qui pense, & né pour l'adorer,
Au ver qui nous attend, né pour nous dévorer.
Aurons-nous bien l'audace, en nos faibles cervelles,
D'ajouter nos décrets à ces loix immortelles ? *

* On ne doit entendre par ce mot *Décrets* que les opinions passagères des hommes, qui veulent donner leurs sentimens particuliers pour des loix générales.

Hélas! serait-ce à nous, fantômes d'un moment,
Dont l'être imperceptible est voisin du néant,
De nous mettre à côté du maître du tonnerre,
Et de donner en Dieux des ordres à la terre?

TROISIEME PARTIE.

Que les hommes, ayant pour la plûpart défiguré, par les opinions qui les divisent, le principe de la Religion Naturelle qui les unit, doivent se supporter les uns les autres.

L'Univers est un temple où siége l'Eternel.
Là, * chaque homme à son gré veut bâtir un autel.
Chacun vante sa foi, ses saints & ses miracles,
Le sang de ses martyrs, la voix de ses oracles.
L'un pense, en se lavant cinq ou six fois par jour,
Que le Ciel voit ses bains d'un regard plein d'amour;
Et qu'avec un prépuce on ne saurait lui plaire.
L'autre a du dieu *Brama* désarmé la colère;
Et pour s'être abstenu de manger du lapin,
Voit le Ciel entr'ouvert, & des plaisirs sans fin.
Tous traitent leurs voisins d'impurs & d'infidelles.
Des Chrétiens divisés les infâmes querelles

* [Chaque homme] signifie clairement chaque particulier qui veut s'ériger en Législateur, & il n'est ici question que des cultes étrangers, comme on l'a déclaré au commencement de la première Partie,

Ont au nom du Seigneur apporté plus de maux,
Répandu plus de sang, creusé plus de tombeaux,
Que le prétexte vain d'une utile balance
N'a désolé jamais l'Allemagne & la France.
  Un doux Inquisiteur, un crucifix en main,
Au feu par charité fait jetter son prochain,
Et pleurant avec lui d'une fin si tragique,
Prend pour s'en consoler son argent qu'il s'applique;
Tandis que, de la grace ardent à se toucher,
Le peuple en louant Dieu danse autour du bucher.
On vit plus d'une fois dans une sainte yvresse,
Plus d'un bon Catholique, au sortir de la messe,
Courant sur son voisin pour l'honneur de la foi,
Lui crier : *Meurs, impie, ou pense comme moi.*
Calvin & ses suppôts, guettés par la justice.
Dans Paris en peinture allèrent au supplice.
Servet fut en personne immolé par *Calvin.*
Si *Servet* dans Genève eût été souverain,
Il eût pour argument contre ses adversaires
Fait serrer d'un lacet le cou des Trinitaires.
Ainsi d'*Arminius* les ennemis nouveaux
En Flandre étaient martyrs, en Hollande bourreaux.
  D'où vient que deux cens ans cette pieuse rage
De nos ayeux grossiers fut l'horrible partage?
C'est que de la nature on étouffa la voix;
C'est qu'à sa loi sacrée on ajouta des loix;
C'est que l'homme amoureux de son sot esclavage,
Fit dans ses préjugés Dieu même à son image.
Nous l'avons fait injuste, emporté, vain, jaloux,
Séducteur, inconstant, barbare comme nous.

Enfin grace en nos jours à la philosophie,
Qui de l'Europe au moins éclaire une partie,
Les mortels plus instruits en sont moins inhumains :
Le fer est émoussé, les buchers sont éteints.
Mais si le fanatisme était encor le maître,
Que ces feux étouffés seraient prompts à renaître !
On s'est fait, il est vrai, le généreux effort
D'envoyer moins souvent ses frères à la mort.
On brûle moins d'Hébreux dans les murs de Lisbonne ; **
Et même le Muphti, qui rarement raisonne,
Ne dit plus aux Chrétiens que le Sultan soumet :
Renonce au vin, barbare, & crois à Mahomet.
Mais du beau nom de chien ce Muphti nous honore ; *
Dans le fond des enfers il nous envoye encore.
Nous le lui rendons bien : nous damnons à la fois
Le peuple circoncis, vainqueur de tant de Rois,
Londres, Berlin, Stockolm, & Genève : & vous-même,
Vous êtes, ô grand Roi, compris dans l'anathême.
En vain par des bienfaits signalant vos beaux jours,
A l'humaine raison vous donnez des secours,
Aux beaux-arts des Palais, aux pauvres des asiles ;
Vous peuplez les déserts, & les rendez fertiles.

* On ne pouvait prévoir alors que les flammes détruiraient une partie de cette ville malheureuse, dans laquelle ou alluma trop souvent des buchers.

** Les Turcs appellent indifféremment les Chrétiens *Infideles* & *Chiens*.

De fort sçavans esprits jurent sur leur salut *
Que vous êtes sur terre un fils de Belzébut.
 Les vertus des Payens étaient, dit-on, des crimes.
Rigueur impitoyable ! odieuses maximes !
Gazetier clandestin, dont la plate âcreté
Damne le genre humain de pleine autorité,
Tu vois d'un œil ravi les mortels tes semblables,
Paîtris des mains de Dieu pour le plaisir des diables.
N'es-tu pas satisfait de condamner au feu
Nos meilleurs citoyens, *Montagne* & *Montesquieu* ?
Penses-tu que *Socrate*, & le jeune *Aristide*,
Solon, qui fut des Grecs & l'exemple & le guide ;
Penses-tu que *Trajan*, *Marc-Aurele*, *Titus*,
Noms chéris, noms sacrés, que tu n'as jamais lus,
Aux fureurs des démons sont livrés en partage,
Par le Dieu bienfaisant dont ils étaient l'image ;
Et que tu seras, toi, de rayons couronné,
D'un cœur de Chérubins au Ciel environné,

* On respecte cette maxime, *hors l'Eglise point de salut* ; mais tous les hommes sensés trouvent ridicule & abominable que des particuliers osent employer cette sentence générale & comminatoire contre des hommes qui sont leurs supérieurs & leurs maîtres en tout genre : les hommes raisonnables n'en usent point ainsi. L'Archevêque *Tillotson* aurait-il jamais écrit à l'Archevêque *Fénelon* : *vous êtes damné* ? Et un Roi de Portugal écrirait-il à un Roi d'Angleterre qui lui envoye des secours : *mon frère, vous irez à tous les diables* ? La dénonciation des peines éternelles à ceux qui ne pensent pas comme nous, est une arme ancienne qu'on laisse sagement reposer dans l'arsenal, & dont il n'est permis à aucun particulier de se servir.

Pour avoir quelque tems, chargé d'une beface,
Dormi dans l'ignorance, & croupi dans la craffe?
Sois fauvé, j'y confens ; mais l'immortel *Newton*,
Mais le favant *Leibnitz* & le fage *Adiſſon*,
Et ce *Locke* (b), en un mot, dont la main courageu-
 fe
A de l'efprit humain pofé la borne heureufe ;
Ces efprits qui fembloient de Dieu même éclairés,
Dans des feux éternels feront-ils dévorés !
Porte un arrêt plus doux, prens un ton plus modefte ;
Ami, ne préviens point le jugement célefte ;
Refpecte ces mortels, pardonne à leur vertu.
Ils ne t'ont point damné : pourquoi les damnes-tu ?
A la Religion difcrètement fidèle,
Sois doux, compatiffant, fage, indulgent comme elle ;
Et fans noyer autrui fonge à gagner le port :
Qui pardonne a raifon, & la colère a tort.
Dans nos jours paffagers de peines, de miferes,
Enfans du même Dieu, vivons du moins en frères ;
Aidons nous l'un & l'autre à porter nos fardeaux.
Nous marchons tous courbés fous le poids de nos
 maux ;
Mille ennemis cruels affiégent notre vie,
Toujours par nous maudire, & toujours fi chérie :
Notre cœur égaré, fans guide & fans appui,
Eft brûlé de défirs, ou glacé par l'ennui.
Nul de nous n'a vécu fans connaître les larmes ;
De la Société les fecourables charmes,

 (*b*) Voyez les notes à la fin du Poëme.

LOI NATURELLE.

Confolent nos douleurs au moins quelques inftans :
Remede encor trop faible à des maux fi conftans,
Ah ! n'empoifonnons pas la douceur qui nous refte.
Je crois voir des forçats dans un cachot funefte,
Se pouvant fecourir, l'un fur l'autre acharnés,
Combattre avec les fers dont ils font enchaînés.

QUATRIEME PARTIE.

C'eſt au Gouvernement à calmer les malheu-
reufes difputes de l'école qui troublent la
Société.

Oui, je l'entends fouvent, de votre bouche au-
  gufte;
Le premier des devoirs, fans doute, eft d'être jufte ;
Et le premier des biens eft la paix de nos cœurs.
Comment avez-vous pû parmi tant de docteurs,
Parmi ces différends que la difpute enfante,
Maintenir dans l'Etat une paix fi conftante ?
D'où vient que les enfans de *Calvin*, de *Luther*,
Qu'on croit de-là les monts bâtards de *Lucifer* ?
Le Grec & le Romain, l'empefé Quiétifte,
Le Quakre au grand chapeau, le fimple Anabatifte,
Qui jamais dans leur loi n'ont pû fe réunir,
Sont tous, fans difputer, d'accord pour vous bénir ?
C'eft que vous êtes fage, & que vous êtes maître.
Si le dernier *Valois*, hélas ! avait fu l'être,

Jamais un Jacobin, guidé par son Prieur,
De *Judith* & d'*Aod*, fervent imitateur,
N'eût tenté dans St. Cloud sa funeste entreprise ;
Mais *Valois* aiguisa le poignard de l'Eglise ; *
Ce poignard qui bientôt égorgea dans Paris,
Aux yeux de ses sujets le plus grand des *Henris*.
Voilà le fruit affreux des pieuses querelles :
Toutes les factions à la fin sont cruelles ;
Pour peu qu'on les soutienne, on les voit tout oser ;
Pour les anéantir, il les faut mépriser.
Qui conduit des soldats peut gouverner des Prêtres.
Un Roi, dont la grandeur éclipsa ses ancêtres,
Crut pourtant, sur la foi d'un confesseur Normand,
Jansenius à craindre, & *Quesnel* important ;
Du sceau de sa grandeur il chargea leurs sottises.
De la dispute alors cent cabales éprises,
Cent bavards en fourure, Avocats, Bacheliers ;
Colporteurs, Capucins, Jésuites, Cordeliers,
Troublerent tout l'Etat par leurs doctes scrupules :
Le Régent plus sensé les rendit ridicules ; * *
Dans la poussiere alors on les vit tous rentrer.
L'œil du maître suffit, il peut tout opérer.

* Il ne faut pas entendre par ce mot l'*Eglise* Catholique ; mais le poignard d'un Ecclésiastique, le fanatisme abominable de quelques gens d'Eglise de ces tems-là détestés par l'Eglise de tous les tems.

* * Ce ridicule si universellement senti par toutes les nations, tombe sur les grandes intrigues pour de petites choses, sur la haine acharné de deux partis qui n'ont jamais pû s'entendre sur plus de quatre mille volumes imprimés.

L'heureux cultivateur des préfens de Pomone
Des filles du Printems, des tréfors de l'automne;
Maître de fon terrein, ménage aux arbriffeaux
Les fecours du foleil, de la terre & des eaux;
Par de légers appuis foutient leurs bras débiles,
Arrache impunément les plantes inutiles;
Es des arbres touffus, dans fon clos renfermés,
Emonde les rameaux de la fève affamés.
Son docile terrain répond à fa culture,
Miniftre induftrieux des loix de la nature,
Il n'eft pas traverfé dans fes heureux deffeins;
Un arbre qu'avec péine il planta de fes mains,
Ne prétend pas le droit de fe rendre ftérile :
Et du fol épuifé tirant un fuc utile,
Ne va pas refufer à fon maître affligé
Une part de fes fruits dont il eft trop chargé.
Un jardinier voifin n'eut jamais la puiffance
De diriger des cieux la maligne influence,
De maudire fes fruits pendans aux efpaliers,
Et de fécher d'un mot fa vigne & fes figuiers.

 Malheur aux nations dont les loix oppofées
Embrouillent de l'Etat les Rênes divifées !
Le Sénat des Romains, ce confeil de vainqueurs,
Préfidait aux autels, & gouvernait les mœurs;
Reftraignait fagement le nombre des veftales :
D'un peuple extravagant réglait les Baccanales :
Marc-Aurèle & *Trajan* mêlaient aux champs de *Mars*
Le bonnet de Pontife au bandeau des *Céfars* :
L'univers repofant fous leur heureux génie,
Des guerres de l'école ignora la manie;

Ces grands Législateurs d'un saint zèle enyvrés
Ne combattirent point pour leurs poulets sacrés.
Rome encor aujourd'hui conservant ses maximes,
Joint le trône à l'autel par des nœuds légitimes.
Ses citoyens en paix sagement gouvernés
Ne sont plus conquérans & sont plus fortunés.

 Je ne demande pas que dans sa capitale,
Un Roi portant en main la crosse Episcopale,
Au sortir du conseil, allant en mission,
Donne au peuple contrit sa bénédiction.
Toute Eglise a ses loix, tout peuple a son usage.
Mais je prétends qu'un Roi, que son devoir engage
A maintenir la paix, l'ordre, la sûreté,
A sur tous ses sujets égale autorité ; *
Ils sont tous ses enfans : cette famille immense,
Dans ses soins paternels a mis sa confiance.
Le marchand, l'ouvrier, le Prêtre, le soldat,
Sont tous également les membres de l'Etat.
De la religion l'appareil nécessaire
Confond aux yeux de Dieu le grand & le vulgaire ;
Et les civiles loix, par un autre lien,
Ont confondu le prêtre avec le citoyen.
La loi dans tout état doit être universelle :
Les mortels, quels qu'ils soient, sont égaux devant
  elle.

* Ce n'est pas à dire que chaque ordre de l'Etat n'ait ses distinctions, ses priviléges indispensablement attachés à ses fonctions. Ils jouissent de ces priviléges dans tout pays : mais la Loi générale lie également tout le monde.

Je n'en dirai pas plus sur ces points délicats.
Le Ciel ne m'a point fait pour régir les Etats,
Pour conseiller les Rois, pour enseigner les sages ;
Mais du port où je suis, contemplant les orages,
Dans cette heureuse paix où je finis mes jours,
Eclairé par vous-même, & plein de vos discours,
De vos nobles leçons salutaire interprète,
Mon esprit suit le vôtre, & ma voix vous répête.
Que conclure à la fin de tous mes longs propos ?
C'est que les préjugés sont la raison des sots ;
Il ne faut point pour eux se déclarer la guerre :
Le vrai nous vient du Ciel, l'erreur vient de la terre ;
Et parmi les chardons qu'on ne peut arracher,
Dans des sentiers secrets le sage doit marcher.
La paix enfin, la paix, que l'on trouble & qu'on aime ;
Est d'un prix aussi grand que la vérité même.

PRIERE.

Ô Dieu ! qu'on méconnaît, ô Dieu ! que tout annonce ;
Entends les derniers mots que ma bouche prononce.
Si je me suis trompé, c'est en cherchant ta loi ;
Mon cœur pour s'égarer, mais il est plein de toi :
Je vois sans m'allarmer l'éternité paraître,
Et je ne puis penser qu'un Dieu qui m'a fait naître,
Qu'un Dieu qui sur mes jours versa tant de bienfaits,
Quand mes jours sont éteints, me tourmente à jamais.

NOTES.

(*a*) *Soit qu'un Être inconnu*, &c.

(*a*) Dieu étant un Être infini, sa nature a dû être *inconnue* à tous les hommes. Comme cet ouvrage est tout philosophique, il a fallu rapporter les sentimens des Philosophes. Tous les anciens, sans exception, ont cru l'éternité de la matière ; c'est presque le seul point sur lequel ils convenaient. La plûpart prétendaient que les Dieux avaient arrangé le monde ; nul ne savait que Dieu l'avait tiré du néant. Ils disaient que l'intelligence avait par sa propre nature le pouvoir de disposer de la matière, & que la matière existait par sa propre nature.

Selon presque tous les Philosophes & les Poëtes, les grands dieux habitaient loin de la terre. L'ame de l'homme, selon plusieurs, était un feu céleste ; selon d'autres, une harmonie résultante de ses organes : les uns en faisaient une partie de la Divinité, *Divina particulam auræ*; les autres, une matière épurée, une quintessence ; les plus sages, un Être immatériel ; mais quelque secte qu'ils ayent embrassée, tous, hors les Epicuriens, ont reconnu que l'homme est entièrement soumis à la Divinité.

(*b*) *Et ce* LOCKE, *en un mot, dont la main courageuse* ......
A de l'esprit humain posé la borne heureuse.

(*a*) Le modeste & sage Locke est connu pour avoir développé toute la marche de l'entendement humain, & pour avoir montré les limites de son pouvoir. Convaincu de la faiblesse humaine, & pénétré de la puissance infinie du Créateur, il dit que nous ne connaissons la nature de notre ame que par la foi ; il dit que l'homme n'a point par lui-même assez de lumières, pour assurer que Dieu ne peut pas communiquer la pensée à tout être auquel il daignera faire ce présent, à la matière elle-même.

Ceux qui étaient encore dans l'ignorance s'élevèrent contre lui. Entêtés d'un Cartésianisme aussi faux en tout que le Péripatétisme, ils croyaient que la matière n'est autre chose que l'étendue en longueur, largeur & profondeur : ils ne savaient pas qu'elle a la gravitation vers un centre, la force d'inertie & d'autres propriétés, que ses élémens sont indivisibles, tandis que ses composés se divisent sans cesse. Ils bornaient la puissance de l'Etre Tout-puissant ; ils ne faisaient pas réflexion qu'après toutes les découvertes sur la matière, nous ne connaissons point le fond de cet Etre. Ils devaient songer que l'on a long-tems agité si l'entendement humain est une faculté ou une substance. Ils devaient s'interroger eux-mêmes, & sentir que nos connaissances sont trop bornées pour sonder cet abîme.

La faculté que les animaux ont de se mouvoir, n'est point une substance, un être à part ; il paraît que c'est un don du Créateur. *Locke* dit que ce même Créateur peut faire ainsi un don de la pensée à tel être qu'il daignera choisir. Dans cette hypothèse qui nous soumet plus que tout autre à l'Etre suprême, la pensée accordée à un élément de matière, n'en est pas moins pure, moins immortelle que dans toute autre hypothèse. Cet élément indivisible est impérissable : la pensée peut assurément subsister à jamais avec lui, quand le corps est dissous. Voilà ce que *Locke* propose sans rien affirmer. Il dit ce que Dieu eut pû faire, & non ce que Dieu a fait. Il ne connaît point ce que c'est que la matière ; il avoue qu'entre elle & Dieu il peut y avoir une infinité de substances créées, absolument différentes les unes des autres : la lumière, le feu élémentaire paraît en effet, comme on l'a dit dans les élémens de *Newton*, une substance moyenne entre cet être inconnu, nommé matière, & d'autres êtres encore plus inconnus. La lumière ne tend point vers un centre comme la matière ; elle ne paraît pas impénétrable, aussi *Newton* dit souvent dans son Optique: *je n'examine pas si les rayons de la lumière sont des corps, ou non.*

Locke dit donc qu'il peut y avoir un nombre innombrable de substances, & que Dieu est le maître d'accorder des idées à ces substances. Nous ne pouvons deviner par quel art divin un être tel qu'il soit a des idées ; nous en sommes bien loin : nous ne saurons jamais comment un ver de terre a le pouvoir de se remuer. Il faut dans toutes ces recherches s'en remettre à Dieu & sentir son néant. Telle est la philosophie de cet homme, d'autant plus grand qu'il est plus simple; & c'est cette soumission à Dieu qu'on a osé appeller impiété ; & ce sont ses sectateurs, convaincus de l'immortalité de l'ame, qu'on a nommés Matérialistes; & c'est un homme tel que *Locke* à qui un compilateur de quelque physique a donné le nom d'ennuyeux.

Quand même *Locke* se serait trompé sur ce point, (si on peut pourtant se tromper en n'affirmant rien) cela n'empêche pas qu'il ne mérite la louange qu'on lui donne ici ; il est le premier, ce me semble, qui ait montré qu'on ne connaît aucun axiome avant d'avoir connu les vérités particulières ; il est le premier qui fait voir ce que c'est que l'identité, & ce que c'est que d'être la même personne, le même soi ; il est le premier qui ait prouvé la fausseté du système des idées innées. Sur quoi je remarquerai qu'il y a des écoles qui anathématisèrent les idées innées, quand *Descartes* les établit, & qui anathématisèrent ensuite les adversaires des innées, quand *Locke* les eut détruites. C'est ainsi que jugent des hommes qui ne sont pas philosophes.

N. B. *Le lecteur curieux peut consulter le chapitre sur* Locke *dans les Mélanges de Littérature*, &c. &c.

NOTE particuliere sur ce passage de la Préface qui est au devant du Poëme sur le désastre de *Lisbonne*, &c.

Lorsque l'illustre Pope développa dans ses vers immortels les systêmes du lord Shaftersburi & du lord Bolingbroke, &c.

C'est peut-être la premiere fois qu'on a dit que le systême de *Pope* était celui du lord *Shaftersburi*; c'est pourtant une vérité incontestable. Toute la partie physique est presque mot à mot dans la premiere partie du chapitre intitulé, *les Moralistes*; Sectio 3. Mueh is alleg'd in ansuwer to showe, &c. On a beaucoup à répondre à ces plaintes des défauts de la nature. *Comment est-elle sortie si impuissante & si défectueuse des mains d'un Etre parfait ? Mais je nie qu'elle soit défectueuse.... Sa beauté résulte des contrariétés, & la concorde universelle naît d'un combat perpétuel.... il faut que chaque être soit immolé à d'autres; les végétaux aux animaux, les animaux à la terre... & les loix du pouvoir central & de la végétation qui donnent aux corps célestes leur poids, & leur mouvement; ne seront point dérangées pour l'amour d'un chétif & faible animal, qui tout protégé qu'il est par ces mêmes loix sera bientôt par elles réduit en poussiere.*

Cela est admirablement dit, & cela n'empêche pas que l'illustre docteur *Clarke* dans son Traité de l'Existence de Dieu ne dise que le *genre humain se trouve dans un état, où l'ordre naturel des choses de ce monde est manifestement renversé.* Page 10. Tome II. seconde édition, traduction de Mr. Ricotier : cela n'empêche pas que l'homme ne puisse dire, je dois être aussi cher à mon maître, moi, être pensant & sentant, que les planètes qui probablement ne sentent point : cela n'empêche pas que les choses de ce monde ne puissent être autrement, puisqu'on nous apprend que l'ordre a été perverti, & qu'il sera rétabli: cela n'empêche pas que le mal physique, & le mal moral ne soient une chose incompréhensible à l'esprit humain: cela n'empêche pas qu'on ne puisse révoquer en doute le *Tout est bien*, en respectant *Shaftersburi* & *Pope*, dont le système a d'abord été attaqué comme suspect d'athéisme, & est aujourd'hui canonisé.

La partie morale de l'*Essai sur l'homme de Pope*, est aussi toute entiere dans *Shaftersburi*, à l'article de la recherche sur la vertu, au second volume des *Carasteristicks*. C'est là que l'auteur dit que l'intérêt particulier bien entendu fait l'intérêt général. Aimer le bien public & le nôtre, est non-seulement possible, mais inséparable. *To be well affected towards the publick interest and ones own, is not only consistent but inseparable.* C'est là ce qu'il prouve dans tout ce livre, & c'est la base de toute la partie morale de l'*Essai de Pope sur l'homme*. C'est par-là qu'il finit.

That reason passion answer one great aim,
That true self love and social be the same.

La raison & les passions répondent au grand but de Dieu. Le véritable amour propre & l'amour social sont le même.

Une si belle morale, bien mieux développée encore dans *Pope* que dans *Shaftersburi*, a toujours charmé l'auteur des Poëmes sur Lisbonne & sur la Loi Naturelle: voilà pourquoi il a dit.

Mais Pope approfondit ce qu'ils ont effleuré,
Et l'homme avec lui seul apprend à se connaître.

Le lord *Shaftersburi* prouve encore que la perfection de la vertu est due nécessairement à la croyance d'un Dieu. *And thus perfection of virtue must be owing to the belief of a God.*

C'est apparemment sur ces paroles que quelques personnes ont traité *Shaftersburi* d'athée. S'ils avaient bien lû son livre, ils n'auraient pas fait cet infâme re-

NOTES.

proche à la mémoire d'un pair d'Angleterre, d'un Philosophe élevé par le sage *Locke*.

C'est ainsi que le père *Hardouin* traita d'athées *Pascal*, *Mallebranche* & *Arnaud*. C'est ainsi que le docteur *l'Ange* traita d'athée le respectable *Wolf*, pour avoir loué la morale des *Chinois*; & *Wolf* s'étant appuyé du témoignage des Jésuites Missionnaires à la Chine, le Docteur répondit: *Ne fait-on pas que les Jésuites sont des athées?* Ceux qui gémirent sur l'aventure des diables de Loudun, si humiliante pour la raison humaine; ceux qui trouverent mauvais qu'un Recollet en conduisant *Urbain Grandier* au supplice, le frappât au visage avec un crucifix de fer, furent appellés athées par les Recollets. Les Convulsionnaires ont imprimé que ceux qui se moquaient des convulsions étaient des athées; & les Molinistes ont cent fois baptisé de ce nom les Janténistes.

Lorsqu'un homme connu écrivit le premier en France il y a vingt ans sur l'inoculation de la petite vérole, un auteur inconnu écrivit: *il n'y a qu'un athée imbu des folies Anglaises, qui puisse proposer à notre nation de faire un mal certain pour un bien incertain.*

L'auteur des Nouvelles Ecclésiastiques, qui écrit tranquillement depuis si long-tems contre les Puissances, contre les Loix, & contre la raison, a employé une feuille à prouver que Mr. *de Montesquieu* était athée, & une autre feuille à prouver qu'il était déiste.

St Sorlin des Mareis, connu en son tems par le poëme de *Clovis*, & par son fanatisme, voyant passer un jour dans la galerie du Louvre *La Mothe le Vayer*, conseiller d'Etat & précepteur de Monsieur: *voilà*, dit-il, *un homme qui n'a point de Religion*. *La Mothe le Vayer* se retourna vers lui, & daigna lui dire: *mon ami, j'ai tant de religion, que je ne suis point de ta religion*.

En général, cette ridicule & abominable démence d'accuser d'athéisme à tort & à travers tous ceux qui ne pensent pas comme nous, est ce qui a le plus contribué à répandre, d'un bout de l'Europe à l'autre, ce profond mépris que tout le public a aujourd'hui pour les libelles de controverse.

LETTRE
A MONSEIGNEUR
LE CARDINAL DU BOIS *.

De Cambray Juillet 1722.

UNE beauté qu'on nomme *Rupelmonde*,
Avec qui les amours & moi
Nous courons depuis peu le monde,
Et qui nous donne à tous la loi,
Veut qu'à l'instant je vous écrive.
Ma Muse, comme à vous, à lui plaire attentive,
Accepte, avec transport, un si charmant emploi.

Nous arrivons, Monseigneur, dans votre Métropole, où je crois que tous les Ambassadeurs & tous les cuisiniers de l'Europe se sont donné rendez-vous. Il semble que les Ministres d'Allemagne ne soient à Cambray que

---

*Cette lettre est de 1722. on l'a imprimé plusieurs fois, mais on la donne ici sur l'original. Madame de *Rupelmonde* était fille du Maréchal d'*Alegre*, mariée à un Seigneur Flamand, & mère du Marquis de *Rupelmonde*, tué en Bavière.

pour

LETTRE AU C. DU BOIS.

pour faire boire la santé de l'Empereur. Pour Messieurs les Ambassadeurs d'Espagne, l'un entend deux Messes par jour, l'autre dirige la troupe des Comédiens. Les Ministres Anglais envoyent beaucoup de couriers en campagne & peu à Londres. Au reste, personne n'attend ici votre Eminence : on ne pense pas que vous quittiez le Palais-Royal pour venir visiter vos ouailles. Vous seriez trop fâché, & nous aussi, s'il vous fallait quitter le ministère pour l'Apostolat.

  Puissent Messieurs du Congrès,
  En bûvant dans cet asyle,
  De l'Europe assurer la paix !
  Puissiez-vous aimer votre ville,
  Seigneur, & n'y venir jamais !
Je sai que vous pouvez faire des homélies,
  Marcher avec un porte-croix,
  Entonner la Messe par fois,
  Et marmoter des litanies.

Donnez, donnez plutôt des exemples aux Rois;
Unissez à jamais l'esprit à la prudence;
Qu'on publie en tous lieux vos grandes actions ;
  Faites-vous bénir de la France,
Sans donner à Cambray des bénédictions.

Souvenez-vous quelquefois, Monseigneur, d'un homme, qui n'a en vérité d'autre regret que de ne pouvoir pas entretenir votre Eminence aussi souvent qu'il le voudrait, & qui de toutes les graces que vous pouvez lui faire, regarde l'honneur de votre conversation comme la plus flatteuse.

LETTRE*
AU ROI DE PRUSSE.

Vous laissez reposer la foudre & les trompettes,
Et sans plus étaler ces raisons du plus fort,
Dans vos fiers Arsenaux magasins de la mort,
De vingt mille canons les bouches sont muettes.
J'aime mieux des soupers, des opéra nouveaux,
Des passe-pieds François, des frédons italiques,
Que tous ces bataillons d'assassins héroïques,
    Gens sans esprit, & fort brutaux.
Quand verrai-je élever par vos mains triomphantes,
Du Palais des plaisirs les colonnes brillantes?
    Quand verrai-je à Charlotembour,
Du fameux Polignac, ** les marbres respectables,
Des antiques Romains ces monumens durables,

* A Bruxelles ce 2 Septembre 1742. Cette lettre & les petites piéces suivantes avaient été oubliées dans ce recueil.
** En ce tems-là Frédéric le Grand III. Roi de Prusse avait fait acheter à Paris toutes les Statues que le Cardinal de Polignac avait fait venir de Rome.

AU ROI DE PRUSSE.

Accourir à votre ordre, embellir votre Cour?
Tous ces bustes fameux semblent déja vous dire:
Que faisons nous à Rome, au milieu des débris
  Et des beaux Arts, & de l'Empire,
Parmi ces Capuchons blancs, noirs, minimes, gris,
Arlequins en soutane, & courtisans en mitre,
Portant au Capitole, au Temple des Guerriers,
Pour Aigle des *Agnus*, des bourdons pour lauriers?
Ah! loin des Monsignors, tremblans dans l'Italie,
Restons dans ce Palais, le temple du génie;
Chez un Roi, vraiment Roi, fixons nous aujourd'hui;
Rome n'est que la Sainte, & l'autre est avec lui.

 Sans doute, SIRE, que les Statues du Cardinal de Polignac vous disent souvent de ces choses-là. Mais j'ai aujourd'hui à faire parler une beauté qui n'est pas de marbre, & qui vaut bien toutes vos Statues.

  Hier je fus en présence
  De deux yeux mouillés de pleurs,
  Qui m'expliquaient leurs douleurs
  Avec beaucoup d'éloquence.
  Ces yeux qui donnent des loix
  Aux ames les plus rebelles,
  Font briller leurs étincelles
  Sur le plus friant minois
  Qui soit aux murs de Bruxelles.

 Ces yeux, SIRE, & ce très-joli visage, appartiennent à Madame Valstein, ou Vallenſtein, l'une des petites niéces de ce fameux Duc de Valſtein, que l'Empereur Ferdinand fit ſi proprement tuer au ſaut-du-lit par quatre honnêtes Irlandois, ce qu'il n'eût pas fait aſſurément s'il avait pû voir ſa petite niéce.

> Je lui demandai pourquoi
> Ses beaux yeux verſaient des larmes ?
> Elle, d'un ton plein de charmes,
> Dit : c'eſt la faute du Roi.

Les Rois font ces fautes-là quelquefois, répondis-je ; ils ont fait pleurer de beaux yeux, ſans compter le grand nombre des autres qui ne prétendent pas à la beauté.

> Leur tendreſſe, leur inconſtance,
> Leur ambition leurs fureurs
> Ont fait ſouvent verſer des pleurs
> En Allemagne comme en France.

Enfin j'appris que la cauſe de ſa douleur vient de ce que le Comte de .... eſt pour ſix mois les bras croiſés par l'ordre de votre Majeſté dans le Château de Vezel. Elle me demanda ce qu'il fallait qu'elle fît pour le tirer de là. Je lui dis qu'il y avait deux manieres ; la premiere, d'avoir une armée de cent mille hommes, & d'aſſiéger Vezel. La ſeconde, de ſe faire préſenter à votre Majeſté, & que cette façon-là était incomparablement la plus ſûre.

Alors j'apperçus dans les airs
Ce premier Roi de l'univers,
L'amour, qui de Valſtein vous portait la demande,
Et qui diſait ces mots, que l'on doit retenir :
„ Alors qu'une belle commande,
„ Les autres Souverains doivent tous obéir.

LETTRE
DU ROI DE PRUSSE.

SI les hiſtoires de l'univers avaient été écrites comme celle que vous m'avez confiée, nous ferions plus inſtruits des mœurs de tous les ſiècles, & moins trompés par les hiſtoriens. Plus je vous connais, & plus je trouve que vous êtes un homme unique. Jamais je n'ai lû de plus beau ſtyle que celui de l'hiſtoire de *Louis XIV.* Je relis chaque paragraphe deux ou trois fois, tant j'en ſuis enchanté ; toutes les lignes portent coup : tout eſt nourri de réflexions excellentes : aucune fauſſe penſée ; rien de puéril, & avec cela, une impartialité parfaite. Dès que j'aurai lû tout l'ouvrage, je vous enverrai quelques petites remarques, entr'autres ſur les noms Allemands qui ſont un peu maltraités, ce qui peut répandre de l'obscurité sur cet ouvrage, puisqu'il y a des noms qui sont si défigurés, qu'il faut les deviner.

Je souhaiterais que votre plume eût composé tous les ouvrages qui sont faits, & qui peuvent être de quelque instruction. Ce serait le moyen de profiter & de tirer utilité de la lecture.

Je m'impatiente quelquefois des inutilités, des pauvres réflexions, ou de la sécheresse qui regne dans de certains livres. C'est au lecteur à digérer de pareilles lectures. Vous épargnez cette peine à vos lecteurs. Qu'un homme ait du jugement ou non, il profite également de vos ouvrages; il ne lui faut que de la mémoire.

Je vous conjure, mon cher ami, de me mander tout ce que vous faites à Cirey que j'envie.

REPONSE.

Vous ordonnez que je vous dise
Tout ce qu'à Cirey nous faisons :
Ne le voyez-vous pas sans qu'on vous en instruise?
Vous êtes notre maître, & nous vous imitons :
Nous retenons de vous les plus belles leçons
  De la sagesse d'*Epicure*.
  Comme vous, nous sacrifions
  A tous les arts, à la nature ;
  Mais de fort loin nous vous suivons :
  Ainsi tandis qu'à l'aventure
  Le Dieu du jour lance un rayon,
  Au fond de quelque chambre obscure
  De ces traits la lumière pure
  Y peint du plus vaste horizon
  La perspective en mignature,
  Une telle comparaison
  Se sent un peu de la lecture
  Et de *Kircker* & de *Newton*.
Par ce ton si philosophique,
Qu'ose prendre ma faible voix,
Peut-être je gâte à la fois
La poësie & la physique.
Mais cette nouveauté me pique ;
Et du vieux code poëtique
Je commence à braver les loix.
Qu'un autre dans ses vers lyriques,
Depuis deux mille ans répétés,
Brode encor des fables antiques :

REPONSE

Je veux de neuves vérités,
Divinités des bergeries,
Nayades des rives fleuries,
Satyres qui danfez toujours,
Vieux enfans qne l'on nomme amours,
Qui faites naître en nos prairies
De mauvais vers & de beaux jours,
Allez remplir les hémistiches
De ces vers pillés & postiches
Des rimailleurs fuivant les cours.
D'une mefure cadencée
Je connais le charme enchanteur;
L'oreille est le chemin du cœur ;
L'harmonie, & fon bruit flatteur,
Sont l'ornement de la penfée ;
Mais je préfère avec raifon
Les belles fautes du génie
A l'exacte & froide oraifon
D'un purifte d'académie.
Jardins plantés en fymétrie,
Arbres nains, tirés au cordeau,
Celui qui vous mit au niveau
En vain s'applaudit, fe récrie,
En voyant ce petit morceau ;
Jardins, il faut que je vous fuye ;
Trop d'art me révolte & m'ennuye.
J'aime mieux ces vaftes forêts ;
La nature libre & hardie,
Irrégulière dans fes traits,
S'accorde avec ma fantaifie.

Mais dans ce discours familier
En vain je crois étudier
Cette nature simple & belle ;
Je me sens plus irrégulier,
Et beaucoup moins aimable qu'elle.
Accordez-moi votre pardon
Pour cette longue rapsodie ;
Je l'écrivis avec saillie,
Mais peu maître de ma raison,
Car j'étais auprès d'*Emilie*.

LETTRE
AU ROI DE PRUSSE*.

BLaise Pascal a tort ; il en faut convenir.
Ce pieux Misantrope, *Héraclite* sublime,
Qui pense qu'ici-bas tout est misère & crime,
Dans ces tristes accès ose nous maintenir
Qu'un Roi que l'on amuse, & même un Roi qu'on aime,
    Dès qu'il n'est plus environné,
    Dès qu'il est réduit à lui-même,
Est de tous les mortels le plus infortuné.
Il est le plus heureux, s'il s'occupe, & s'il pense.

* Cette piéce est de 1751. Voyez les pensées de *Pascal*.

Vous le prouvez très-bien ; car loin de votre cour,
En hibou fort souvent renfermé tout le jour,
Vous percez d'un œil d'aigle en cet abîme immense
Que la philosophie ouvre à nos faibles yeux ;
   Et votre esprit laborieux,
Qui sait tout observer, tout orner, tout connaître,
Qui se connaît lui-même, & qui n'en vaut que mieux
Par ce mâle exercice, augmente encor son Etre.
Travailler est le lot & l'honneur d'un mortel.
Le repos est, dit-on, le partage du Ciel !
Je n'en crois rien du tout : quel bien imaginaire
D'être les bras croisés pendant l'éternité !
Est-ce dans le néant qu'est la félicité ?
Dieu serait malheureux, s'il n'avait rien à faire ;
Il est d'autant plus Dieu qu'il est plus agissant.
Toujours ainsi que vous, il produit quelque ouvrage.
On prétend qu'il fait plus, on dit qu'il se repent.
Il préside au scrutin, qui dans le Vatican
Met sur un front ridé la coëffe à triple étage ;
Du prisonnier *Mammoud* il vous fait un sultan.
Il meurit à Moka dans le sable arabique
Ce caffé nécessaire au pays des frimats ;
   Il met la fièvre en nos climats,
   Et le remède en Amérique.
   Il a rendu l'humain séjour
De la variété le mobile théâtre ;
Il se plut à paîtrir d'incarnat & d'albâtre,
Les charmes arrondis du tein de *Pompadour*,
Tandis qu'il vous étend un noir luisant d'ébène
Sur le nez applati d'une Dame Afriquaine.

AU ROI DE PRUSSE.

Qui ressemble à la nuit comme l'autre au beau jour.
Dieu se joue à son gré de la race mortelle ;
Il fait vivre cent ans le Normand *Fontenelle*,
Et trousse à trente-deux mon dévot de *Pascal*.
Il a deux gros tonneaux, dont le bien & le mal
   Descendent en pluie éternelle
Sur cent mondes divers & sur chaque animal ;
Les sots, les gens d'esprit, & les fous & les sages,
Chacun reçoit sa dose, & le tout est égal.
On prétend que de Dieu les Rois sont les images.
   Les Anglais pensent autrement.
   Il disent en plein Parlement,
Qu'un Roi n'est pas plus Dieu, que le Pape infaillible ;
   Mais il est pourtant très-plausible
Que ces puissans du siécle un peu trop adorés
A la faiblesse humaine ainsi que nous livrés,
Ressemblent en un point à notre commun maître ;
C'est qu'ils font comme lui le mal & le bien-être :
Ils ont les deux tonneaux. Bouchez-moi pour jamais
Le tonneau des dégoûts, des chagrins, des caprices,
Dont on voit tant de Cours s'abreuver à longs traits.
   Répandez de pures délices
Sur votre peu d'élus à vos banquets admis ;
Que leurs fronts soient sereins, que leurs cœurs soient unis :
Au feu de votre esprit que notre esprit s'éclaire ;
Que sans empressement nous cherchions à vous plaire ;
   Qu'en dépit de sa Majesté,
   Notre agréable liberté

Compagne du plaisir, mere de la saillie,
  Assaisonne avec volupté
  Les rayons de votre embrosie.
Les honneurs rendent vain, le plaisir rend heureux;
  Versez les douceurs de la vie
  Sur votre Olimpe sablonneux,
Et que le bon tonneau soit à jamais sans lie.

REPONSE

DE L'ABBÉ DE CHAULIEU *,

JE n'aurais jamais cru qu'un homme comme vous, Monsieur, eût pû croire aux esprits, & moins encore ajouter foi à ce qu'ils disent, quand ils veulent bien revenir, je ne sai pas d'où. La secte des Philosophes, où vous avez la bonté de m'associer de votre autorité, m'a fait douter, grace au Ciel, de l'approbation de *Chapelle*, & m'a préservé des coquetteries de son ombre, de votre politesse, & de la complaisance de mon amour propre, que vous avez tâché si galamment de mettre de la partie. Parmi toutes les bonnes raisons que vous devez avoir de vous dé-

*Après la page 53. Tome III.

fier un peu de cette apparition, vous en avez une essentielle en vous, qui doit vous déterminer à ne la pas croire, & qui m'y a, en mon particulier, entierement déterminé.

D'une ombre qui vous dit de me prendre pour maître
    Ne croyez pas l'illusion ;
Quand avec vos talens le Ciel vous a fait naître,
    Il n'est pour vous de maître qu'*Apollon*.

Voilà en trois mots ce que je puis répondre à la plus jolie lettre du monde, que vous m'avez écrite ; trop flatteuse pour l'écouter, trop brillante d'imagination pour me hazarder à y faire une réponse en forme, qui serait indigne peut-être d'un élève de *Chapelle*, à qui vous pourriez la montrer dans le commerce étroit où je vous vois avec lui, quarante ans après sa mort.

Mais si je me défie de mon esprit, je suis toujours sûr de mon cœur ; & je vais répondre aux sentimens d'estime & d'amitié que j'ai pour vous, dont vous me demandez une marque essentielle, qui est de vous dire avec la sincérité dont je fais profession, ce que je pense de la petite affaire dont vous me faites ouverture, &c.

A Paris

le 26 Juillet 1737.

LETTRE*
DE MONSIEUR
DE MELON,
ci-devant Sécretaire du Régent du Royaume,
A MADAME
LA COMTESSE DE VERRUE,
SUR L'APOLOGIE DU LUXE.

J'AI lu, Madame, l'ingénieuse apologie du luxe. Je regarde ce petit ouvrage comme une excellente leçon de politique, cachée sous un badinage agréable. Je me flatte d'avoir démontré dans mon *Essai politique sur le Commerce*, combien ce goût des beaux arts & cet emploi des richesses, cette ame d'un grand Etat, qu'on nomme *luxe*, font nécessaires pour la circulation de l'espèce & pour le maintien de l'induitrie ; je vous regarde, Madame, comme un des grands exemples de cette vérité. Combien de familles de Paris subsistent uni-

* Cette piece fut écrite dans le tems que la piéce du *Mondain* parut en 1736. (pag. 191. Tome III.

quement par la protection que vous donnez aux arts? * Que l'on cesse d'aimer les tableaux, les estampes, les curiosités en toute sorte de genre, voilà vingt mille hommes au moins ruinés tout d'un coup dans Paris, & qui sont forcés d'aller chercher de l'emploi chez l'étranger. Il est bon que dans un canton Suisse on fasse des loix somptuaires, par la raison qu'il ne faut pas qu'un pauvre vive comme un riche : quand les Hollandais ont commencé leur commerce, il avaient besoin d'une extrême frugalité ; mais à présent que c'est la nation de l'Europe qui a le plus d'argent, elle a besoin de luxe, &c.

* Madame la Comtesse de *Verrue*, mère de Madame la Princesse de *Carignan*, dépensait cent mille francs par an en curiosités : elle s'était formé un des beaux cabinets de l'Europe en raretés & en tableaux. Elle rassemblait chez elle une société de Philosophes, auxquels elle fit des legs par son testament. Elle mourut avec la fermeté & la simplicité de la philosophie la plus intrépide.

A MONSIEUR
LE COMTE ALGAROTI,

Qui était alors à la Cour de Saxe.

A Paris ce 21 Février 1747.

ENFANT du Pinde & de Citère,
Brillant & sage *Algaroti*,
A qui le Ciel a départi
L'art d'aimer, d'écrire & de plaire,
Et dont le charmant caractère
A tous les goûts est assorti.
Dans vos Palais de porcelaine,
Recevez ces frivoles sons,
Enfilés sans art & sans peine,
Au charmant pays des pompons.
O Saxe que nous vous aimons !
O Saxe que nous vous devons
D'amour & de reconnoissance !
C'est de votre sein que sortit
Le héros qui venge la France
Et la Nymphe qui l'embellit.
   Apprenez que cette Dauphine
Ici chaque jour accomplit
Ce que votre muse divine

A MONSIEUR ALGAROTI.

Dans ses lettres m'avait prédit.
Vous penserez que je l'ai vue,
Quand je vous en dis tant de bien,
Et que je l'ai même entendu ;
Je vous jure qu'il n'en est rien ,
Et que ma muse peu connue ,
En vous répétant dans ces vers
Cette vérité toute nue
N'est que l'écho de l'univers.

   Une Dauphine est entourée,
Et l'étiquette est son tourment.
J'ai laissé passer prudemment,
Des paniers la foule titrée ,
Qui remplit tout l'appartement
De sa bigarure dorée.
Virgile était-il le premier
A la toilette de *Livie ?*
Il laissait passer *Cornélie*,
Les Ducs & Pairs , le Chancelier ,
Et les cordons bleus d'Italie,
Et s'amusait sur l'escalier
Avec *Tibule* & *Polimnie*.

   Mais à la fin j'aurai mon tour ;
Les dieux ne me refusent guere :
Je fais aux graces chaque jour
Une très-dévote priere.
Je leur dis, Filles de l'amour,
Daignez , à ma muse discrette
Accordant un peu de faveur ,
Me présenter à votre sœur ;

Quand vous irez à sa toilette.

 Que vous dirai-je maintenant
Du Dauphin & de cette affaire,
De l'amour & du sacrement ?
Les Dames d'honneur de Cithère
En pourraient parler dignement ;
Mais un prophane doit se taire.
Sa cour dit qu'il s'occupe à faire
Une famille de Héros,
Ainsi qu'ont fait très à propos
Son ayeul & son digne pere.

 Daignez pour moi remercier
Votre Ministre magnifique.
D'un fade éloge poëtique
Je pourrais fort bien l'ennuyer ;
Mais je n'aime pas à louer ;
Et ces offrandes si chéries
Des belles & des potentats,
Gens tous nourris de flatteries,
Sont un bijou qui n'entre pas
Dans son baguier de pierreries.

 Adieu ; faites bien au Saxon
Goûter les vers de l'Italie
Et les vérités de *Newton* ;
Et que votre muse polie
Parle encor sur un nouveau ton
De notre immortelle *Emilie*.

REPONSE
A MONSIEUR
LE CARDINAL QUIRINI.

A Berlin ce 12 *Décembre* 1751.

Quoi ! vous voulez donc que je chante
Ce temple orné par vos bienfaits,
Dont aujourd'hui Berlin se vante !
Je vous admire & je me tais.
Comment sur les bords de la Sprée,
Dans cette infidèle contrée
Où de Rome on brave les loix,
Pourrai-je élever une voix
A des Cardinaux consacrée ?
Eloigné des murs de Sion,
Je gémis en bon Catholique.
Hélas mon Prince est hérétique,
Et n'a point de dévotion.
Je vois avec componction
Que dans l'infernale sequelle
Il sera près de *Cicéron*,
Et d'*Aristide* & de *Platon*,
Ou vis-à-vis de *Marc-Aurèle*.
On sait que ces esprits fameux
Sont punis dans la nuit profonde ;

Il faut qu'il soit damné comme eux,
Puisqu'il vit comme eux dans ce monde.
Mais surtout que je suis fâché
De le voir toujours entiché
De l'énorme & cruel péché
Que l'on nomme la tolérance !
Pour moi je frémis quand je pense
Que le Musulman, le Payen,
Le Quaкre & le Luthérien,
L'enfant de Genève & de Rome,
Chez lui tout est reçu si bien,
Pourvu que l'on soit honnête homme.
Pour comble de méchanceté,
Il a su rendre ridicule
Cette sainte inhumanité,
Cette haine dont sans scrupule
S'arme le dévot entêté,
Et dont se raille l'incrédule.
Que ferai-je, grand Cardinal,
Moi, Chambellan très-inutile
D'un Prince endurci dans le mal,
Et proscrit dans notre Evangile ?

    Vous, dont le front prédestiné
A nos yeux doublement éclate ;
Vous, dont le chapeau d'écarlate
Des lauriers du Pinde est orné ;
Qui marchant sur les pas d'*Horace*,
Et sur ceux de *Saint Augustin*,
Suivez le raboteux chemin,
Du Paradis & du Parnasse,

Convertissez ce rare esprit ;
C'est à vous d'instruire & de plaire ;
Et la grace de Jesus-Christ
Chez vous brille en plus d'un écrit,
Avec les trois graces d'*Homère*.

EPITRE

A . . . .

Fourmont, vous, & les *Dudeffant*,
C'est-à-dire, les agrémens,
L'esprit, les bons mots, l'éloquence,
Et vous, plaisirs, qui valez tout,
Plaisirs que je suivis par goût,
Et les *Newtons* par complaisance.
Que m'ont servi tous ces efforts
De notre incertaine science,
Et ces quarrés de la distance,
Ces corpuscules, ces ressorts,
Cet infini si peu traitable ?
Hélas ! tout ce qu'on dit des corps
Rend-il le mien moins misérable ?
Mon esprit est-il plus heureux,
Plus droit, plus éclairé, plus sage,
Quand de *René* le songe-creux,
J'ai lû le romanesque ouvrage ?

EPITRE A....

Quand avec l'*Oratorien* (a)
Je vois qu'en Dieu je ne vois rien,
Ou qu'après quarante escalades
Au château de la vérité,
Sur le dos de *Leibnitz* monté,
Je ne trouve que des monades ?
Ah ! fuyez, songes imposteurs,
Ennuyeuse & froide chimère ;
Et puisqu'il nous faut des erreurs,
Que nos mensonges sachent plaire.
L'esprit méthodique & commun
Qui calcule, un par un donne un,
S'il fait ce métier importun,
C'est qu'il n'est pas né pour rien faire.
Du creux profond des antres sourds
De la sombre philosophie,
Ne voyez-vous pas *Emilie*
S'avancer avec les amours ?
Sans ce cortège, qui toujours
Jusqu'à Bruxelles l'a suivie,
Elle aurait perdu ses beaux jours
Avec son *Leibnitz* qui m'ennuye.

(a) *Mallebranche.*

A MONSIEUR
DE CIDEVILLE.

Devers Pâque on doit pardonner
Aux Chrétiens qui font pénitence :
Je l'ai fait : un si long silence
A de quoi me faire damner.
Donnez-moi plenière indulgence.
Après avoir en grand courier
Voyagé pour chercher un sage,
J'ai regagné mon colombier ;
Je n'en veux sortir davantage :
J'y trouve ce que j'ai cherché,
J'y vis heureux, j'y suis caché :
Le Trône, & son fier esclavage,
Ces grandeurs dont on est touché,
Ne valent pas notre hermitage.

 Vers les champs Hyperboréens,
J'ai vû des Rois dans la retraite,
Qui se croyaient des *Antonins.*
J'ai vû s'enfuir leurs bons desseins
Aux premiers sons de la trompette;
Ils ne sont plus rien que des Rois.
Ils vont par de sanglans exploits,
Prendre ou ravager des Provinces :
L'ambition les a soumis ;
Moi ? J'y renonce. Adieu les princes,
Il ne me faut que des amis.

LETTRE
A UN DE SES ELEVES*.

MOn cher éleve, qui valez mieux que moi; le grand Tronchin * * vous a donc sçu tirer d'affaires. Il a fait revenir de plus loin une de mes nièces, qui est actuellement dans mon hermitage, où je voudrois bien vous tenir. Mais les vieux oncles sont bien plus difficiles à traiter. S'il ne m'a pas encore donné la santé, il m'a donné un grand plaisir en m'apportant votre jolie Epître, & voici ma triste réponse.

>Vous ne comptez pas trente hivers,
>Les graces sont votre partage:
>Elles ont dicté vos beaux vers;
>Mais je ne sais par quel travers
>Vous vous proposez d'être sage,
>Quand le ressort des passions,
>Quand de l'amour la main divine,
>Quand les belles tentations
>Ne soutiennent plus la machine.
>Trop tôt vous vous désespérez;
>Croyez-moi, la raison sévère
>Qui trompe vos sens égarés,

* M. Desmahis.
* * Fameux Médecin.

N'est qu'une attaque passagère,
Vous êtes jeune & fait pour plaire ;
soyez sûr que vous guérirez.
Je vous en dirais davantage
Contre ce mal de la raison ;
Mais je médite un gros ouvrage
Pour le vainqueur de Port-Mahon.
Je veux peindre à ma nation
Ce jour d'éternelle mémoire.
Je dirai, moi, qui sais l'Histoire,
Qu'un géant nommé Gerion
Fut pris autrefois par Alcide,
Dans la même Isle, au même lieu,
Où notre brillant Richelieu
A vaincu l'Anglais intrépide,
A terrassé l'Anglais perfide.
Je dirai qu'ainsi que Paphos,
Minorque à Vénus fut soumise ;
Vous voyez bien que mon Héros
Avait double droit à la prise.
Je suis Prophète quelquefois :
Malgré l'envie & la critique,
J'ai prédit ses heureux exploits ;
Et l'on prétend que je lui dois
Encore une Ode Pindarique ;
Mais les Odes ont peu d'appas
Pour les Guerriers & pour moi-même ;
Et je conçois qu'il ne faut pas
Ennuyer un Héros qu'on aime.

Je conçois aussi qu'il ne faut pas ennuyer ses amis. Je finis au plus vîte, en vous assurant que je vous aime de tout mon cœur.

De Genève.

LETTERA *

Del Signor Comte Algarotti, al Signore Abate Franchini, Inviato del Grand Duca di Toscana à Parigi.

IO non so perchè cagione cotesti Signori si abbiano a maravigliar tanto che io mi sia per alcune settimane ritirato alla campagna, e in un angolo di una provincia come e' dicono. Ella nò che non se ne maraviglia punto; la qual pur sa a che fine io mi vada cercando vari paesi, e quali cose io m'abbia potuto trovare in questa campagna. Qui lungi dal tumulto di Parigi vi si gode una vita condita da piaceri della mente: e ben si può dire che a queste cene non manca nè Lambert nè Moliere. Io do l'ultima mano a miei Dialoghi,

* Cette Lettre doit être inserée dans le V. volume, après la page 230.

i quali han trovata molta grazia innanzi gli occhi così della bella Emilia, come del dotto Voltaire; e quasi direi allo specchio di essi io vò studiando i bei modi della culta conversazione che vorrei pur trasferire nella mia Operetta. Ma che dirà ella se dal fondo di questa provincia io le manderò cosa che dovriano pur tanto desiderare cotesti Signori *inter beatæ fumum & opes strepitumque Romæ?* Questa si è il Cesare del nostro Voltaire non alterato o manco, ma quale è uscito delle mani dell'autore suo. Io non dubito che ella non sia per prendere, in leggendo questa tragedia, un piacer grandissimo; e credo che anch'ella vi ravviserà dentro un nuovo genere di perfezione a che si può recare il teatro tragico Francese. Benchè un gran paradosso parrà cotesto a coloro che credono spenta la fortuna di quello insieme con Cornelio e Racine, e nulla sanno immaginare sopra le costoro produzioni. Ma certo niente pareva, non sono ancora molti anni passati, che si avesse a desiderare nella musica vocale dopo Scarlatti, o nella strumentale dopo Corelli. Pur non dimeno il Marcello e il Tartini ne han fatto sentire che vi avea così nell' una come nel altra alcun termine più là. Intantochè egli pare non accorgersi l'uomo de' luoghi che rimangono ancor avacui nelle arti se non dopo occupati. Così interverrà nel teatro;

E f ij

e la morte di Giulio Cesare mostrerà *nescio quid majus*. Quanto al genere delle tragedie Francesi. Che se la tragedia, a distinzione della commedia, è l'imitazione di un'azione che abbia in se del terribile e del compassionevole, è facile a vedere, quanto questa che non è intorno a un matrimonio o a un amoretto, ma che è intorno a un fatto atrocissimo e alla più gran rivoluzione che sia avenuta nel più grande imperio del mondo, è facile dico a vedere quanto ella venga ad essere più distinta dalla commedia delle altre tragedie Francesi, e monti dirò così sopra un coturno più alto di quelle. Ma non è già per tutto ciò che io creda che i più non siano per sentirla altrimenti. Non fa mestiere aver veduto *mores hominum multorum & urbes* per sapere che i più bei ragionamenti del mondo se ne vanno quasi sempre con la peggio quando egli hanno a combattere contra le opinioni radicate d'all' usanza e dall'autorità di quel sesso, il cui imperio si stende fino alle provincie scientifiche. L'amore che è Signor despotico delle scene francesi vorrà difficilmente comportare, che altre passioni vogliano partire il regno con esso lui; e non so come una tragedia dove non c'entran donne, tutta sentimenti di libertà, pratiche di politica, potrà piacere là dove odono Mitridate fare il galante sul punto di muovere il campo verso

Roma, e dove odono Cesare medesimo che novello Orlando si vanta di aver fatto giostra con Pompeo in Farsaglia per i begli occhi di Cleopatra. E forse che il Cesare del Voltaire potrà correre la medesima fortuna a Parigi che Temistocle, Alcibiade, e quegli altri grandi uomini della Grecia, corsero in Atene; i quali erano ammirati da tutta la terra e sbanditi a un tempo medesimo della patria loro.

Come sia, il Voltaire ha preso in questa tragedia ad imitare la severità del teatro Inglese, e segnatamente Sakespeare uno di loro poeti, in cui dicesi, e non à torto, che vi sono errori innumerabili e pensieri inimitabili, *faults innumerable and thoughts inimitable*. Del che il suo Cesare medesimo ne fa pienissima fede. E ben ella può credere che il nostro poëta ha fatto quell' uso di Sakespeare che Virgilio faceva di Ennio. Egli ha espresso in Francese le due scene ultima della tragedia Inglese, le quali, toltone alcune mende, sono come qulle due di Burro e di Narciso con Nerone nel Britannico, due specchi cioè di eloquenza nel persuadere altrui le cose le più contrarie tra loro sullo stesso argomento. Ma chi sa se anche da questo lato, voglio dire a cagion della imitazione di Sakespeare questa tragedia non sia per piacere meno che non si vorrebbe? A niuno è nascosto come la Francia e l'Inghilterra sono rivali nella politica, commercio, nella gloria delle armi e delle lettere.

Litora litoribus contraria fluctibus unda.

E si potrebbe dare il caso che la poësia Inglese fosse accolta à Parigi allo stesso modo della philosofia che è stata loro recata dal medesimo paese. Ma certo dovranno sapere i Francesi non picciolo grado a chi è venuto ad arrichire in certa maniera il loro Parnaso di una sorgente novella. Tanto più che grandissima è la discrezione con che ad imitare gl' Inglesi s'è fatto il nostro poëta, come colui che ha trasportato nel teatro di Francia la severità delle loro tragedie senza la ferocità. Nella quale idea d'imitazione egli ha di gran lunga superato Addissono, il quale nel suo Catone a mostrato a' suoi non tanto la regolarità del teatro Francese quanto la importunità degli amori di quello. E con ciò egli è venuto a corrompere uno de' pochissimi Drammi moderni, in cui lo stile sia veramente tragico, e in cui i Romani parlino latino, a dir così, e non Spagnuolo.

Ma un romore senza dubbio grandissimo ella sentirà levarsi contro a questa tragedia, perchè ella sia di tre atti solamente. Aristotile egli è il vero parlando nella poetica della lunghezza dell' azione teatrale non si spiega così chiaramente sopra questa tal divisione in cinque atti ma ognuno sa quei versi della poetica latina:

Neve minor neu sit quinto productior actu
Fabula quæ posci vult & spectata reponi.

Il qual precetto dà Orazio per la commedia egualmente che per la tragedia. Ma se pur vi ha delle commedie di Moliere di tre atti e non più, e che ciò non ostante son tenute buone, non so perchè non vi possa ancora una buona tragedia che sia di tre atti, e non di cinque.

Quid autem
Cæcilio Plautoque dabit Romanus ademptum
Virgilio Varioque?

E forse che sarebbe per lo migliore se la maggior parte delle tragedie di oggidì si riducessero a tre atti solamente; dacchè si vede che per aggiungere ai cinque, il più degli autori sono pur stati costretti ad applicarvi degli Episodi i quali allungano il componimento e ne sceman l'effetto, snervando come fanno l'azione principale. E il Racine medesimo per somiglianti ragioni compose già l'Ester di tre atti e non più. Che se i Greci nelle loro tragedie benchè simplicissime furono religiosi osservatori della divisione in cinque atti, è da far considerazione, oltre che per lo più gli atti sono anzi brevi che nò, che il coro vi occupa una grandissima parte del Dramma.

AL SINGORE ABATE. FRANCH.

Io non so se quivi io bene m'apponga, questo so certo che mi giova parlare di poesia con esso lei che ne potrebbe esser maestro come ella ne è talora leggiadrissimo artefice. *Pollio & ipse facit nova carmina.* Sicchè ella ben saprà scorgere la bellezza di questa tragedia, molti versi della quale hanno di già occupato un luogo nella mia memoria, e vi risuonan dentro in maniera che io non gli potrei far tacere. E pigliando principalmente ad esaminare la costituzione della favola ella potrà meglio judicare di chichesìa se il Voltaire siccome ha aperto tra' suoi una nuova carriera così ancora ne sia giunto alla meta. Ma che non vien ella medesima a Cirey a communicarci le dotte sue riflessioni ? Ora massimamente che ne assicurano essere per la pace già segnata composte le cose di Europa. Niente allora qui mancherebbe al desiderio mio, e a niuno potrebbe parer nuovo in Parigi che io mi rimanessi in una provincia.

Cirey 12 Octobre 1735

LETTRE

DE MONSIEUR DE VOLTAIRE
AU PAPE
BENOIST XIV.

Très-Saint Père,

SI je suis un des moins élevés des fidèles, je suis un des plus grands admirateurs de votre vertu. J'espere donc que Sa Sainteté voudra bien pardonner la liberté que je prends de soumettre au chef de la vraie religion un ouvrage fait contre le fondateur d'une secte fausse & barbare.

A qui, mieux qu'au Vicaire & qu'à l'imitateur d'un Dieu de paix & de vérité, pourrais-je dédier cette satyre de la cruauté & des erreurs d'un faux Profête?

Que Votre Sainteté veuille donc bien permettre que, mettant à ses pieds & l'ouvrage & l'Auteur, je lui demande sa protection pour l'un & sa bénédiction pour l'autre. C'est dans ces sentimens de la plus profonde humilité

*A placer au Tome VI. après la page 143

que je m'abaisse devant elle, & que je lui baise les pieds.

A Paris le 17 Août 1745.

LETTRE
DU SOUVERAIN PONTIFE
BENOIST XIV.
A M. DE VOLTAIRE.

Benoit XIV Pape, à son cher fils, salut & bénédiction apostolique.

ON nous présenta de votre part, il y a quelques semaines, votre belle tragédie de Mahomet, à la lecture de laquelle nous prîmes un grand plaisir. Le Cardinal *Passionei* nous a présenté depuis, en votre nom, votre excellent poëme de Fontenoy. Monseigneur Leprotti nous a encore donné le distique, que vous avez fait pour être mis au bas de notre portrait. Hier matin enfin, le Cardinal Valenti nous présenta votre lettre dattée du 17

Août. Sensible à cette continuité d'attentions, nous y voyons mille choses, de chacune desquelles nous nous reconnaissons obligés de vous remercier en particulier. Nous vous en remercions en général, & vous rendant les graces qui vous sont dûes pour votre bonté singuliere envers nous, nous vous assurons de notre estime pour votre mérite justement applaudi.

Le distique dont nous avons parlé ci-dessus *, ayant été rendu public à Rome, on nous a rapporté qu'un homme de lettres de votre pays avait trouvé une faute de quantité dans le second vers, prétendant que le mot *hic* que vous avez fait bref, doit toujours être long.

Notre réponse a été qu'il se trompait, que ce mot pouvait être long ou bref, d'après les exemples qu'on en voit dans les poëtes, & que Virgile, qui l'avait employé comme bref dans le vers suivant,

Solus hic inflexit sensus, animumque labantem.

l'avait employé comme long dans celui-ci:

* Voici le distique :

Lambertinus hic est, Romæ decus & Pater orbis,
Qui mundum scriptis docuit, virtutibus ornat.

LETTRE.

Hic finis Priami fatorum, hic exitus illum.

Il nous semble avoir répondu bien à propos ; y ayant sur-tout plus de cinquante ans que nous n'avons lû Virgile. Quoique l'objet de la dispute vous regarde personnellement, nous avons une si bonne idée de votre sincérité & de votre droiture, que nous vous laissons à décider qui a tort sur le point dont il s'agit, de nous ou de votre Censeur. Nous finissons en vous donnant notre bénédiction Apostolique.

Donné à Rome à Sainte Marie Majeure, le 17 Septembre 1745. & de notre Pontificat le sixiéme.

LETTRE

DE REMERCIEMENT

DE MONSIEUR DE VOLTAIRE

AU PAPE.

J'AI reçu les médailles dont votre bienveillance singuliere m'a favorisé. Si les traits de Votre Sainteté y sont bien représentés, on ne voit pas moins paraître son esprit & son caractère dans la lettre dont elle a daigné m'honorer, & pour laquelle je lui rends les plus vives & les plus humbles actions de graces.

Je suis certainement obligé de reconnaître son infaillibilité dans les décisions de littérature, comme je la reconnais sur d'autres points plus respectables. Votre Sainteté connaît mieux la langue latine, que ne la connaît le Français, dont Elle a daigné relever l'erreur. Je suis étonné comment elle peut se rappeller si à propos son Virgile. Les Souverains Pontifes se sont toujours distingués dans les plus grandes Monarchies, mais je ne crois pas qu'il y en ait jamais eu aucun parmi eux qui ait joint à tant de science, tant de littérature ;

Agnosco rerum dominos gentemque togatam.

Si le Français qui s'est trompé sur la quantité du mot *hic*, avait eu son Virgile aussi présent que l'a Votre Sainteté, il aurait pû citer un vers qui serait venu bien à propos où le mot *hic* se trouve employé & comme bref & comme long Ce beau vers semblait m'offrir un présage des faveurs dont votre bienveillance m'a comblé. Le voici.

Hic vir hic est tibi quem promitti sapius audis.

C'est de ce vers que Rome a dû retentir, à l'exaltation de Benoît XIV. C'est avec le plus profond respect & la plus parfaite reconnaissance que je baise les pieds de Votre Sainteté, &c.

LETTRE DE L'AUTEUR

En arrivant dans sa Terre près du Lac de Genève, en Mars 1755.

O Maison d'Aristippe, ô jardins d'Epicure,
Vous qui me présentez dans vos enclos divers
 Ce qui souvent manque à mes vers,
Le mérite de l'art soumis à la nature !
Empire de Pomone & de Flore sa sœur
 Recevez vôtre possesseur ;
Qu'il soit ainsi que vous solitaire & tranquille.
Je ne me vante point d'avoir en cet azile
 Rencontré le parfait bonheur ;
Il n'est point retiré dans le fond d'un bocage ;
 Il est encor moins chez les Rois ;
 Il n'est pas même chez le sage :
De cette courte vie il n'est point le partage ;
Il y faut renoncer ; mais on peut quelquefois
 Embrasser au moins son image.

Que tout plaît en ces lieux à mes sens étonnés !
D'un tranquile Océan (*a*) l'eau pure & transparente
Baigne les bords fleuris de ces champs fortunés ;
D'innombrables côteaux ces champs sont couronnés ;

(*a*) Le Lac de Genève.

Bacchus les embellit : leur insensible pente
Vous conduit par dégrés à ces monts sourcilleux (*a*)
Qui pressent les Enfers, & qui fendent les Cieux.
Le voilà ce théâtre & de neige & de gloire,
Eternel boulevard qui n'a point garanti
   Des Lombards le beau territoire.
Voilà ces monts affreux, célèbres dans l'histoire,
Ces mots qu'ont traversé par un vol si hardi,
Les Charles, les Othons, Catinat & Conti
   Sur les aîles de la Victoire.

 Au bord de cette mer où s'égarent mes yeux,
Ripaille je te vois. O bizarre Amédée, (*b*)
  Est-il vrai que dans ses beaux lieux,
Des soins & des grandeurs écartant toute idée,
Tu vécus en vrai sage, en vrai voluptueux,
Et que lassé bientôt de ton doux hermitage,
Tu voulus être Pape, & cessas d'être sage ?
Dieux sacrés du repos, je n'en ferais pas tant,
Et malgré les deux clefs dont la vertu nous frappe,
  Si j'étais ainsi pénitent,
  Je ne voudrais point être Pape.

Que le Chantre flateur du tyran des Romains,
L'auteur harmonieux des douces Géorgiques,
Ne vante plus ces Lacs & leurs bords magnifiques;

(*a*) Les Alpes.
(*b*) Le premier Duc de Savoye *Amédée*, Pape ou Anti-Pape, sous le nom de *Felix*.

LE LAC DE GENEVE.

Ces lacs que la nature a creusés de ses mains,
    Dans les Campagnes Italiques.
Mon lac est le premier. C'est sur ses bords heureux
Qu'habite des humains la Déesse éternelle,
L'ame des grands travaux, l'objet des nobles vœux,
Que tout mortel embrasse, ou désire ou rappelle,
Qui vit dans tous les cœurs, & dont le nom sacré
Dans les cours des tyrans est tout bas adoré,
La liberté. J'ai vû cette Déesse altière,
Avec égalité répandant tous les biens,
Descendre de Morat en habit de guerriere,
Les mains teinte du sang des fiers Autrichiens,
    Et de Charles le téméraire.

  Devant elle on portait ces piques & ces dards,
On trainait ces canons, ces échelles fatales
Qu'elle même brisa, quand ces mains triomphales
De Genève en danger défendaient les remparts.
Un peuple entier la suit : sa naïve allegresse
Fait à tout l'Apennin répéter ces clameurs ;
Leurs fronts sont couronnés de ces fleurs que la Grèce
Aux champs de Maraton prodiguait aux vainqueurs.
C'est là leur diadême ; ils en font plus de compte
Que d'un cercle à fleurons de Marquis & de Comte ;
Et des larges Mortiers à grands bords abattus,
Et de ces mitres d'or aux deux sommets pointus.
On ne voit point ici la grandeur insultante
    Portant de l'épaule au côté
    Un ruban que la vanité
    A tissu de sa main brillante ;

Tome I.

Ni la fortune insolente
Repoussant avec fierté
La prière humble & tremblante
De la triste pauvreté.
On n'y méprise point les travaux nécessaires ;
Les Etats sont égaux, & les hommes sont freres.
Liberté, liberté, ton trône est en ces lieux.
La Grèce, où tu naquis, t'a pour jamais perdue
Avec ses sages & ses dieux.
Rome depuis Brutus ne t'a jamais revue.
Chez vingt peuples polis à peine es-tu connue.
Le Sarmate à cheval t'embrasse avec fureur ;
Mais le bourgeois à pied rampant dans l'esclavage,
Te regarde, soupire, & meurt dans la douleur.
L'Anglais pour te garder signala son courage ;
Mais on prétend qu'à Londre on te vend quelquefois :
Non, je ne le crois point ; ce peuple fier & sage
Te paya de son sang, & soutiendra tes droits.
Aux marais du Batave on dit que tu chancelles ;
Tu peux te rassurer : la race des Nassaux,
Qui dressa sept autels (*a*) à tes loix immortelles,
Maintiendra de ses mains fidèles
Et tes honneurs & tes faisceaux.
Venise te conserve, & Gênes t'a reprise.
Tout à côté du Trône à Stokolm on t'a mise :
Un si beau voisinage est souvent dangereux.
Préside à tout Etat où la loi t'autorise,
Et restes-y, si tu le peux.

(*a*) L'union des sept Provinces.

LE LAC DE GENEVE.

Ne va plus sous les noms & de *Ligue* & de *Fronde*,
Protectrice funeste en nouveauté féconde,
Troubler les jours brillans d'un peuple de vainqueurs,
Gouverné par la loix, plus encor par ses mœurs :
  Il chérit la grandeur suprême ;
  Qu'a-t-il besoin de tes faveurs
Quand son joug est si doux qu'on le prend pour toi-
  même ?

Dans le vaste Orient ton sort n'est pas si beau,
Aux murs de Constantin tremblante, consternée,
Sous les pieds d'un Visir tu languis enchaînée,
  Entre le sabre & le cordeau.
Chez tous les Lévantins tu perdis ton chapeau.
Que celui du grand Tell (*a*) orne en ces lieux ta tête,
Descens dans mes foyers en ces beaux jours de fêtes ;
  Viens m'y faire un destin nouveau.
Embellis ma retraite où l'amitié t'appelle,
Sur de simples gasons viens t'asseoir avec elle.
Elle fuit comme toi les vanités des cours,
Les cabales du monde & son regne frivole.
O deux divinités, vous êtes mon recours ;
L'une élève mon ame & l'autre la console,
  Présidez à mes derniers jours !

(*a*) L'auteur de la liberté Helvétique.

G g ij

EPITHALAME
SUR LE MARIAGE
DE
M. LE DUC DE RICHELIEU
AVEC MADEMOISELLE DE GUISE.

en 1734.

UN Prêtre, un oui, trois mots latins,
A jamais fixent vos destins ;
Et le célébrant d'un village,
Dans la chapelle de Montjeu,
Très-Chrétiennement vous engage
A coucher avec *Richelieu*,
Avec *Richelieu*, ce volage,
Qui va jurer par ce saint nœud
D'être toujours fidèle & sage :
Nous nous en défions un peu ;
Et vos grands yeux, noirs, pleins de feu,
Nous rassurent bien davantage
Que les sermens qu'il fait à Dieu.
Mais vous Madame la Duchesse,
Quand vous reviendrez à Paris,
Songez-vous combien de maris

Viendront se plaindre à votre Altesse ?
Ces nombreux cocus qu'il a faits
Ont mis en vous leur espérance.
Ils diront voyant vos attraits :
Dieux ! quel plaisir que la vengeance !
Vous sentez bien qu'ils ont raison,
Et qu'il faut punir le coupable ;
L'heureuse loi du Talion
Est des loix la plus équitable.
Quoi ! votre cœur n'est point rendu,
Votre sévérité me gronde ;
Ah ! quelle espèce de vertu,
Qui fait enrager tout le monde ?
Faut-il donc que de vos appas
Richelieu soit l'unique maître ?
Est-il dit qu'il ne sera pas
Ce qu'il a tant mérité d'être ?
Soyez donc sage s'il le faut :
Que ce soit-là votre chimère,
Avec tous les talens de plaire,
Il faut bien avoir un défaut :
Dans cet emploi noble & pénible
De garder ce qu'on nomme honneur,
Je vous souhaite un vrai bonheur ;
Mais voilà la chose impossible.

ODE
SUR L'INGRATITUDE.

O Toi, mon support & ma gloire,
Que j'aime à nourrir ma mémoire
Des biens que ta vertu m'a faits !
Lorsqu'en tous lieux l'ingratitude
Se fait une pénible étude,
De l'oubli honteux des bienfaits.

Doux nœuds de la reconnaissance,
C'est par vous que dès mon enfance,
Mon cœur à jamais fut lié ;
La voix du sang, de la nature,
N'est rien qu'un languissant murmure,
Près de la voix de l'amitié.

Et quel est en effet mon père ?
Celui qui m'instruit, qui m'éclaire,
Dont le secours m'est assuré ;
Et celui, dont le cœur oublie
Les biens répandus sur sa vie,
C'est-là le fils dénaturé.

Ingrats, monstres que la nature,
A pétris d'une fange impure,
Qu'elle dédaigna d'animer,
Il manque à votre ame sauvage,
Des humains le plus beau partage ;

SUR L'INGRATITUDE.

Vous n'avez pas le don d'aimer.

Nous admirons le fier carnage
Du lion fumant de carnage,
Symbole du Dieu des combats.
D'où vient que l'univers déteste
La couleuvre bien moins funeste ?
Elle est l'image des ingrats.

Quel monstre plus hideux s'avance ?
La nature fuit & s'offense
A l'aspect de ce vieux *Giron* ?
Il a la rage de *Zoïle*,
De *Gacon* (*a*) l'esprit & le style,
Et l'ame impure de *Chausson*.

C'est *Desfontaines*, c'est ce Prêtre,
Venu de Sodôme à Bissêtre,
De Bissêtre au sacré vallon ;
A-t-il l'espérance bisare,
Que le bucher qu'on lui prépare
Soit fait des lauriers d'*Apollon* ?

Il m'a dû l'honneur & la vie,
Et dans son ingrate furie,
De *Rufus* lâche imitateur,

(*a*) *Gacon* était un misérable écrivain satyrique, universellement méprisé. *Chausson* fut brûlé publiquement pour le même crime, pour lequel l'Abbé *Desfontaines* fut mis à Bissêtre.

Avec moins d'art & plus d'audace,
De la fange où sa voix croace,
Il outrage son bienfaiteur.

Qu'un Ibernois, (a) loin de la France,
Aille ensevelir dans Bizance
Sa honte à l'abri du Croissant ;
D'un œil tranquille & sans colère,
Je vois son crime & sa misere ;
Il n'emporte que mon argent.

Mais l'ingrat dévoré d'envie,
Trompette de la Calomnie,
Qui cherche à flétrir mon honneur ;
Voilà le ravisseur coupable
Voilà le larcin détestable
Dont je dois punir la noirceur.

Pardon, si ma main vengeresse
Sur ce monstre un moment s'abaisse
A lancer ces utiles traits,
Et si de la douce peinture,
De ta vertu brillante & pure,
Je passe à ces sombres portraits.

(a) Un Abbé Irlandais, fils d'un Chirurgien de Nantes, qui se disait de l'ancienne maison de M**, ayant subsisté long-tems des bienfaits de M *de Voltaire*, & lui ayant en dernier lieu emprunté deux mille livres, s'associa en 1732 avec un Ecossais, nommé *Ramsai*, qui se disait aussi des bons *Ramsai*, & avec un Officier Français, nommé *Mornay* ; ils passerent tous trois à

Mais

Mais lorsque *Virgile* & le *Tasse*,
Ont chanté dans leur noble audace
Les dieux de la terre & des mers,
Leur muse, que le Ciel inspire,
Ouvre le ténébreux Empire,
Et peint les monstres des Enfers.

MADRIGAL
A MADAME DE...
Sur un passage de Pope.

POPE l'Anglais, ce sage si vanté,
Dans sa morale au Parnasse embellie,
Dit que les biens, les seuls biens de la vie,
Sont le repos, l'aisance & la santé.
Il s'est trompé. Quoi ! dans l'heureux partage
Des dons du Ciel faits à l'humain séjour,
Ce triste Anglais n'a pas compté l'amour ?
Qu'il est à plaindre ! il n'est heureux ni sage.

Constantinople, & se firent circoncire chez le Comte de *Bonneval.*

* Tu vois, sage Ariston, d'un œil d'indifférence,
La grandeur tyrannique, & la fiere opulence;
Tes yeux d'un faux éclat ne font point abusés.
Ce monde est un grand bal, où des fous déguisés,
Sous les risibles noms d'Eminence & d'Altesse,
Pensent enfler leur être, & hausser leur bassesse.
En vain des vanités l'appareil nous surprend :
Les mortels sont égaux : leur masque est différent,
Nos cinq sens imparfaits donnés par la nature,
De nos biens, de nos maux sont la seule mesure.
Les Rois en ont-ils six ? & leur ame, & leur corps
Sont-ils d'une autre espece ? Ont-ils d'autres ressorts?
C'est du même limon que tous ont pris naissance;
Dans la même faiblesse ils trainent leur enfance :
Et le riche & le pauvre, & le faible & le fort,
Vont tous également des douleurs à la mort.
Eh ! quoi ! me dira-t-on ; &c.

** Le Ciel, en nous formant, mélangea notre vie
De desirs, de dégoûts, de raison, de folie,
De momens de plaisirs, & de jours de tourmens.
De notre Etre imparfait voilà les élémens.

* Correction du commencement du discours *de l'é-
galité des conditions.* Pag. 103. Tom. III.
** Il faut substituer ces 6 vers à la place des deux der-
niers de la page 108.

≀ compofent tout l'homme ; ils forment fon eſſence
Et Dieu nous peſa tous dans la même balance.

---

* Le mérite eſt caché. Qui ſçait ſi de nos tems
Il n'eſt point, quoi qu'on diſe, encor quelques talens ?
Peut-être qu'un *Virgile*, un *Cicéron* ſauvage,
Eſt chantre de paroiſſe, ou juge de village.
Le ſort, aveugle roi des aveugles humains,
Contredit la nature, & détruit ſes deſſeins ;
Il affaiblit ſes traits, les change ou les efface :
Tout s'arrange au hazard, & rien n'eſt en ſa place.

** Vóici le point ſur lequel je me fonde ;
On entre en guerre, en entrant dans le monde.
Homme privé, vous avez vos jaloux,
Rampans dans l'ombre inconnus comme vous,
Obſcurément tourmentant votre vie :
Homme public, c'eſt la publique envie
Qui contre vous leve ſon front altier.
Le coq jaloux ſe bat ſur ſon fumier,
L'aigle dans l'air, le taureau dans la plaine ;
Tel eſt l'Etat de la nature humaine.
La jalouſie, & tous ſes noirs enfans,
Sont au théâtre, au conclave, aux couvens.

** A la page 217. à la place des 8 derniers vers
Tome III.
* A la place des 12 derniers vers de la piece ſur la
Calomnie page 217 Tome III.

Hh ij

Montez au Ciel ; trois Déesses rivales
Troublent le Ciel qui rit de leurs scandales.
Que faire donc ? A quel Saint recourir ?
Je n'en sçai point. Il faut savoir souffrir.

---

* Courriers de la physique, Argonautes nouveaux,
Qui franchissez les monts, qui traversez les eaux,
Ramenez des climats soumis aux trois Couronnes,
Vos Perches, vos Secteurs, & sur tout deux Laponnes ;**
Vous avez confirmé dans ces lieux pleins d'ennui
Ce que Newton connut sans sortir de chez lui.
Vous avez arpenté quelque faible partie
Des flancs toujours glacés de la terre applatie.

---

† Moi-même renonçant à mes premiers desseins,
J'ai vécu, je l'avoue, avec des Souverains.
Mon vaisseau fit naufrage aux mers de ces Sirênes ;
Leur voix flatta mes sens ; ma main porta leurs chaî-
    nes ;
On me dit, *je vous aime* ; & je crus comme un sot
Qu'il étoit quelqu'idée attachée à ce mot.

* A la place des 8 premiers vers de la page 123 T. III
** MM. *Maupertuis, Clairault*, & le *Monnier* allerent en 1736. à Torno mesurer un dégré du méridien & ramenerent deux Laponnes. La Suede, à qui Torno appartient, a pour armes trois Couronnes.

   *** A la page 124 du Tome III. à la place des 4 vers qui précedent, *O vous*, &c.

FRAGMENS.

J'y fus pris. J'asservis au vain désir de plaire
La mâle liberté qui fait mon caractère :
Et perdant la raison dont je devais m'armer,
J'allais m'imaginer qu'un Roi pouvait m'aimer.
Que je suis revenu de cette erreur grossière !
A peine de la cour j'entrai dans la carriere,
Que mon ame éclairée ouverte au repentir
N'eut d'antre ambition que d'en pouvoir sortir.
Raisonneurs, beaux esprits, & vous qui croyez l'être
Voulez vous vivre heureux ? Vivez toujours sans maître.
O vous, &c.

---

* Voilà mes passions ; mon ame en tous les tems
Gouta de leurs attraits les plaisirs consolans,
Quand sur les bords du Mein deux écumeurs barbares
Des Loix des Nations violateurs avares,
Deux fripons à brevet, brigans accrédités,
Épuisoient contre moi leurs lâches cruautés,
Le travail occupoit ma fermeté tranquille ;
Des Arts qu'ils ignoraient leur antre fut l'asile.
Ainsi le Dieu des bois enflait ses chalumeaux
Quand le voleur *Cacus* enlevait ses troupeaux.
Il n'interrompit point sa douce mélodie.
Heureux, qui jusqu'au tems du terme de sa vie,
Des beaux Arts amoureux, peut cultiver leurs fruits !
Il brave l'injustice, il calme ses ennuis ;

* A la place des 10 derniers vers de la page 131 du Tome III.

Il pardonne aux humains : il rit de leur délire,
Et de sa main mourante il touche encor sa Lire.

---

* Allons, parlez, ma noble Académie :
Sur vos lauriers êtes-vous endormie ?
Représentez ce Conquérant humain,
Offrant la Paix le tonnerre à la main.
Ne louez point, &c.

** Est-ce aujourd'hui le jour le plus beau de ma vie ?
Ne me trompai-je point dans un espoir si doux ?
Vous regnez. Est-il vrai que la philosophie
    Va regner avec vous ?

*** Tout siécle a ses Guerriers ; tout peuple a dans
    la guerre
Signalé des exploits par le sage ignorés :
Cent Rois que l'on méprise ont ravagé la terre.
    Regnez & l'éclairez.

* A la page 248 à la place du 15. vers & des 7 suivans, Tome III.

** A la place de la première strophe de l'Ode au Roi de Prusse, page 156 du Tome III.

*** Page 158, à la place des 4 strophes, Tome III.

FRAGMENS.

On a vu trop longtems l'orgueilleuse ignorance,
Ecrasant sous ses pieds le mérite abbattu,
Insulter aux talens, aux arts, à la science,
  Autant qu'à la vertu.

---

* Les curieux d'anecdotes seront bien aises de savoir que ce badinage non-seulement très innocent, mais dans le fond très-utile, fut composé dans l'année 1736. immédiatement après le succès de la Tragédie d'Alzire. Ce succès anima tellement les ennemis littéraires de l'Auteur, que l'Abbé *Desfontaines* alla dénoncer la petite plaisanterie du *Mondain* à un Prêtre nommé C..... qui avait du crédit sur l'esprit du Cardinal de *Fleury*. *Desfontaines* falsifia l'ouvrage, y mit des vers de sa façon, comme il avait déja fait à la Henriade. L'ouvrage fut traité de scandaleux, & l'Auteur de la *Henriade*, de *Mérope*, de *Zaïre* fut obligé de s'enfuir de sa patrie. Le Roi de Prusse lui offrit alors le même asile qu'il lui a donné depuis: mais l'Auteur aima mieux alors aller retrouver ses amis dans sa patrie. Nous tenons cette anecdote de la bouche de M. de *Voltaire*.

* Note sur le *Mondain* à inférer à la page 196 Tome III.

* Que les agrémens de ton âge,
Un cœur tendre un esprit volage,
Un sein d'albâtre, & deux beaux yeux.
Avec tant d'attraits précieux,
Hélas !

* A la place des 4 premiers vers de la page 225 du Tome III.

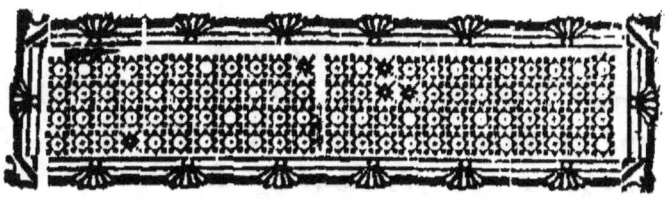

SUPPLEMENT
AUX
MELANGES DE LITTERATURE.

DE PRIOR,
DU POEME SINGULIER
D'HUDIBRAS,
ET DU DOYEN SWIFT.

ON n'imaginait pas en France que *Prior*, qui vint de la part de la Reine *Anne* donner la paix à *Louis XIV*. avant que le Baron *Bollingbrooke* vînt la signer, on ne devinait pas, dis-je, que ce Plénipotentiaire fût un

Poëte. La France paya depuis l'Angleterre en même monnoie ; car le Cardinal *Du Bois* envoya notre *Des Touches* à Londres ; & il ne passa pas plus pour Poëte parmi les Anglais, que *Prior* parmi les Français. Le Plénipotentiaire *Prior* était originairement garçon cabaretier, que le Comte de *Dorset*, bon Poëte lui-même, & un peu yvrogne, rencontra un jour lisant *Horace* sur le banc de la taverne, de même que Mylord *Aila* trouva son garçon jardinier lisant *Newton*. *Aila* fit du jardinier un grand Philosophe, & *Dorset* fit un très-agréable Poëte du cabaretier.

C'est de *Prior* qu'est l'*Histoire de l'ame* : cette histoire est la plus naturelle qu'on ait faite jusqu'à présent de cet être si bien senti, & si mal connu. L'ame est d'abord aux extrémités du corps, dans les pieds & dans les mains des enfans ; de-là elle se place insensiblement au milieu du corps dans l'âge de puberté ; ensuite elle monte au cœur, & là elle produit les sentimens de l'amour & de l'héroïsme : elle s'éleve jusqu'à la tête dans un âge plus mûr, elle y raisonne comme elle peut ; & dans la vieillesse on ne sait plus ce qu'elle devient : c'est la séve d'un vieil arbre qui s'évapore & qui ne se répare plus. Peut-être cet ouvrage est-il trop long : toute plaisanterie doit être courte ; & même le sérieux devrait bien être court aussi.

Ce même *Prior* fit un petit Poëme sur la fameuse bataille de *Hochstedt*. Cela ne vaut pas son Histoire de l'ame ; il n'y a de bon que cette apostrophe à *Boileau* ;

Satirique flateur, toi qui pris tant de peine,
Pour chanter que Louis n'a point passé le Rhin.

Notre Plénipotentiaire finit par paraphraser en quinze cent vers ces mots attribués à *Salomon*, que *tout est vanité*. On en pourrait faire quinze mille sur ce sujet. Mais malheur à qui dit tout ce qu'il peut dire.

Enfin la Reine *Anne* étant morte, le Ministère ayant changé, la paix que *Prior* avait entamée étant en horreur, *Prior* n'eut de ressource qu'en une édition de ses Œuvres par une souscription de son parti, après quoi il mourut en Philosophe, comme meurt ou croit mourir tout honnête Anglais.

Je voudrais vous donner aussi quelques idées des Poësies de Mylord *Roscomon*, de Mylord *Dorset* : mais je sens qu'il me faudrait faire un gros livre, & qu'après bien de la peine je ne vous donnerais qu'une idée fort imparfaite de tous ces ouvrages. La Poësie est une espece de musique ; il faut l'entendre pour en juger. Quand je vous traduis quelques morceaux de ces Poësies étrangeres, je vous note imparfaitement leur musique ; mais je ne puis exprimer le goût de leur chant.

Il y a sur-tout un Poëme Anglais difficile à vous faire connaître ; il s'appelle *Hudibras*. C'est un ouvrage tout comique ; & cependant le sujet est la guerre civile du tems de *Cromwel*. Ce qui a fait verser tant de sang & de larmes, a produit un Poëme qui force le Lecteur le plus sérieux à rire. On trouve un exemple dans notre *Satyre Ménippée*. Certainement les Romains n'auraient point fait un Poëme burlesque sur les guerres de *César* & de *Pompée*, & sur les proscriptions d'*Octave* & d'*Antoine*. Pourquoi donc les malheurs affreux que causa la Ligue en France, & ceux que les guerres du Roi & du Parlement étalerent en Angleterre, ont-ils pu fournir des plaisanteries ? C'est qu'au fond il y avait un ridicule caché dans ces querelles funestes. Les Bourgeois de Paris, à la tête de la faction des Seize, mêlaient l'impertinence aux horreurs de la faction. Les Intrigues des femmes, du Légat & des Moines avaient un côté comique, malgré les calamités qu'elles apporterent. Les disputes Théologiques, & l'enthousiasme des Puritains en Angleterre étaient très susceptibles de railleries ; & ce fonds de ridicule bien dévelopé pouvait devenir plaisant en écartant les horreurs tragiques qui le couvraient. Si la Bulle *Unigénitus* faisait répandre du sang, le petit Poëme de *Philotanus* n'en serait pas moins convenable au sujet, & on ne pourrait même lui reprocher que de n'être pas aussi gai, aussi plaisant, aussi varié qu'il pouvait l'être, & de ne pas tenir dans le corps de l'ouvrage ce que promet le commencement.

Le Poëme d'*Hudibras*, dont je vous parle, semble être composé de la *Satyre Ménippée*, & de *Don Quichotte* : il a sur eux l'avantage des vers, il a celui de l'esprit : la *Satyre Ménippée* n'en approche pas ; elle n'est qu'un ouvrage très-médiocre. Mais à force d'esprit l'Auteur d'*Hudibras* a trouvé le secret d'être fort au dessous de *Don Quichotte*. Le goût, la naïveté, l'art de narrer, celui de bien entremêler les avantures, celui de ne rien prodiguer, valent bien mieux que de l'esprit : aussi *Don Quichotte* est lû de toutes les Nations, & *Hudibras* n'est lû que des Anglais.

L'Auteur de ce Poëme si extraordinaire s'appellait *Butler* : il était contemporain de *Milton*, & eut infiniment plus de réputation que lui, parcequ'il était plaisant, & que le Poëme de *Milton* était fort triste. *Butler* tournait les ennemis du Roi *Charles II.* en ridicule ; & toute la récompense qu'il en eut, fut que le Roi citait souvent ses vers. Les combats du Chevalier *Hudibras* furent plus connus que les combats des Anges & des Diables du *Paradis perdu*. Mais la cour d'Angleterre ne traita pas mieux le plaisant *Butler*, que la Cour Célefte ne traita le férieux *Milton*, & tous deux moururent de faim, à peu près.

Le Héros du Poëme de *Butler* n'était pas un perfonnage feint, comme le *Don Quichotte* de *Michel Cervantes*: c'était un chevalier Baronet très-réel, qui avait été un des enthoufiaftes de *Cromwel*, & un de fes Colonels. Il s'appellait *Sire Samuel Luke*. Pour faire connaître l'efprit de ce Poëme unique en fon genre, il faut retrancher les trois quarts de tout paffage qu'on veut traduire ; car ce *Butler* ne finit jamais. J'ai donc réduit à environ quatre vingt vers, les quatre cent premiers vers d'*Hudibras*, pour éviter la prolixité.

 Quand les profanes & les Saints
Dans l'Angleterre étaient aux prifes,
Qu'on fe battait pour des Eglifes,
Auffi fort que pour des catins ;
Lorfqu'Anglicans & Puritains
Faifaient une fi rude guerre,
Et qu'au fortir du cabaret
Les orateurs de Nazareth
Allaient battre la caiffe en chaire ;
Que partout fans favoir pourquoi,
Au nom du Ciel, au nom du Roi,
Les gens d'armes couvraient la terre ;
Alors Monfieur le Chevalier,
Longtems oififainfi qu'Achile,
Tout rempli d'une fainte bile,

Suivi

Suivi de son grand écuyer,
S'échappa de son poulailler
Avec son sabre & l'Evangile,
Et s'avisa de guerroyer.

Sire Hudibras, cet homme rare,
Etait, dit-on, rempli d'honneur,
Avait de l'esprit & du cœur ;
Mais il en était fort avare,
D'ailleurs par un talent nouveau
Il étoit tout propre au barreau,
Ainsi qu'à la guerre cruelle ;
Grand sur les bancs, grand sur la selle,
Dans les camps & dans un bureau ;
Semblable à ces rats amphibies
Qui, paraissant avoir deux vies,
Sont rats de campagne & rats d'eau.
Mais malgré sa grande éloquence,
Et son mérite, & sa prudence,
Il passa chez quelques savants
Pour être un de ces instruments,
Dont les fripons avec adresse
Savent user sans dire mot,
Et qu'ils tournent avec souplesse ;
Cet instrument s'appelle un *sot*.
Ce n'est pas qu'en Théologie,
En Logique, en Astrologie,
Il ne fût un Docteur subtil ;
En quatre il séparait un fil,
Disputant sans jamais se rendre,
Changeant de thèse tout-à-coup,

Toujours prêt à parler beaucoup,
Quand il falait ne point s'étendre.
 D'Hudibras la Religion
Etait tout comme sa raison,
Vuide de sens & fort profonde.
Le Puritanisme divin,
La meilleure secte du monde;
Et qui certes n'a rien d'humain,
La vraie Eglise militante,
Qui prêche un pistolet en main,
Pour mieux convertir son prochain,
A grand coup de sabre argumente,
Qui promet les célestes biens
Par le gibet & par la corde,
Et damne sans miséricorde
Les péchés des autres Chrétiens,
Pour se mieux pardonner les siens :
Secte qui toujours détruisante
Se détruit elle-même enfin :
Tel Samson de sa main puissante
Brisa le temple Philistin ;
Mais il périt par sa vengeance,
Et lui-même il s'ensevelit,
Ecrasé sous la chute immense
De ce temple qu'il démolit.
 Au né du Chevalier antique
Deux grandes moustaches pendaient,
A qui les Parques attachaient,
Le destin de la République.
Il les garde soigneusement,

Et si jamais on les arrache,
C'est la chute du Parlement ;
L'Etat entier en ce moment
Doit tomber avec sa moustache.
Ainsi Taliacotius
Grand Esculape d'Etrurie,
Répara tous les nez perdus
Par une nouvelle industrie :
Il vous prenait adroitement
Un morceau du cu d'un pauvre homme,
L'appliquait au nez proprement ;
Enfin il arrivait qu'en somme,
Tout juste à la mort du prêteur,
Tombait le nez de l'emprunteur,
Et souvent dans la même biére,
Par justice & par bon accord,
On remettait au gré du mort
Le nez auprès de son derrière.

 Un homme qui aurait dans l'imagination la dixiéme partie de l'esprit comique bon ou mauvais qui régne dans cet ouvrage, serait encore très plaisant : mais il se donnerait bien de garde de traduire *Hudibras*. Le moyen de faire rire des Lecteurs étrangers des ridicules déja oubliés chez la nation même où ils ont été célébres ? On ne lit plus le *Dante* dans l'Europe, parce que tout y est allusion à des faits ignorés. Il en est de même d'*Hudibras*.

La plupart des railleries de ce livre tombent sur la Théologie & les Théologiens du tems. Il faudrait à tout moment un Commentaire. La plaisanterie expliquée cesse d'être plaisanterie ; & un commentateur de bons mots n'est guères capable d'en dire.

Voilà pourquoi on n'entendra jamais bien en France les Livres de l'ingénieux Docteur *Swift*, qu'on appelle le *Rabelais* d'Angleterre. Il a l'honneur d'être Prêtre, & de se moquer de tout comme lui. Mais *Rabelais* n'était pas au-dessus de son siécle ; & *Swift* est fort au-dessus de *Rabelais*.

Notre Curé de Meudon dans son extravagant & inintelligible livre, a répandu une extrême gayeté & une plus grande impertinence. Il a prodigué l'érudition, les ordures, & l'ennui. Un bon conte de deux pages est acheté par des volumes de sotises. Il n'y a que quelques personnes d'un goût bizarre, qui se piquent d'entendre & d'estimer tout cet ouvrage. Le reste de la nation rit des plaisanteries de *Rabelais*, & méprise le livre ; on le regarde comme le premier des boufons. On est fâché qu'un homme qui avait tant d'esprit, en ait fait un si misérable usage. C'est un Philosophe yvre, qui n'a écrit que dans le tems de son yvresse.

M. *Swift* est *Rabelais* dans son bon sens, & vivant en bonne compagnie. Il n'a pas à la vérité la gayeté du premier ; mais il a toute la finesse, la raison, le choix, le bon goût, qui manque à notre Curé de Meudon. Ses vers sont d'un goût singulier & presque inimitables. La bonne plaisanterie est son partage en vers & en prose ; mais pour le bien entendre il faut faire un petit voyage dans son pays.

Dans ce pays qui paraît si étrange à une partie de l'Europe, on n'a point trouvé trop étrange que le Révérend *Swift*, Doyen d'une Cathédrale, se soit moqué dans son *Conte du Tonneau* du Catholicisme, du Luthérianisme, & du Calvinisme ; il dit pour ses raisons qu'il n'a pas touché au Christianisme. Il prétend avoir respecté le pere en donnant cent coups de fouet aux trois enfans. Des gens difficiles ont cru que les verges étaient si longues, qu'elles allaient jusqu'au pere.

Ce fameux *Conte du Tonneau* est une imitation de l'ancien Conte des trois Anneaux indiscernables qu'un pere légua à ses trois enfans. Ces trois Anneaux étaient la Religion Juive, la Chrétienne, & la Mahométane. C'est encore une imitation de l'Histoire de *Méro* & d'*Enégu* par *Fontenelle*. *Méro* était l'anagramme de Rome ; & *Enégu*, de Genéve. Ce sont deux sœurs qui prétendent à la succession du Royaume de leur pere. *Méro* régne la premiere. *Fontenelle* la représente comme une Sorciére qui escamotait le pain, & qui faisait des conjurations avec des cadavres. C'est-là précisément le Mylord *Pierre* de *Swift* qui présente un morceau de pain à ses deux freres, & qui leur dit : *voilà d'excellent vin de Bourgogne, mes amis ; voilà des perdrix d'un fumet admirable.* Le même Mylord *Pierre* dans *Swift*, joue en tout le rolle que *Méro* joue dans *Fontenelle*.

Ainsi presque tout est imitation. L'idée des Lettres Persanes est prise de celle de l'*Espion Turc*. Le *Boiardo* a imité le *Pulci*, l'*Arioste* a imité le *Boiardo*. Les esprits les plus originaux empruntent les uns des autres. *Michel Cervantes* fait un fou de son *Don Quichotte* ; mais *Roland* est-il autre chose qu'un fou ? Il serait difficile de décider si la Chevalerie errante est plus tournée en ridicule par les peintures grotesques de *Cervantes*, que par la féconde imagination de l'*Arioste*. *Métastase* a pris la plûpart de ses Opéra dans nos Tragédies Françaises. Plusieurs Auteurs Anglais nous ont copiés, & n'en ont rien dit. Il en est des livres comme du feu dans nos foyers; on va prendre ce feu chez son voisin, on l'allume chez soi, on le communique à d'autres, & il appartient à tous.

DE POPE.

Vous pouvez plus aisément vous former quelques idées de M. *Pope*. C'est, je crois, le Poëte le plus élégant, le plus correct, & ce qui est encore beaucoup, le plus harmonieux qu'ait eu l'Angleterre. Il a réduit les sistemens aigres de la trompette Angloise aux sons doux de la flute. On peut le traduire, parce qu'il est extrêmement clair, & que ses sujets pour la plûpart sont généraux & du ressort de toutes les nations. On connaîtra bientôt en France son Essai sur la Critique, par la traduction en vers qu'en fait M. l'Abbé *du Renel*.

Voici un morceau de son Poëme de la *Boucle de cheveux*, que je viens de traduire avec ma liberté ordinaire ; car encore une fois, je ne sai rien de pis, que de traduire un Poëme mot pour mot.

Umbriel à l'instant, vieux Gnome rechigné,
Va d'une aile pesante & d'un air renfrogné
Chercher en murmurant la caverne profonde,
Où loin des doux rayons que répand l'œil du monde,
La Déesse aux vapeurs a choisi son séjour :
Les tristes Aquilons y sistent à l'entour,
Et le souffle mal sain de leur aride haleine
Y porte aux environs la fiévre & la m'graine.
Sur un riche sofa, derriere un paravent,
Loin des flambeaux, du bruit, des parleurs & du
  vent,

La quinteuse Déesse inceſſamment repoſe,
Le cœur gros de chagrin ſans en ſavoir la cauſe,
N'ayant penſé jamais, l'eſprit toujours troublé,
L'œil chargé, le teint pâle, & l'hypocondre enflé.
La médiſante envie eſt aſſiſe auprès d'elle,
Vieux ſpectre féminin, décrépite pucelle,
Avec un air dévot déchirant ſon prochain,
Et chanſonnant les gens, l'Evangile à la main.
Sur un lit plein de fleurs négligemment panchée
Une jeune beauté non loin d'elle eſt couchée ;
C'eſt l'affectation, qui graſſaye en parlant,
Ecoute ſans entendre, & lorgne en regardant,
Qui rougit ſans pudeur, & rit de tout ſans joie,
De cent maux différens prétend qu'elle eſt la proie,
Et pleine de ſanté ſous le rouge & le fard,
Se plaint avec moleſſe, & ſe pâme avec art.

L'eſſai ſur l'homme de *Pope* me paraît le plus beau Poëme didactique, le plus utile, le plus ſublime qu'on ait jamais fait dans aucune langue. Il eſt vrai que le fonds s'en trouve tout entier, dans les caractériſtiques du Lord *Shaftersbury* ; & je ne ſai pourquoi M. *Pope* en fait uniquement honneur à M. de *Bollingbrooke*, ſans dire un mot du célébre *Shaftersbury* éléve de *Locke*.

Comme tout ce qui tient à la Métaphyſique a été penſé de tous les tems & chez tous les Peuples qui cultivent leur eſprit, ce ſyſtême tient beaucoup de celui de *Leibnitz*, qui prétend

SUR M. POPE.

tend que de tous les mondes possibles Dieu a dû choisir le meilleur, & que dans ce meilleur il falait bien que les irrégularités de notre globe & les sotises de ses habitans tinssent leur place. Il ressemble encore à cette idée de *Platon*, que, dans la chaîne infinie des êtres, notre terre, notre corps, notre ame sont au nombre des chaînons nécessaires. Mais ni *Leibnitz*, ni *Pope* n'admettent les changemens que *Platon* imagine être arrivés à ces chaînons, à nos ames & à nos corps. *Platon* parlait en Poëte dans sa prose peu intelligible; & *Pope* parle en Philosophe dans ses admirables vers. Il dit que tout a été dès le commencement comme il a dû être, & comme il est.

J'ai été flatté, je l'avoue, de voir qu'il s'est rencontré avec moi dans une chose que j'avais dite il y a plusieurs années.

Vous vous étonnez que Dieu ait fait l'homme si borné, si ignorant, si peu heureux. Que ne vous étonnez-vous qu'il ne l'ait pas fait plus borné, plus ignorant, & plus malheureux? Quand un Français & un Anglais pensent de même, il faut bien qu'ils ayent raison.

Le fils du célébre *Racine* a fait imprimer une lettre de *Pope*, à lui adressée, dans laquelle *Pope* se rétracte. Cette lettre est écrite dans le goût & dans le stile de M. de *Fénelon*: elle lui fut remise, dit-il, par *Ramzai* l'éditeur du *Télémaque*; *Ramzai* l'imitateur du *Télé-*

maque, comme *Boyer* l'était de *Corneille*, *Ramsai* l'Ecossais qui voulait être de l'Académie Française, *Ramsai* qui regrettait de n'être pas Docteur de Sorbonne. Ce que je sais, ainsi que tous les gens de lettre d'Angleterre, c'est que *Pope*, avec qui j'ai beaucoup vécu, pouvait à peine lire le Français, qu'il ne parlait pas un mot de notre langue, qu'il n'a jamais écrit une lettre en Français, qu'il en était incapable; & que s'il a écrit cette lettre au fils de notre *Racine*, il faut que Dieu sur la fin de sa vie lui ait donné subitement le don des langues pour le récompenser d'avoir fait un aussi admirable ouvrage que son Essai sur l'Homme.

SUR LE DANTE.

Vous voulez connaître le Dante. Les Italiens l'appellent Divin, mais c'est une Divinité cachée; peu de gens entendent ses Oracles; il a des Commentateurs; c'est peut-être encore une raison de plus pour n'être pas compris. Sa réputation s'affermira toujours, parce qu'on ne le lit guères. Il y a de lui une vingtaine de traits qu'on sait par cœur: cela suffit pour s'épargner la peine d'examiner le reste.

SUR LE DANTE.

Ce Divin *Dante* fut, dit-on, un homme assez malheureux. Ne croyez pas qu'il fut Divin de son tems, n'y qu'il fut Prophète chez lui. Il est vrai qu'il fut Prieur, non pas Prieur de Moines, mais Prieur de Florence, c'est-à-dire, l'un des Sénateurs.

Il était né en 1260, à ce que disent ses compatriotes : *Bayle* qui écrivait à Roterdam, *currente calamo*, pour son Libraire, environ quatre siécles entiers après le *Dante*, le fait naître en 1265. & je n'en n'estime *Bayle* ni plus ni moins pour s'être trompé de cinq ans; la grande affaire est de ne se tromper ni en fait de goût, ni en fait de raisonnement.

Les Arts commençaient alors à naître dans la patrie du *Dante*. Florence était comme Athénes pleine d'esprit, de grandeur, de légéreté, d'inconstance & de factions. La Faction blanche avait un grand crédit : elle se nommait ainsi du nom de la *Signora Bianca*. Le parti opposé s'intitulait le *parti des Noirs*, pour mieux se distinguer des *Blancs*. Ces deux partis ne suffisaient pas aux Florentins. Ils avaient encore les *Guelfes* & les *Gibelins*. La plupart des Blancs étaient *Gibelins* du parti des Empereurs, & les Noirs panchaient pour les *Guelfes* attachés au Pape.

Toutes ces Factions aimaient la liberté, & faisaient pourtant ce qu'elles pouvaient pour la détruire. Le Pape *Boniface VIII.* voulut profiter de ces divisions, pour anéantir le pouvoir des Empereurs en Italie. Il déclara *Charles de Valois*, frere du Roi de France *Philippe le Bel*, son Vicaire en Toscane. Le Vicaire vint bien armé, chassa les *Blancs* & les *Gibelins*, & se fit détester des *Noirs* & des *Guelfes*. Le *Dante* était *Blanc* & *Gibelin* : il fut chassé des premiers, & sa maison rasée. On peut juger de-là s'il fut le reste de sa vie affectionné à la Maison de France & aux Papes; on prétend pourtant qu'il alla faire un voyage à Paris, & que pour se désennuyer il se fit Théologien, & disputa vigoureusement dans les écoles. On ajoute que l'Empereur *Henri VII.* ne fit rien pour lui, tout *Gibelin* qu'il était; qu'il alla chez *Frédéric d'Arragon* Roi de Sicile, & qu'il en revint aussi pauvre qu'il y était allé. Il fut réduit au Marquis de *Malaspina*, & au grand Can de Vérone. Le Marquis & le grand Can ne le dédommagerent pas; il mourut pauvre à Ravenne, à l'âge de cinquante-six ans. Ce fut dans ces divers lieux qu'il composa sa Comédie de l'*Enfer*, du *Purgatoire* & du *Paradis* : on a regardé ce salmigondis comme un beau Poëme Epique.

Il trouva d'abord à l'entrée de l'Enfer un lion & une louve. Tout d'un coup *Virgile* se présente à lui pour l'encourager; *Virgile* lui dit qu'il est né Lombard; c'est précisément comme si *Homere* disait qu'il est né Turc. *Virgile* offre de faire au *Dante* les honneurs de l'Enfer & du Purgatoire, & de le mener jusqu'à la porte de *S. Pierre* ; mais il avoue qu'il ne pourra pas entrer avec lui.

Cependant *Caron* les passe tous deux dans sa barque. *Virgile* lui raconte que peu de tems après son arrivée en Enfer, il y vit un Etre puissant qui vint chercher les ames d'*Abel*, de *Noé*, d'*Abraham*, de *Moïse*, de *David* ; en avançant chemin ils découvrent dans l'Enfer des demeures très-agréables : dans l'une sont *Homere*, *Horace*, *Ovide* & *Lucain* ; dans un autre on voit *Electre*, *Hector*, *Enée*, *Lucréce*, *Brutus*, & le Turc *Saladin* ; dans une troisiéme, *Socrate*, *Platon*, *Hippocrate*, & l'Arabe *Averoës*.

Enfin paraît le véritable Enfer, où *Pluton* juge les condamnés. Le voyageur y reconnaît quelques Cardinaux, quelques Papes & beaucoup de Florentins. Tout cela est-il dans le stile comique ? Non. Tout cela est-il dans le genre héroïque ? Non. Dans quel goût est donc ce Poëme ? Dans un goût bizarre.

Mais il y a des vers si heureux & si naïfs, qu'ils n'ont point vieilli depuis quatre cent ans, & qu'ils ne vieilliront jamais. Un Poëme d'ailleurs, où l'on met des Papes en Enfer, réveille beaucoup l'attention ; & les Commentateurs épuisent toute la sagacité de leur esprit à déterminer au juste qui sont ceux que le *Dante* a damnés, & à ne se pas tromper dans une matiere si grave.

On a fondé une chaire, une lecture pour expliquer cet Auteur classique. Vous me demanderez comment l'Inquisition ne s'y oppose pas ? Je vous répondrai que l'Inquisition entend raillerie en Italie ; elle sait bien que des plaisanteries en vers ne peuvent faire de mal ; vous en allez juger par cette petite traduction très libre d'un morceau du Chant vingt-troisiéme ; il s'agit d'un damné de la connaissance de l'Auteur. Le damné parle ainsi :

Je m'appellais le Comte de Guidon ;
Je fus sur terre & soldat & poltron ;
Puis m'enrollai sous Saint François d'Assise,
Afin qu'un jour le bout de son cordon
Me donnât place en la Céleste Eglise ;
Et j'y serais sans ce Pape Félon,
Qui m'ordonna de servir sa feintise,
Et me rendit aux griffes du Démon.
Voici le fait. Quand j'étais sur la Terre,
Vers Rimini je fis longtems la guerre,
Moins je l'avoue, en Héros qu'en fripon.
L'art de fourber me fit un grand renom
Mais quand mon chef eut porté poil grison,
Tems de retraite où convient la sagesse,
Le repentir vint ronger ma vieillesse,

Et j'eus recours à la confession.
O repentir tardif & peu durable !
Le bon Saint Pere en ce tems guerroyait,
Non le Soudan, non le Turc intraitable,
Mais les Chrétiens, qu'en vrai Turc il pillait.
Or sans respect pour Thiare & tonsure,
Pour Saint François, son froc & sa ceinture ;
Frere, dit-il, il me convient d'avoir
Incessamment Préneste en mon pouvoir.
Conseille moi, cherche sous ton capuce,
Quelque beau tour, quelque gentille astuce,
Pour ajouter en bref à mes Etats
Ce qui me tente, & ne m'appartient pas.
J'ai les deux clefs du Ciel en ma puissance.
De Célestin la dévote imprudence
S'en servit mal, & moi je fais ouvrir
Et refermer le Ciel à mon plaisir.
Si tu me sers, ce Ciel est ton partage.
Je le servis, & trop bien, dont j'enrage.
Il eut Préneste & la mort me saisit.
Lors devers moi Saint François descendit,
Comptant au Ciel amener ma bonne ame ;
Mais Belzébut vint en poste, & lui dit :
Monsieur d'Assise, arrêtez : je réclame
Ce Conseiller du Saint Pere ; il est mien ;
Bon Saint François, que chacun ait le sien.
Lors tout penau le bon homme d'Assise
M'abandonnaid au grand Diable d'Enfer.
Je lui criai : Monsieur de Lucifer,

Je suis un Saint, voyez ma Robe grife;
Je fus abfous par le Chef de l'Eglife.
J'aurai toujours, répondit le Démon,
Un grand refpect pour l'abfolution:
On eft lavé de fes vieilles fottifes,
Pourvû qu'après, autres ne foient commifes,
J'ai fait fouvent cette diftinction
A tes pareils, & grace à l'Italie,
Le Diable fait de la Théologie.
Il dit, & rit; je ne répliquai rien
A Belzébut, il raifonnait trop bien.
Lors il m'empoigne, & d'un bras roide & ferme
Il appliqua fur ma trifte épiderme
Vingt coups de fouet, dont bien fort il me cuit;
Que Dieu le rende à Boniface huit.

D'OVIDE.

LEs favans n'ont pas laiffé de faire des volumes, pour nous apprendre au jufte dans quel coin de Terre *Ovide Nafon* fut exilé par *Octave Cepias* furnommé *Augufte*. Tout ce qu'on en fait, c'eft que né à Sulmone, & élevé à Rome, il paffa dix ans fur la rive droite du Danube, dans le voifinage de la Mer Noire. Quoiqu'il appelle cette terre barbare, il ne faut pas fe figurer que ce fût un pays de *Sauvages*. On y faifait des vers. *Cotis* petit

D'OVIDE.

Roi d'une partie de la Thrace fit des vers Gêtes pour *Ovide*. Le Poëte Latin apprit le Gête, & fit aussi des vers dans cette langue. Il semble qu'on aurait dû attendre des vers Grecs dans l'ancienne patrie d'*Orphée*; mais ces pays étaient alors peuplés par des Nations du Nord qui parlaient probablement un dialecte Tartare, une langue approchante de l'ancien *Slavon*. *Ovide* ne semblait pas destiné à faire des vers Tartares. Le pays des Tomites où il fut relégué, était une partie de la Mésie, province Romaine, entre le mont Hemus & & le Danube. Il est situé au quarante-quatriéme degré & demi, comme les plus beaux climats de la France; mais les montagnes qui sont au Sud, & les vents du Nord & de l'Est qui soufflent du Pont-Euxin, le froid, & l'humidité des forêts du Danube, rendaient cette contrée insupportable à un homme né en Italie: aussi *Ovide* n'y vécut-il pas longtems; il y mourut à l'âge de soixante années. Il se plaint dans ses Elégies du climat, & non des habitans :

Quos ego, cùm loca sim vestra perosus, amo.

Ces peuples le couronnerent de laurier, & lui donnerent des priviléges qui ne l'empêcherent pas de regretter Rome. C'était un grand exemple de l'esclavage des Romains, & de l'extinction de toutes les Loix, qu'un homme né dans une famille équestre comme *Octave*, exilât un homme d'une famille équestre, & qu'un Citoyen de Rome, envoyât d'un mot un autre Citoyen chez les Scythes. Avant ce tems il fallait un Plébiscite, une loi de la Nation, pour priver un Romain de sa patrie. *Cicéron*, exilé par une cabale, l'avait été du moins avec les formes des Loix.

Le crime d'*Ovide* était incontestablement d'avoir vu quelque chose de honteux dans la famille d'*Octave*:

Cur aliquid vidi, cur noxia lumina feci?

Les doctes n'ont pas décidé s'il avait vu *Auguste* avec un jeune garçon plus joli que ce *Mannius*, dont *Auguste* dit qu'il n'avait point voulu parce qu'il était trop laid; ou s'il avait vu quelque Ecuyer entre les bras de l'Impératrice *Livie*, que cet *Auguste* avait épousée grosse d'un autre; ou s'il avait vu cet Empereur *Auguste* occupé avec sa fille ou sa petite-fille, ou enfin s'il avait vu cet Empereur *Auguste* faisant quelque chose de pis, *torva tuentibus hircis*. Il est de la plus grande probabilité qu'*Ovide* surprit *Auguste* dans un inceste. Un Auteur presque contemporain nommé *Minutianus Apuleius*, dit, *Pulsum quoque in exilium, quod Augusti incestum vidisset.*

Octave Auguste prit le prétexte du livre innocent de l'*Art d'aimer*, livre très-décemment écrit, & dans lequel il n'y a pas un mot obscéne, pour envoyer un Chevalier Romain sur la Mer Noire. Le prétexte était ridicule. Comment *Auguste*, dont nous avons encore des vers remplis d'ordures, pouvait-il sérieusement exiler *Ovide* à Tomes, pour avoir donné à ses amis, plusieurs années auparavant, des copies de l'*Art d'aimer* ? Comment avait-il le front de reprocher à *Ovide* un ouvrage écrit avec quelque modestie, dans le tems qu'il approuvait les vers où *Horace* prodigue tous les termes de la plus infâme prostitution, & le *futuo*, & le *mentula*, & le *cunnus* ? Il y propose indifféremment ou une *fille lascive*, ou *un beau garçon qui renoue sa longue chevelure*, ou *une servante*, ou *un laquais*, tout lui est égal. Il ne lui manque que la bestialité. Il y a certainement de l'imprudence à blâmer *Ovide*, quand on tolere *Horace*. Il est clair qu'*Octave* alléguait une très-méchante raison, n'osant parler de la bonne. Une preuve qu'il s'agissait de quelque stupre, de quelque inceste, de quelque avanture secrette de la sacrée famille Impériale, c'est que le bouc de Caprée, *Tibere*, immortalisé par les médailles de ses débauches, *Tibere*, monstre de lasciveté comme de dissimulation, ne rapella point *Ovide*. Il eut beau demander grace à l'Auteur des proscriptions, & à l'empoisonneur de *Germanicus*; il resta sur les bords du Danube.

Si un Gentilhomme Hollandais, ou Polonais, ou Suédois, ou Anglais, ou Vénitien, avait vû par hazard un Stadoulder, ou un Roi de la grande Bretagne, ou un Roi de Suéde, ou un Roi de Pologne, ou un Doge, commettre quelque gros péché, si ce n'était pas même par hazard qu'il l'eût vû, s'il en avait cherché l'occasion, si enfin il avait l'indiscrétion d'en parler, certainement ce Stadoulder, ou ce Roi, ou ce Doge ne seraient pas en droit de l'exiger.

On peut faire à *Ovide* un reproche presque aussi grand qu'à *Auguste* & qu'à *Tibere*, c'est de les avoir loués. Les éloges qu'il leur prodigue sont si outrés, qu'ils exciteraient encore aujourd'hui l'indignation, s'il les eût donnés à des Princes légitimes & ses bienfaiteurs; mais il les donnait à des Tyrans, & à ses Tyrans. On pardonne de louer un peu trop un Prince qui vous caresse, mais non pas de traiter en Dieu un Prince qui vous persécute. Il eût mieux valu cent fois s'embarquer sur la Mer Noire, & se retirer en Perse par les Palus Méotides que de faire ſes *Triſtes de Ponto*. Il eût appris le Perſan auſſi aiſément que le Gête, & aurait pû du moins oublier le Maître de Rome chez le Maître d'Ecbatane. Quelque eſprit dur dira qu'il y avait encore un parti à prendre ; c'était d'aller ſecrettement à Rome, s'adreſſer à quelques parens de *Brutus* & de *Caſſius*, & de faire une douziéme conſpiration contre *Octave* ; mais cela n'était pas dans le goût élégiaque.

Choſe étrange que les louanges ! Il eſt bien clair qu'*Ovide* ſouhaitait de tout ſon cœur que quelque *Brutus* délivrât Rome de ſon *Auguſte* ; & il lui ſouhaite en vers l'immortalité.

Je ne reproche à *Ovide* que ſes *Triſtes*. *Bayle* lui fait ſon procès ſur ſa Philoſophie du Cahos, ſi bien expoſée dans le commenment des Métamorphoſes.

Ante mare & terras, & quod tegit omnia cœlum,
Unus erat toto natura vultus in orbe.

Bayle traduit ainſi ces premiers vers : *Avant qu'il y eût un Ciel, une Terre & une Mer, la Nature était un tout homogene.* Il y a dans *Ovide*, *la face de la Nature était la même dans tout l'Univers.* Cela ne veut pas dire que tout fût homogene, mais que ce tout hétérogene, cet aſſemblage de choses différentes, paraissait le même ; *unus vultus.*

Bayle critique tout le Cahos. *Ovide* qui n'est dans ses vers que le Chantre de l'ancienne Philosophie, dit que les choses molles & dures, les légères & les pesantes, étaient mêlées ensemble :

Mollia cum duris, sine pondere, habentia pondus :

& voici comme *Bayle* raisonne contre lui.

» Il n'y a rien de plus absurde que de sup-
» poser un Cahos qui a été homogene pen-
» dant toute une Éternité, quoiqu'il eût les
» qualités Elémentaires, tant celles qu'on
» nomme altératrices, qui sont la chaleur,
» la froideur, l'humidité & la sécheresse, que
» celles qu'on nomme motrices, qui sont la
» légéreté & la pesanteur : celle-là cause du
» mouvement en haut, celle-ci du mou-
» vement en bas. Une matiere de cette na-
» ture ne peut point être homogene, &
» doit contenir nécessairement toutes sortes
» d'hétérogénéités. La chaleur & la froideur,
» l'humidité & la sécheresse ne peuvent
» pas être ensemble, sans que leur action &
» leur réaction les tempere & les convertisse
» en d'autres qualités qui font la forme des
» corps mixtes : & comme ce tempérament
» se peut faire selon des diversités innombra-

» bles de combinaisons, il a fallu que le Cahos
» renfermât une multitude incroyable d'espè-
» ces de composés. Le seul moyen de le
» concevoir homogene serait de dire, que
» les qualités altératrices des élémens se
» modifierent au même degré dans toutes les
» molécules de la matiere, de sorte qu'il y
» avait par-tout précisément la même tié-
» deur, la même molesse, la même odeur, la
» même saveur, &c.... mais ce serait ruiner
» d'une main ce que l'on bâtit de l'autre : ce
» serait par une contradiction dans les termes
» appeller Cahos l'ouvrage le plus régulier,
» le plus merveilleux en sa symétrie, le plus
» admirable en matiere de proportions qui se
» puisse concevoir. Je conviens que le goût de
» l'homme s'accommode mieux d'un ouvra-
» ge diversifié, que d'un ouvrage uniforme ;
» mais nos idées ne laissent pas de nous appren-
» dre que l'harmonie des qualités contraires
» conservée uniformément dans tout l'Uni-
» vers serait une perfection aussi merveilleu-
» se que le partage inégal qui a succédé au
» Cahos.

» Quelle science, quelle puissance ne de-
» manderait pas cette harmonie uniforme ré-
» pandue dans toute la Nature ? Il ne suffirait
» pas de faire entrer dans chaque mixte la même
» quantité de chacun des quatre ingrédiens,
» il faudrait y mettre des uns plus, des autres

» moins, selon que la force des uns est
» plus grande ou plus petite pour agir que
» pour résister; car on sait que les Philoso-
» phes partagent dans un dégré différent l'ac-
» tion, & la réaction élémentaire. Tout
» bien compté, il se trouverait que la cause
» qui métamorphosa le Cahos l'aurait tiré,
» non pas d'un état de confusion & de guerre,
» comme on le suppose, mais d'un état de
» justesse qui était la chose du monde la plus
» accomplie, & qui par la réduction à l'équi-
» libre des forces contraires le tenait dans un
» repos équivalent à la paix. Il est donc cons-
» tant que si les Poëtes veulent sauver l'ho-
» mogénéité du Cahos, il faut qu'ils effacent
» tout ce qu'ils ajoutent concernant cette
» confusion bizarre des semences contraires,
» & ce mélange indigeste, & ce combat per-
» pétuel des principes ennemis.

« Passons leur cette contradiction; nous trou-
» verons assez de matiere pour les combattre
» par d'autres endroits. Recommençons l'at-
» taque de l'éternité. Il n'y a rien de plus ab-
» surde que d'admettre pendant un tems in-
» fini le mélange des parties insensibles des
» quatres élémens; car dès que vous supposez
» dans ces parties l'activité de la chaleur,
» l'action & la réaction des quatre premieres
» qualités, & outre cela le mouvement vers
» le centre dans les particules de la Terre &

de

» de l'Eau, & le mouvement vers la circon-
» férence dans celle du Feu & de l'Air, vous
» établissez un principe qui séparera nécessai-
» rement les unes des autres ces quatre espé-
» ces de corps, & qui n'aura besoin pour ce-
» la que d'un certain tems limité. Considérez
» un peu ce qu'on appelle la phiole des quatre
» élémens. On y enferme de petites particules
» métalliques, & puis trois liqueurs beaucoup
» plus légéres les unes que les autres. Brouil-
» lez tout cela ensemble, vous n'y discernez
» plus aucun de ces quatre mixtes; les parties
» de chacun se confondent avec les parties des
» autres: mais laissez un peu votre phiole en
» repos, vous trouverez que chacun reprend
» sa situation: toutes les particules métalliques
» se rassemblent au fond de la phiole; celles
» de la liqueur la plus légére se rassemblent au
» haut; celles de la liqueur moins légére que
» celle-là, & moins pesante que l'autre, seran-
» gent au troisiéme étage; celles de la liqueur
» plus pesante que ces deux là, mais moins pe-
» sante que les particules métalliques, se met-
» tent au second étage; & ainsi vous retrou-
» vez les situations distinctes que vous aviez
» confondues en secouant la phiole; vous n'a-
» vez pas besoin de patience; un tems fort
» court suffit pour revoir l'image de la situa-
» tion que la Nature a donnée dans le monde
» aux quatre Elémens. On peut conclure, en

» comparant l'Univers à cette phiole, que si la
» Terre réduite en poudre avait été mêlée
» avec la matiere des Astres, & avec celle de
» l'Air & de l'Eau, en telle sorte que le mêlan-
» ge eût été fait jusqu'aux particules insensi-
» bles de chacun de ces élémens, tout aurait
» d'abord travaillé à se dégager, & qu'au bout
» d'un terme préfix, les parties de la Terre
» auraient formé une masse, celles du Feu
» une autre, & ainsi du reste à proportion
» de la pesanteur & de la légéreté de chaque
» espéce de corps «.

Je nie à *Bayle* que l'expérience de la phio‑
le eut pû se faire du tems du Cahos. Je lui dis
qu'*Ovide* & les Philosophes entendaient par
choses pesantes & légeres, celles qui le de‑
vinrent quand un Dieu y eut mis la main. Je
lui dis : vous supposez que la Nature eût pû
s'arranger toute seule, se donner elle-même
la pesanteur. Il faudrait que vous commen‑
çassiez par me prouver que la gravité est une
qualité essentiellement inhérente à la matie‑
re ; & c'est ce qu'on n'a jamais pu prouver.
Descartes dans son Roman a prétendu que les
corps n'étaient devenus pesans, que quand ses
tourbillons de matiere subtile avaient com‑
mencé à les pousser à un centre. *Newton* dans
sa véritable Philosophie ne dit point que la
gravitation, l'attraction soit une qualité essen‑
tielle à la matiere. Si *Ovide* avait pû deviner

D'OVIDE.

le livre des principes Mathématiques de Newton, il vous dirait : *la matiere n'était ni pesante, ni en mouvement dans mon Cahos ; il a fallu que* Dieu *lui imprimât ces deux qualités : mon Cahos ne renfermait pas la force que vous lui supposez :* nec quidquam nisi pondus iners, *ce n'était qu'une masse impuissante ;* pondus *ne signifie point ici* poids ; *il veut dire* masse. Rien ne pouvait peser, avant que Dieu eût imprimé à la matiere le principe de la gravitation. De quel droit un corps tendrait-il vers le centre d'un autre ? serait-il attiré par un autre, pousserait-il un autre, si l'Artisan Suprême ne lui avait communiqué cette vertu inexplicable ? Ainsi *Ovide* se trouverait non seulement un bon Philosophe, mais encore un passable *Théologien.*

Vous dites ; » un Théologien scolastique
» avouerait sans peine, que si les quatre Elé-
» mens avaient existé indépendamment de
» Dieu avec toutes les facultés qu'ils ont au-
» jourd'hui, ils auraient formé d'eux-mêmes
» cette machine du monde, & l'entretien-
» draient dans l'état où nous la voyons. On
» doit donc reconnaître deux grands défauts
» dans la doctrine du Cahos : l'un & le prin-
» cipal est qu'elle ôte à Dieu la création de la
» matiere & la production des qualités pro-
» pres au Feu, à l'Air, à la Terre & à la
» Mer : l'autre qu'après lui avoir ôté cela, elle

» le fait venir sans nécessité sur le théatre du
» monde pour distribuer les places aux quatre
» Elémens. Nos nouveaux Philosophes, qui
» ont rejetté les qualités & les facultés de la
» Physique Péripatéticienne, trouveraient
» les mêmes défauts dans la description du
» Cahos d'*Ovide*; car ce qu'ils appellent loix
» générales du mouvement, principes de Ma-
» thématique, modification, figure, situation, &
» arrangement des corpuscules, ne comprend
» autre chose que cette vertu active & passive de
» la Nature, que les Péripatéticiens entendent
» sous les mots de qualités altératrices & motri-
» ces des quatre Elémens. Puis donc que, suivant
» la doctrine de ceux-ci, ces quatre corps situés
» selon leur légéreté & leur pesanteur natu-
» relle, sont un principe qui suffit à toutes les
» générations, les *Cartésiens*, les *Gassendistes*,
» & les autres Philosophes modernes doivent
» soutenir que le mouvement, la situation &
» la figure des parties de la matiere suffisent à
» la production de tous les effets naturels,
» sans excepter même l'arrangement général
» qui a mis la Terre, l'Air, l'Eau & les As-
» tres où nous les voyons. Ainsi la véritable
» cause du monde & des effets qui s'y produi-
» sent, n'est point différente de la cause qui a
» donné le mouvement aux parties de la ma-
» tiere, soit qu'en même tems elle ait assigné
» à chaque atome une figure déterminée com-

» me le voulent les *Gassendistes*, soit qu'elle ait
» seulement donné à des parties toutes cubi-
» ques une impulsion qui, par la durée du mou-
» vement réduit à certaines loix, leur ferait
» prendre dans la suite toutes sortes de figures.
» C'est l'Hypothèse des *Cartésiens*. Les uns &
» les autres doivent convenir, par conséquent,
» que si la matiere avait été telle avant la géné-
» ration du monde comme *Ovide* l'a prétendu,
» elle aurait été capable de se tirer du Cahos
» par ses propres forces, & de se donner la
» forme du monde sans l'assistance de Dieu.
» Ils doivent donc accuser *Ovide* d'avoir
» commis deux bévues; l'une est d'avoir suppo-
» sé que la matiere avait eu, sans l'aide de la
» Divinité, les semences de tous les mix-
» tes, la chaleur, le mouvement, &c. l'autre
» est de dire que sans l'assistance de Dieu elle
» ne se serait point tirée de l'état de confusion.
» C'est donner trop & trop peu à l'un ou à
» l'autre, c'est se passer de secours au plus
» grand besoin, & le demander lorsqu'il n'est
» pas nécessaire «.

Ovide pourra vous répondre encore : Vous supposez à tort que les Elémens avaient toutes les qualités qu'ils ont aujourd'hui ; ils n'en avaient aucune ; le sujet existait nud, informe, impuissant ; & quand j'ai dit que le chaud était mêlé dans mon Cahos avec le froid, le sec avec l'humide, je n'ai pû em-

TABLE.

Le Lac de Geneve.	351
Sur le Mariage du Duc de Richelieu.	356
Ode sur l'Ingratitude.	347
Madrigal sur un passage de Pope.	351
XII Fragmens ou variantes essentielles à connaître dans quelques piéces,	362
Sur Prior, Hudibras & Swift.	367
Sur Pope.	379
Sur le Dante	382
Sur Ovide	392

Fin de la Table des Chapitres.

www.ingramcontent.com/pod-product-compliance
Lightning Source LLC
Chambersburg PA
CBHW071905230426
43671CB00010B/1485